A CULTURA DO JEJUM

Luciano Subirá

AUTOR DO BEST-SELLER **ATÉ QUE NADA MAIS IMPORTE**

A CULTURA DO JEJUM

...
ENCONTRE UM NÍVEL MAIS PROFUNDO
DE **INTIMIDADE COM DEUS**

©2022 por Luciano Subirá

1ª edição: junho de 2022
10ª reimpressão: janeiro de 2025

Revisão: Débora Mühlbeier Lorusso e Nilda Nunes
Diagramação: Sonia Peticov
Capa: Rafael Brum
Editor: Aldo Menezes
Coordenador de produção: Mauro Terrengui
Impressão e acabamento: Imprensa da Fé

As opiniões, as interpretações e os conceitos desta obra são de responsabilidade de quem a escreveu e não refletem necessariamente o ponto de vista da Hagnos.

Todos os direitos desta edição reservados à
EDITORA HAGNOS LTDA.
Rua Geraldo Flausino Gomes, 42, conj. 41
CEP 04575-060 — São Paulo, SP
Tel.: (11) 5990-3308

E-mail: editorial@hagnos.com.br | Home page: www.hagnos.com.br

Editora associada à Associação Brasileira de Direitos Reprográficos (ABDR)

Dados Internacionais de Catalogação na Publicação (CIP)

Subirá, Luciano

A cultura do jejum: encontre um nível mais profundo de intimidade com Deus / Luciano Subirá. — São Paulo: Hagnos, 2022.

ISBN 978-85-7742-340-8

1. Jejum — Doutrina bíblica
2. Vida cristã
I. Título

22-1522   CDD 248.48994

Índices para catálogo sistemático:
1. Jejum — Doutrina bíblica

Angélica Ilacqua CRB-8/7057

Dedico este livro à VALNICE MILHOMENS COELHO, uma das pessoas que mais me inspirou em relação ao ensino das Escrituras, com seu estilo dinâmico, sua aplicação prática e seu conteúdo revelado. Ela foi uma das pessoas que mais me inspiraram quanto ao jejum, tanto por preceito, como por exemplo. Sei que muitos, na minha geração, carregam a mesma gratidão pelo impacto do seu ministério. Registro aqui meu tributo de honra e agradecimento por todo o conhecimento bíblico e pelo despertamento espiritual que essa mulher de Deus derramou na vida de tantos.

Sumário

Endossos 9
Agradecimentos 13
Prefácio 15
Apresentação 19

1. A Bíblia ordena que jejuemos? 21
2. Um olhar para o passado 41
3. Um olhar para o futuro 53
4. O que é o jejum? 71
5. Estimulados a jejuar 87
6. Fome de quê? 101
7. Efeitos do jejum 123
8. Propósitos do jejum 147
9. Formas e tipos de jejum e sua duração 169
10. O jejum prolongado 187
11. A forma de jejuar 205
12. Aspectos complementares 227

Apêndice
    Jejum: aspectos médico-científicos (Dr. Aldrin Marshall) 247
Bibliografia 267

" *A cultura do jejum* é uma obra oportuna num tempo em que a disciplina espiritual do jejum tem sido negligenciada. Luciano Subirá trata da matéria à luz das Escrituras e da História, trazendo conceitos claros, aplicações importantes e admoestações necessárias para a igreja contemporânea. Que Deus use esta obra para trazer luz à sua mente e fogo ao seu coração; que seja uma voz altissonante a conclamar o povo de Deus a uma volta para o Senhor na busca de um genuíno avivamento. **"**

HERNANDES DIAS LOPES
Escritor, pastor presbiteriano e diretor executivo
do ministério Luz Para o Caminho (LPC)

" Li atentamente, fui muito abençoado e, por isso, recomendo este inspirado, substancioso, prático e realista livro *A cultura do jejum*, da lavra de meu irmão em Cristo, pastor Luciano Subirá. É bom sentir que o autor, guiado pela Bíblia e pelo Espírito Santo, escreve e prega o que vive, e, assim, entusiasma-nos a ter um estilo de vida cristã enriquecido pela cultura do jejum. **"**

SAMUEL CÂMARA
Escritor, pastor da Assembleia de Deus em Belém (PA)

" O livro do pastor Luciano Subirá sobre jejum possui as características que são peculiares à vida do autor: profundidade bíblica, aplicação prática e uma profunda devoção ao Senhor. Nele, há um resgate tanto do sentido bíblico do jejum como de sua aplicabilidade nos dias de hoje, além de um forte apelo a fazer dele parte das disciplinas espirituais da igreja dos nossos dias. Sua leitura certamente o abençoará. **"**

PASCHOAL PIRAGINE JUNIOR
Escritor, pastor da Primeira Igreja Batista de Curitiba (PR)

"Tenho acompanhado o pastor Luciano Subirá há trinta anos, desde quando ainda era um jovem pregador itinerante. Este precioso material é fruto não apenas de suas experiências pessoais, mas principalmente de uma ampla e profunda compreensão bíblica sobre o jejum. Mais do que um livro, trata-se de um sopro do Espírito que despertará você a deleitar-se em Deus enquanto pratica, com entendimento, essa tão importante disciplina espiritual."

DAVI SOUSA
Escritor, pastor da Igreja Nova Aliança em Londrina (PR)

"Bíblico, esclarecedor, desafiante, inspirador e prático. *A cultura do jejum* é uma resposta para a geração atual de cristãos, ajudando a esclarecer as muitas dúvidas que têm causado obstáculos a essa prática tão importante na jornada de todo filho de Deus."

LEONARDO CAPOCHIM
Escritor, pastor na Batista da Lagoinha e
diretor do Seminário Teológico Carisma (STC)

"Nasci em berço evangélico, mas, no contexto no qual cresci, apesar de ouvir falar de jejum nas histórias bíblicas, nunca fui ensinado a desenvolver uma vida de jejum. Este livro do querido amigo Luciano Subirá vem ao encontro do anseio do amado Espírito Santo, que deseja conduzir-nos a uma vida cristã na qual a prática do jejum se faça presente de forma inspirativa. Mergulhe nas páginas deste livro e prepare-se para ser desafiado quanto à prática do jejum. Certamente, sua vida não será mais a mesma!"

MARCELO TOSCHI
Escritor, pastor da Igreja Amor e Cuidado em Araçatuba (SP)

"Jesus, antes de começar seu ministério terreno, cheio do Espírito Santo, foi para o deserto da Judeia, onde ficou quarenta dias e quarenta noites em jejum e oração. Ele só começou a ensinar, pregar, libertar e realizar milagres após o jejum, no poder do Espírito Santo. Esse deveria ser o critério para os pastores e líderes que querem ter um ministério relevante, influente, frutífero, eficiente e eficaz. O pastor Luciano Subirá, uma das vozes proféticas desta geração, tem praticado o jejum prolongado de 40 dias, tendo grandes experiências com Deus. Portanto, este livro traz a teologia bíblica do jejum somada à prática do autor, o que influenciará muito a todos os seus leitores. **"**

DOMINGOS JARDIM DA SILVA
Escritor, pastor da Primeira Igreja Batista de Marília (SP)

"O livro *A cultura do jejum*, de meu amigo Luciano Subirá, virou uma chave em mim! Percebi com clareza a diferença entre o simples jejuar e viver uma cultura de jejum. Desmistificando ensinos errados sobre o assunto e trazendo equilíbrio bíblico, o autor nos leva a um desejo ardente por uma vida de jejum bem-sucedida e fervorosa. **"**

LUCINHO BARRETO
Escritor, pastor na Batista da Lagoinha e
fundador do Movimento Loucos por Jesus

Agradecimentos

Torno pública minha gratidão ao Dr. Aldrin Marshall por toda a ajuda dos últimos anos — seja acompanhando-me em meus jejuns prolongados, consultando-me e avaliando meus exames, conversando sobre o cuidado do corpo ou mesmo quando nos divertimos e comemos juntos. Sua culinária, aliás, prova que comida saudável também pode ser maravilhosa ao paladar. Sua contribuição à minha qualidade de vida — e não somente ao meu ministério — tem sido de grande valia.

À Débora Mühlbeier Lorusso, por todo trabalho de preparação de texto na maioria dos meus livros publicados desde 2018 (mesmo quando seu nome não aparece nas fichas técnicas; aqui, felizmente, ela foi devidamente honrada). Você tem tornado mais claras e ainda mais precisas as ideias comunicadas em meus textos. Sou-lhe grato pelo seu fantástico trabalho!

Prefácio

“Aquilo que persistimos em fazer se torna mais fácil, não porque a natureza da tarefa muda, mas sim porque nosso poder em fazê-lo aumenta**”**.

RALPH WALDO EMERSON

Quando fui convidado pelo meu amigo Luciano Subirá para escrever o prefácio deste livro sobre jejum, um filme começou a desenrolar-se pela minha mente, trazendo à memória tudo que eu presenciei e aprendi sobre jejum como médico e cristão.

Como cristão, a prática do jejum sempre foi familiar não só na minha vida, mas também na vida das pessoas mais próximas. Desde criança, por crescer em um meio cristão, era comum ouvir que alguém estava fazendo algum tipo de jejum, mesmo sem o entendimento bíblico e científico dos seus objetivos, benefícios e qual a forma adequada de entrar, sair e como proceder após o término do jejum.

Como médico, tive várias experiências com pacientes que se propunham a fazer jejuns, alguns me procuravam para tirar dúvidas de como proceder. Passei a debruçar-me bastante sobre esse tema, enquanto acompanhava aqueles pacientes cristãos que faziam há muitos anos esta prática, mas sem nenhum acompanhamento.

Percebi, que as diferentes maneiras de jejuar de cada paciente, faziam grande diferença no estado clínico de cada um, pois cada um tem sua peculiaridade, ou seja, sua resposta individual a algum evento que afeta seu organismo. E é preciso respeitar as respostas que o corpo dá em relação a esta prática. Observei evoluções incríveis no aspecto físico e mental de vários pacientes que faziam um jejum consciente e com acompanhamento clínico. Mas também vi muitos absurdos, erros que poderiam ser fatais.

Um dos mais graves foi de uma pessoa, que após uma ministração do Seminário Metanoia Saúde sobre água, relatou-me uma experiência que viveu. Ela morava em uma região muito quente, e se propôs a fazer um jejum total (sem alimento e água). Em média, uma pessoa de 70 quilos tem de 12 a 16 quilos de tecido adiposo, o que equivale respectivamente a 100 mil e 150 mil quilocalorias. Essas reservas são suficientes para manter o metabolismo basal por cinquenta a setenta dias, mas sem água o nosso organismo entra rapidamente em colapso em 5 dias. Em uma temperatura que acelera o processo de desidratação, isto se torna ainda mais perigoso. Essa pessoa foi "orar no monte" e ao terceiro dia, teve que ser removido de ambulância pois havia entrado em um quadro de insuficiência renal aguda.

Quando ouvi este relato, um sinal de alerta foi acionado em minha mente, que eu deveria ajudar as pessoas que se propõem a fazer jejuns curtos ou prolongados com a segurança e o conhecimento que esta prática exige, pois jejuns feitos com motivação e jeito errados (pré, durante e pós-jejum) agravam um terreno para doenças.

Deus fez detalhadamente cada parte do nosso corpo para que funcionasse perfeitamente, criando mecanismos para conseguirmos viver a vida abundante nas três dimensões (espírito, alma e corpo). Dentre estes mecanismos, ao olharmos para Jesus vemos que Ele praticou e ensinou sobre o jejum. E se nos propomos a viver a realidade de Romanos 8:29 — "Pois aqueles que de antemão conheceu, também os predestinou para serem conformes à imagem de seu Filho, a fim de que ele seja o primogênito entre muitos irmãos" —, precisamos entender que todos os seus ensinamentos estão inseridos em um propósito.

PREFÁCIO 17

Nada do que foi dito são pontas soltas, pelo contrário, a Bíblia não se contradiz jamais, mas sempre se complementa. Lê-la com sabedoria é fundamental para vivermos a plenitude no espírito, na alma e no corpo.

Você já parou para pensar em como o seu corpo funciona? Na maioria das vezes queremos entender as nossas emoções (que são fundamentais também), mas gostaria de lembrá-lo de que você foi planejado para ser integral e não fragmento. Durante muito tempo, a igreja cuidou do espiritual, só o espírito imortal. Depois de um tempo, ela se abriu para o emocional, o cuidado das emoções, mas há muito pouco tempo ela abriu os olhos para o que está acontecendo com o corpo do povo de Deus.

Tive muita resistência no começo da minha caminhada, quando decidi falar abertamente que os cristãos estavam adoecendo por causa do seu estilo de vida, principalmente, com a liderança e com os ministérios de intercessão. Certa vez um líder veio me pedir perdão, pois durante minha ministração, se sentiu invadido, sendo confrontado no seu estilo de vida. Revelou-me que não queria mexer nesta área. Foi um tempo de restauração na vida daquele pastor, e na minha também, pois encorajou-me a levar uma palavra de confronto.

Observar o jejum de tantos pacientes e irmãos em Cristo, proporcionou-me várias reflexões e um desejo enorme de estender os benefícios do jejum para que esta fosse uma prática cotidiana do povo de Deus. A conjunção de estudo da Palavra, livros cristãos e artigos científicos me propiciaram uma maior amplitude, desconstrução de mitos e paradigmas falsos e construção de fatos e verdades sobre este tema ainda tão polêmico.

Quero deixar com você mais um relato de um paciente cristão, que acompanhei e que o ajudará a entender um pouco os processos do jejum no corpo humano. Certa vez um pastor me procurou, com o desejo de fazer um jejum prolongado como o de Jesus. Como ele já era meu paciente, entendeu a importância de não fazer isto sem acompanhamento. Era o meu primeiro paciente de um jejum de 40 dias. Sugeri então, que ele fizesse uma bateria de exames para que pudéssemos entender como estava a funcionalidade de cada órgão. Com os exames em mãos, traçamos um período de preparação para o jejum. Uma alimentação específica durante 14 dias (duas semanas). Para que este processo também fosse acompanhado, toda semana ele ia ao meu consultório e verificávamos o seu quadro clínico. Um pastor amigo deste paciente decidiu jejuar também, mas sem toda a preparação que fiz com meu paciente. O paciente com toda preparação conseguiu fazer o jejum proposto, porém o outro, quando veio ao meu consultório eu pedi para ele encerrar o jejum, pois seu corpo não conseguiria responder de forma saudável até o final. Coloquei todos os riscos da continuidade do jejum para ele. Ele me disse: "Doutor, se o senhor não tivesse me pedido para parar eu sei que não iria aguentar".

Após esse meu primeiro acompanhamento de um jejum de 40 dias, tive o privilégio de acompanhar o Luciano Subirá em três períodos de jejum de 40 dias e outros de menor duração, e brincamos que ele está sendo um laboratório. Pois bem, este material que você tem em mãos é fruto desses jejuns, das experiências com o Espírito Santo e a necessidade de a Igreja ser orientada de forma prática, porém com profundidade teológica, sobre a importância do jejum em nossa vida.[1]

Em Cristo,

Dr. Pr. Aldrin Marshall
Médico pós-graduado em Medicina Bioquímica
e Prática Ortomolecular, Nutrologia, Oncologia
Integrativa e Homeopatia Pediatra com Título de
Especialização pela Sociedade Brasileira de Pediatria.
Pastor da Igreja Batista da Lagoinha.
Idealizador, com sua esposa Cristiana Toledo, do
Seminário Metanoia Saúde.

· · · · · · ·
[1] Conheça o Metanoia Saúde e seus recursos em prol da saúde integral por meio do site <www.metanoiasaude.com.br>.

Apresentação

> **❝**O jejum não pode ser entendido apenas como abstinência de alimento e bebida, mas de qualquer coisa que é legítima em si mesma por amor de algum propósito espiritual.**❞**
>
> MARTYN LLOYD-JONES

O propósito deste livro é tríplice. Em *primeiro* lugar, intento apresentar a *doutrina bíblica* do jejum para o crente em Jesus; em *segundo* lugar, destacar a necessidade de uma *percepção profética* de sua relevância para o tempo do fim; em *terceiro* e último lugar, oferecer *orientações práticas* sobre como se exercitar nessa disciplina espiritual.

Vale ressaltar que minha motivação vai além de apenas trazer clareza doutrinária e ensinar como jejuar. Também — e, eu diria, *principalmente* — intento *despertar a fé* do leitor. Sim, é preciso fé para praticar o jejum, e só há um caminho para obtê-la: "E, assim, a fé vem pelo ouvir, e o ouvir, pela palavra de Cristo" (Romanos 10:17). O ensino bíblico promove a fé!

Por isso, convido-o a fazer mais que uma leitura corrida. Reflita e ore acerca daquilo que você lê. De preferência, siga a ordem dos capítulos, pois há uma lógica sendo construída na forma como foram dispostos.

A minha oração a Deus enquanto escrevo este livro é que, tanto durante a leitura quanto posteriormente, você sinta *"fome de jejuar"*.

Que o Espírito Santo proporcione uma aplicação personalizada deste ensino ao seu coração, daquele jeito que só Ele consegue fazer. Que você seja iluminado, despertado e, para sempre, marcado pelo valor do jejum. Creio e profetizo que sua caminhada espiritual jamais será a mesma!

LUCIANO SUBIRÁ
Orvalho.com

1

A BÍBLIA ORDENA QUE JEJUEMOS?

> **❝**De todos os meios de graça, o jejum tem sido o mais mal compreendido. Alguns o exaltam acima de todas as Escrituras e da razão. Outros o desconsideram por completo.**❞**
>
> JOHN WESLEY[1]

Este será nosso ponto de partida. Para o cristão temente a Deus e fiel ao que ensinam as Sagradas Escrituras, não importa o que as pessoas acham sobre determinado assunto, e sim o que nosso Senhor diz a respeito. Portanto, é de suma importância questionar: "A Bíblia ordena que jejuemos?".

Adianto que a resposta pode ser relativa ou mesmo subjetiva, dependendo da abordagem. Muitos afirmam — e eu mesmo repeti tal declaração por muito tempo — que não há, na nova aliança, nenhuma

------

[1] WESLEY, John. *O Sermão do Monte*, p. 160.

obrigatoriedade quanto ao jejum. Ele vem sendo tratado, especialmente em tempos modernos, como *opcional*. É como se a mensagem fosse comunicada assim: "Se você jejuar, tudo bem. Mas lembre-se de que você não é obrigado a isso!". Na verdade, em muitos círculos cristãos, ainda que com outras palavras, o assunto é ensinado exatamente nesses termos.

Já não se fala tanto sobre jejum na igreja contemporânea, isso é fato. Ademais, no ensino dos poucos que decidem tocar no assunto, o agravante é que há mais desculpas para que não se jejue que estímulo à sua prática. É necessário analisar melhor, à luz das Escrituras, esta importante disciplina espiritual.

Começando do início

No Antigo Testamento, os judeus tinham um único dia anual[2] de jejum instituído — o *Dia da Expiação*: "Mas, aos dez deste mês sétimo, será o Dia da Expiação; tereis santa convocação e *afligireis a vossa alma*; trareis oferta queimada ao Senhor" (Levítico 23:27, ARA). O ato de "afligir a alma" era *compulsório*, e quem não o fizesse seria morto: "Porque toda alma que, nesse dia, se não afligir será eliminada do seu povo" (Levítico 23:29, ARA). É fato que a expressão "afligir a alma" não se refere apenas a um tipo de sentimento interior, pois seria subjetivo demais para que alguém conseguisse, de fato, executá-la. Embora tenha sido utilizada para explicar outros tipos de abstinências — como na lei dos votos (Números 30:13) —, vale ressaltar que, no contexto do dia da expiação, tratava-se de uma referência direta ao jejum, tanto que tal evento ficou conhecido como "o dia do jejum" (Jeremias 36:6), ao qual Paulo se referiu posteriormente (Atos 27:9).

· · · · · · · ·

[2] Posteriormente, no período pós-exílio babilônico, os judeus passaram a observar quatro jejuns anuais (Zacarias 8:18,19). Embora não haja registro de nenhuma ordenança divina quanto a isso, Deus não se mostrou contrário a essa prática.

Ainda que os hebreus tivessem um dia anual de jejum compulsório, nas palavras de John Davis, "não se encontra o verbo jejuar, ou o substantivo jejum, em todo o Pentateuco. Se há prescrições a seu respeito, elas vêm em linguagem ambígua, como esta: 'afligireis as vossas almas', Levítico 16:29; Números 29:7".[3]

Há muitos exemplos de jejum no Antigo Testamento, mas nenhum como resposta a uma ordenança. Houve momentos, por exemplo, em que jejuns foram convocados pelo próprio Deus:

> Sacerdotes, vistam roupa feita de pano de saco e pranteiem. Ministros do altar, lamentem. Ministros do meu Deus, venham e passem a noite vestidos de panos de saco. Porque no templo de seu Deus não há mais ofertas de cereais e libações.
>
> *Proclamem um santo jejum*, convoquem uma reunião solene. Reúnam os anciãos e todos os moradores desta terra na Casa do SENHOR, seu Deus, e clamem ao SENHOR (Joel 1:13,14; itálicos nossos).

No entanto, foram sempre convocações proféticas pontuais. Não se percebe, em nenhum dos casos, o estabelecimento de uma ordenança para que o jejum fosse prática regular ou contínua.

Os muitos exemplos de jejuns praticados na antiga aliança são esclarecedores acerca da disciplina (e nós os estudaremos adiante), porém não caracterizam um mandamento.

Os israelitas, nos dias do profeta Isaías, começaram a questionar o porquê de Deus não se importar com os jejuns que eles faziam. A resposta divina sentencia que estavam fazendo a coisa certa, porém, do jeito errado (Isaías 58:1-14) — o Senhor, portanto, não falou contra o jejum, e sim orientou seu povo a fazê-lo da forma correta. Isso revela que Deus esperava que seu povo jejuasse e que o fizesse adequadamente. Ainda assim, não comunica uma ideia de obrigatoriedade.

. . . .
[3] DAVIS, John. *Novo Dicionário da Bíblia*, p. 630.

E no Novo Testamento?

Igualmente, para os crentes da nova aliança, não há uma ordenança clara de jejuar. Textos usados para sustentar o imperativo são notoriamente questionáveis, pois não constam nos manuscritos bíblicos mais antigos — razão pela qual já quase não aparecem nas versões bíblicas modernas.[4] F. F. Bruce, em sua obra *Comentário bíblico NVI*, aponta: "os versículos citados em apoio a isso, e.g., Mateus 17:21; Marcos 9:29; 1Coríntios 7:5; Atos 10:30, são tomados de manuscritos inferiores que foram corrompidos pelo crescente asceticismo na igreja".[5] A mesma informação é comunicada no *Dicionário Bíblico Wycliffe*.[6]

Contudo, apesar de evidentemente não haver um *imperativo*, o Novo Testamento está repleto de *menções* ao jejum. Fala não apenas de pessoas que jejuaram e da forma como o fizeram, mas *infere* que nós também jejuaríamos e, de igual modo, *instrui-nos* sobre o modo correto de fazê-lo.

O ponto é: muitos ensinadores falharam gravemente ao dizer que, por não haver nenhuma ordenança específica para o jejum, então não devemos jejuar. Contudo, quando consideramos o ensino de Jesus, não há como negar que o Mestre *contava* que jejuássemos:

— Quando vocês jejuarem, não fiquem com uma aparência triste, como os hipócritas; porque desfiguram o rosto a fim de parecer aos outros que estão jejuando. Em verdade lhes digo que eles já receberam a sua

· · · · · · · ·

[4] Apresento, a título de exemplo, uma citação da *Bíblia King James*: "Não vos defraudeis um ao outro, exceto se com consentimento, por algum tempo, para que se deem ao *jejum* e oração; e ajuntai-vos novamente, para que Satanás não vos tente pela vossa incontinência" (1Coríntios 7:5). Embora a ideia de uma abstinência sexual esteja associada à separação para a oração mencionada pelo apóstolo, a palavra "jejum" apareceu apenas em manuscritos mais recentes.

[5] BRUCE, F.F. *Comentário bíblico NVI — Antigo e Novo Testamento*, p. 1077.

[6] PFEIFFER, Charles F., VOS, Howard F. & REA, John. *Dicionário bíblico Wicliffe*, p. 1018.

A BÍBLIA ORDENA QUE JEJUEMOS? 25

recompensa. Mas você, quando jejuar, unja a cabeça e lave o rosto, a fim de não parecer aos outros que você está jejuando, e sim ao seu Pai, em secreto. E o seu Pai, que vê em secreto, lhe dará a recompensa (Mateus 6:16-18).

Embora, aparentemente, Jesus não estivesse mandando jejuar, suas palavras revelam que, no mínimo, Ele *esperava* de nós tal prática. Cristo não disse *"se"* jejuássemos, mas colocou ênfase na instrução sobre o jejum para *"quando"* o fizéssemos. Além de instruir sobre a motivação correta ao jejuar, ainda destacou que tal prática produz resultados. Como deduzir outra coisa diferente de que nosso Senhor manifestou clara *expectativa* de que seus seguidores jejuassem?

Apesar de o próprio Senhor Jesus haver jejuado por 40 dias e 40 noites antes do início de seu ministério, constatamos que seus discípulos não observavam o jejum dos judeus daqueles dias (exceto o do dia da Expiação). Houve, inclusive, um momento em que alguns chegaram a cobrar a Cristo pelo fato de seus discípulos não jejuarem. Naquele tempo, era um costume dos fariseus jejuar dois dias por semana (Lucas 18:12), às segundas e quintas.[7] A resposta oferecida pelo Mestre é muito esclarecedora:

> Então eles disseram a Jesus:
> — Os discípulos de João *frequentemente jejuam* e fazem orações, e os discípulos dos fariseus fazem o mesmo; mas os seus discípulos comem e bebem.
> Jesus, porém, lhes disse:
> — Será que vocês podem fazer com que os convidados para o casamento jejuem enquanto o noivo está com eles? No entanto, virão dias em que o noivo lhes será tirado, e então, *naqueles dias, eles vão jejuar* (Lucas 5:33-35).

. . . .
[7] CHAMPLIN, Russel Norman. *Enciclopédia de Bíblia, Teologia e Filosofia*, volume 3, p. 442.

Observe a afirmação de Jesus. Ele não disse ser contra a prática do jejum por seus discípulos, apenas enfatizou que se tratava de uma *questão de tempo* — depois que fosse *tirado* do convívio direto com os discípulos, voltando aos Céus, então eles haveriam de jejuar. Ou seja, quando Jesus falou sobre o jejum, não se restringiu somente àquele tempo, mas apontou para um período específico: quando estariam sem o noivo, a partir de sua morte e ressurreição. Na perspectiva cultural, a alegoria referente ao noivo é muito elucidativa. Craig Keener, no *Comentário histórico-cultural da Bíblia: Novo Testamento*, comenta:

> As festas de casamento podiam durar até sete dias; dizia-se que a alegria festiva era uma obrigação tão fundamental que os rabinos interrompiam sua instrução para saudar a procissão dos noivos. Não era permitido jejuar ou participar de outros atos de lamento ou trabalho árduo durante a festa de casamento. Jesus faz uma analogia com sua situação, declarando que seria inapropriado jejuar enquanto ele ainda estava ali.
>
> Mais uma vez, a questão é a impropriedade do jejum naquelas circunstâncias.[8]

A declaração do Mestre, portanto, derruba por terra o argumento de quem alega que o jejum foi uma determinação exclusiva e restrita aos judeus da antiga aliança. Como negar, diante de tamanha clarificação bíblica, que o jejum seja algo que nosso Senhor espera de todos os seus remidos? Como negar que tal orientação tenha sido dada também à Igreja? Ou que a própria Igreja o tenha, com efeito, praticado desde o início da era cristã?

Observe estes dois registros bíblicos sobre a igreja em Antioquia: "Enquanto eles estavam adorando o Senhor e jejuando, o Espírito

....
[8] KEENER, Craig S. *Comentário histórico-cultural da Bíblia: Novo Testamento*, p. 72.

Santo disse: — Separem-me, agora, Barnabé e Saulo para a obra a que os tenho chamado. Então, jejuando e orando, e impondo as mãos sobre eles, os despediram" (Atos 13:2,3). E ainda: "E, promovendo-lhes, em cada igreja, a eleição de presbíteros, depois de *orar com jejuns*, os encomendaram ao Senhor, em quem haviam crido" (Atos 14:23). Assim como em Antioquia, uma igreja composta majoritariamente de gentios, encontramos, novamente, a prática da oração com jejuns em outras igrejas estabelecidas entre os gentios. Isso aponta a cultura do jejum se estabelecendo além do ambiente dos judeus e não limitada à antiga aliança.

Alguns procuram limitar a expressão "dias em que o noivo lhes será tirado" (Lucas 5:35) somente aos três dias entre a morte e a ressurreição de Jesus, em vez de reconhecer que se trata da presente era da Igreja. Sobre isso, afirma Arthur Wallis, em sua obra *God's Chosen Fast* [O jejum escolhido por Deus]:

> Somos forçados a aplicar os dias de sua ausência ao período atual, desde o momento em que ele subiu para o Pai até que retorne, vindo dos céus. Evidentemente, foi assim que os apóstolos compreenderam as palavras de Jesus, pois os relatos de que eles estavam jejuando não surgiram senão após a ascensão dele para o Pai (Atos 13:2,3). [...] Foi a esta época da Igreja que o Mestre se referiu quando disse: "Então jejuarão". A hora é agora![9]

No livro *Fome por Deus*, discorrendo sobre o tempo de ausência do Noivo, John Piper tece o seguinte comentário:

> Na minha opinião, a razão mais forte para esse ponto de vista é que a única parte em Mateus que Jesus usa este termo "noivo" é para se referir a si mesmo voltando no final da era da igreja. Em Mateus 25:1-13 Jesus

---

[9] WALLIS, Arthur. *God's Chosen Fast*, p. 25.

retrata a sua segunda vinda como a chegada do noivo. "Mas, à meia--noite, ouviu-se um grito: Eis o noivo! Saí ao seu encontro!" (Mateus 25:6). Então, claramente Jesus fala de si como o noivo que partiu, não apenas por três dias entre a sexta-feira santa e o domingo de Páscoa, mas por todo o tempo até a segunda vinda.[10]

E o "silêncio" das Epístolas?

Paulo foi o único escritor a mencionar os jejuns (no plural) em uma epístola. Escrevendo aos coríntios, o apóstolo disse: "nas vigílias, nos jejuns" (2Coríntios 6:5). Pelo contexto da afirmação, alguns dizem que não se pode concluir se a menção era a jejum voluntário ou involuntário. Vejamos o texto:

> Pelo contrário, em tudo *nos recomendamos a nós mesmos como ministros de Deus*: na muita paciência, nas aflições, nas privações, nas angústias, nos açoites, nas prisões, nos tumultos, nos trabalhos, nas vigílias, *nos jejuns*, na pureza, no saber, na paciência, na bondade, no Espírito Santo, no amor não fingido, na palavra da verdade, no poder de Deus; pelas armas da justiça, tanto para atacar como para defender; por honra e por desonra, por infâmia e por boa fama; como enganadores e sendo verdadeiros; como desconhecidos, mas sendo bem-conhecidos; como se estivéssemos morrendo, mas eis que vivemos; como castigados, porém não mortos; como entristecidos, mas sempre alegres; como pobres, mas enriquecendo a muitos; como nada tendo, mas possuindo tudo (2Coríntios 6:4-10).

Qual o contexto da afirmação? Ela começa com Paulo declarando "nos recomendamos a nós mesmos como ministros de Deus". A seguir, vem uma lista de coisas que autenticam o ministério do apóstolo.

· · · · · · · ·
[10] PIPER, John. *Fome por Deus*, p. 28,29.

A BÍBLIA ORDENA QUE JEJUEMOS? 29

Dentre elas, temos as que se relacionam com adversidades: "aflições, privações, angústias, açoites, prisões, tumultos" (v. 4,5). Acrescente--se a isso "desonra, infâmia" e o rótulo de "enganador" (v. 8). Contudo, outras nada tem a ver com adversidade, e sim com dedicação e comportamento: "nos trabalhos, nas vigílias, nos jejuns, na pureza, no saber, na paciência, na bondade, no Espírito Santo, no amor não fingido, na palavra da verdade, no poder de Deus; pelas armas da justiça" (v. 5-7). Ou seja, vigílias e jejuns não foram incluídos na lista de adversidades involuntárias, mas na lista de dedicação e comportamento voluntário!

Depois, no final da segunda epístola aos coríntios, o apóstolo volta a mencionar o assunto. Paulo responde a uma comparação que aqueles irmãos faziam entre ele e outros ministros — que estavam se aproveitando dos cristãos de Corinto — e defende-se alistando muito daquilo que havia suportado pela causa do evangelho:

> São ministros de Cristo? Falando como se estivesse fora de mim, afirmo que sou ainda mais: em trabalhos, muito mais; em prisões, muito mais; em açoites, sem medida; em perigos de morte, muitas vezes. Cinco vezes recebi dos judeus quarenta açoites menos um. Três vezes fui açoitado com varas. Uma vez fui apedrejado. Três vezes naufraguei. Fiquei uma noite e um dia boiando em alto mar. Em viagens, muitas vezes; em perigos de rios, em perigos de assaltantes, em perigos entre patrícios, em perigos entre gentios, em perigos na cidade, em perigos no deserto, em perigos no mar, em perigos entre falsos irmãos; em trabalhos e fadigas, em vigílias, muitas vezes; *em fome e sede, em jejuns, muitas vezes*; em frio e nudez. Além das coisas exteriores, ainda pesa sobre mim diariamente a preocupação com todas as igrejas (2Coríntios 11:23-28),

Destaquei a frase "em fome e sede, em jejuns, muitas vezes". Não concordo com os que afirmam tratar-se de jejum involuntário, por mera escassez. O apóstolo cita o jejum *depois* de já ter falado de fome e sede (estas, sim, acredito que foram involuntárias, circunstanciais) e, ainda, acrescenta o fator *pluralidade* — muitos jejuns, e não um jejum. A NVI traduziu a frase assim: "passei fome e sede, *e* muitas vezes fiquei em jejum" (2Coríntios 11:27). Constata-se que o jejum é um dos itens da lista, e não mera explicação óbvia do que seria passar fome e sede (indicado no item anterior) — esse tipo de explicação não foi empregada em nenhuma outra coisa relacionada por Paulo. Sobre isso, Valnice Milhomens comenta: "Aqui há uma clara distinção entre passar fome e estar em jejum. Há muitos que não sabem fazer a diferença. Mas fome é quando não se come, por falta de comida; jejum é quando se tem o que comer, e decide-se não fazê-lo".[11]

E a quem possa argumentar que, no texto de 2Coríntios, o autor só tenha falado de coisas negativas, questiono o porquê, então, de ele ter mencionado duas vezes a palavra "trabalho" nessa suposta lista negativa. Ademais, temos o registro bíblico de que Paulo jejuou e orou por três dias, quando se converteu (Atos 9:9,11); também jejuou enquanto servia a igreja em Antioquia (Atos 13:1-3); adiante, em suas viagens missionárias, quando voltou para estabelecer presbíteros em várias cidades, igualmente praticou o jejum (Atos 14:23). Apenas tais casos já justificam a voluntariedade dos jejuns do apóstolo. Não entendo por que determinados ensinadores tentam espremer das epístolas paulinas uma explicação de que os jejuns mencionados seriam involuntários; a não ser que haja, da parte deles, o intuito de criar um padrão segundo o qual o apóstolo, no quesito jejum, não é um exemplo a ser seguido — o mesmo apóstolo que pediu que o imitassem.

Ao mesmo tempo que é verdade que jejuar *não se trata de um imperativo* nas cartas do apóstolo, não se pode negar que o jejum era *parte da prática cristã* daquele gigante espiritual. Paulo, um homem que jejuava, disse não poucas vezes que deveríamos *imitá-lo* (1Coríntios 4:16;

....
[11] COELHO, Valnice Milhomens. *O jejum e a redenção do Brasil*. 5ª ed., p. 215.

1Coríntios 11:1; Filipenses 3:17; 1Tessalonicenses 1:6) — como alegar que o jejum estaria de fora? Ele não disse que deveria ser imitado em tudo, exceto na prática do jejum; pelo contrário, chamou a que olhassem à sua conduta, toda ela — seja o que pôde ser visto naquela época por testemunhas oculares, seja o que ficou registrado dela na narrativa bíblica —, como exemplo a ser seguido, replicado, imitado.

O aparente "silêncio" das epístolas sobre o tema do jejum, portanto, não pode ser entendido como uma proibição à prática. Cito aqui um comentário muito apropriado de Valnice Milhomens:

> É bom, ainda, lembrar que as Epístolas visavam completar e esclarecer o ensino do Antigo Testamento, à luz da revelação em Cristo. Nunca, porém, anulá-los. Visavam aplicar os ensinos de Jesus, e jamais subestimá-los.[12]

Se as epístolas não nos ordenam jejuar, é certo concluir que não se trata de algo importante? Pensar assim é falta de bom senso e uma afronta à interpretação bíblica. Quem defende tal corrente de pensamento está desprezando não apenas uma prática do Antigo Testamento que pode e deve ser vista com as lentes da revelação de Jesus, mas também está rejeitando um claro ensino do próprio Cristo — como vimos, Ele demonstrou esperar do cristão o exercício do jejum.

Jesus não veio ensinar os judeus a viverem bem a antiga aliança; Ele veio instituir a nova aliança, e *todos* os seus ensinos apontam para práticas dos cidadãos do reino de Deus. Esse conceito fica evidente quando Cristo estava para ser assunto aos céus. Na chamada "grande comissão", Ele deixou uma ordem aos seus apóstolos:

> Portanto, vão e façam *discípulos de todas as nações*, batizando-os em nome do Pai, do Filho e do Espírito Santo, ensinando-os *a guardar*

· · · · · · · ·
[12] Ibidem, p. 196.

todas as coisas que tenho ordenado a vocês. E eis que estou com vocês todos os dias até o fim dos tempos (Mateus 28:19,20)

O que significa a frase "ensinando-os a guardar todas as coisas que tenho ordenado"? "Todas as coisas" significam, obviamente, "todas as coisas", o que inclui o ensino que um dia o Mestre deu sobre o modo correto de jejuar. E quem eram as pessoas a serem ensinadas? Somente os *judeus* que viviam debaixo da antiga aliança, da lei de Moisés? Claro que não! Ele se referia não só a seus discípulos *judeus*, como também a *gentios* que se converteriam com a pregação do evangelho, o que se percebe na expressão "façam discípulos de *todas as nações*" (Mateus 28:19).

Não tratamos outros assuntos do ensino de Cristo — esmolas e orações, por exemplo — como se fossem *opcionais*. O jejum é esperado dos cristãos assim como esmola e oração, e orientações claras foram dadas acerca de sua prática.

Repito: é certo que Jesus não apresentou um imperativo, porém demonstrou expectativa de que fosse parte da vida do crente. E também não creio que seu propósito ao falar de jejum tenha sido apenas externar a expectativa de que *alguns* de seus discípulos jejuassem. Penso que nosso Senhor presumiu que o jejum seria praticado por *todos* os seus seguidores, então fez o que um bom Mestre faz: orientou a *forma correta* de jejuar. Ou seja, ao falar sobre *como fazer*, Cristo aprovou e incentivou a *fazer*.

O cristianismo foi edificado sobre alicerces de crenças e práticas judaicas, comunicadas pelo próprio Deus por meio do Antigo Testamento. É lógico que houve mudança de lei (Hebreus 7:12), e não a estou ignorando. Não se pode saltar, contudo, para a interpretação de que práticas da antiga aliança como jejum, oração e esmola não precisavam ser seguidas por aqueles novos cristãos judeus. Aliás, eles já as praticavam; então, tudo de que necessitavam, naquele momento, era entender a forma correta de perpetuar uma prática antiga.

A BÍBLIA ORDENA QUE JEJUEMOS? 33

O fato de que práticas antigas não foram, de todo, descartadas também pode ser constatado na similaridade de comportamento de pessoas sob a antiga e a nova aliança. Começando por alguém que vivia debaixo da lei de Moisés, temos Ana, a profetiza:

Havia uma profetisa, chamada Ana, filha de Fanuel, da tribo de Aser. Ela era bem idosa, tendo vivido com o marido sete anos desde que tinha se casado. Agora era viúva de oitenta e quatro anos. Ela não deixava o templo, mas adorava noite e dia, *com jejuns e orações* (Lucas 2:36,37).

Quando a Bíblia enfatiza aquela mulher adorando noite e dia, com jejuns e orações, o faz exaltando sua atitude; isso é fato. Agora mudemos o foco para os líderes da igreja de Antioquia, composta, em sua grande maioria, de gentios convertidos vivendo sob a nova aliança. Observe o ensino do apóstolo Paulo acerca da graça:

Havia na igreja de Antioquia profetas e mestres: Barnabé; Simeão, chamado Níger; Lúcio, de Cirene; Manaém, que tinha sido criado com Herodes, o tetrarca; e Saulo. Enquanto eles estavam *adorando o Senhor e jejuando*, o Espírito Santo disse:
— Separem-me, agora, Barnabé e Saulo para a obra a que os tenho chamado.
Então, *jejuando e orando*, e impondo as mãos sobre eles, os despediram (Atos 13:1-3).

Em ambos os casos, temos servos de Deus adorando, jejuando e orando, seja na antiga seja na nova aliança. Por que presumir que essas disciplinas estejam confinadas ao Antigo Testamento ou que sejam apenas para os judeus? Cristo deixou claro que seus seguidores jejuariam e, na sequência, a Bíblia revela que eles jejuaram. Ainda assim, ousaríamos afirmar que não é necessário jejuar?

John Wesley, grande mestre bíblico e fundador do metodismo, falando acerca dos motivos para jejuar, usa as seguintes palavras:

Temos um peculiar em favor do jejum frequente. Ou seja: Jesus assim ordenou. Neste trecho de seu sermão, ele não exigiu expressamente nem o jejum, nem as esmolas, nem a oração. Suas orientações mostram como jejuar, orar e dar esmolas. Entretanto, *essas orientações nos tocam com a mesma força das imposições.* Ao nos ordenar que façamos algo de certo modo, Jesus inquestionavelmente requer que façamos esse algo. É impossível realizar algo de determinada maneira, se esse algo não é realizado. Por conseguinte, quando Jesus nos orienta a dar esmolas, a jejuar e a orar de tal e tal maneira, essas são ordens claras para realizarmos tais tarefas. Somos ordenados a cumpri-las e a fazer isso da maneira prescrita a fim de não perder nossa recompensa.[13]

Mahesh Chavda, autor do extraordinário livro *O poder secreto da oração e do jejum*, expressa entendimento semelhante:

Jesus espera que você jejue e ore. Em Mateus 6:5-7, ele não diz: "quando você *estiver a fim de orar* [...]". Não, ele disse três vezes: *"quando orar* [...]". Não *se* orar.

Da mesma forma Jesus não disse em Mateus 6:16-17 "se algum dia você *tentar jejuar*, embora eu saiba que é quase impossível para você [...]". Não, ele disse *"quando você jejuar* [...]". Ele não nos deu a opção de jejuar. Ele considerou o jejum uma prática tão natural da vida cristã, que disse aos seus discípulos e aos seus críticos que orar e jejuar faria parte de sua vida depois que ele se fosse. Nada mudou desde que ele pronunciou essas palavras. Se você é cristão, então, você ora. Se você é cristão, então, jejua.[14]

O célebre bispo de Hipona, conhecido como Santo Agostinho, sustenta a mesma lógica — e conclusão:

. . . .
[13] WESLEY, John. *O Sermão do Monte*, p. 169.
[14] CHAVDA, Mahesh. *O poder secreto da oração e do jejum*, p. 31.

A BÍBLIA ORDENA QUE JEJUEMOS? 35

Se perguntado sobre a minha opinião acerca desta questão, eu responderia, depois de cuidadosamente pensar sobre o assunto, que nos evangelhos e Epístolas, e em toda coleção de livros para a nossa instrução, chamada Novo Testamento, vejo que o jejum é ordenado.[15]

Talvez a leitura de Agostinho acerca do assunto do jejum fosse semelhante à de John Wesley que, mesmo reconhecendo não haver uma imposição na instrução de Jesus, afirmou: "essas orientações nos tocam com a mesma força das imposições". Richard Foster, sobre o dilema "orientação *versus* ordenança", afirmou:

> Embora suas palavras não expressem uma ordem, isso não passa de uma questão de semântica. No texto citado, fica claro que Cristo sustentava a disciplina do jejum e previa que seus seguidores a praticariam.
>
> Talvez seja melhor evitar o termo "ordem", já que, no rigor da letra, Jesus não ordenou o jejum. Contudo, fica óbvio que ele se baseava no princípio de que os filhos do Reino jejuariam. Para quem anseia andar intimamente com Deus, as afirmações de Jesus são palavras convidativas.[16]

Sabemos que o próprio Jesus praticou o jejum (Lucas 4:2), e o livro de Atos mostra que os líderes da igreja também o faziam (Atos 13:2,3). Registros históricos dos pais da igreja também revelam que o jejum continuou sendo observado como prática dos crentes muito tempo depois dos apóstolos. O jejum, portanto, não cessou. Ainda hoje e até que o Noivo venha, ele deve ser parte de nossa vida, além de praticado de forma adequada, de acordo com o ensino bíblico.

Apesar de ter demonstrado até aqui não existir obrigatoriedade bíblica para o jejum, no Antigo ou no Novo Testamento, é necessário

· · · · · · · ·
[15] Citado por: PIPER, John. *Fome por Deus*, p. 142.
[16] FOSTER, Richard. *Celebração da disciplina*, p. 91.

registrar outra certeza que tenho, pelas Escrituras: não acredito ser possível sustentar o argumento de que Jesus, em absoluto, *não* nos comissionou à prática do jejum. O que Cristo *não fez*, honestamente falando, foi determinar os *tipos*, a *duração*, os *propósitos secundários* e a *periodicidade* dos jejuns. Ele se ateve mais ao *propósito primário* (jejuar para Deus) e às *motivações* do coração. Ainda que a ausência de um imperativo leve alguns à conclusão da não responsabilidade de jejuar, sustento o oposto: creio que devemos fazê-lo, muito embora saiba que há uma grande liberdade pessoal para que cada um cumpra o comissionamento como bem entender.

Em suma, cada crente decide como, quando e de quanto em quanto tempo fará aquilo que *ele tem de fazer*. Há liberdade sobre a maneira de praticar o jejum, mas ele não deveria ser tratado como opcional.

Abordarei, posteriormente, a frequência e duração dos jejuns, mas adianto que são de *ordem pessoal*. Alguém pode jejuar um dia por semana, por mês ou por ano. Não há regras pré-definidas, tampouco rígidas. Há, inclusive, diferentes formas de jejuar e distintos tempos de duração para a abstinência alimentar. Cada um gerencia como melhor entender ou conforme a direção que receber do Espírito Santo. Entretanto, que não se negue que o jejum *deve* ser parte da vida de *todo* cristão.

Arthur Wallis, na clássica obra *El Ayuno Escogido Por Dios* [O jejum escolhido por Deus], afirma:

> Pelo espaço de mais de um século, tem existido a tendência de enfatizar e exaltar, de tal maneira, os ensinamentos das epístolas, sugerindo uma substituição dos ensinamentos de Cristo tal como os temos nos evangelhos.
>
> Alguns até têm chegado a afirmar que os ensinamentos contidos no Sermão do monte não possuem aplicação direta para os crentes de hoje em dia, que são basicamente messiânicos ou judaicos e que se cumprirão em uma era milenar futura. Os que pensam assim não

A BÍBLIA ORDENA QUE JEJUEMOS? 37

somente estão equivocados, mas se encontram em direta oposição com a comissão citada por Cristo. Se estas palavras têm algum significado, seguramente, é porque Jesus as ensinou a seus discípulos para que eles, por sua vez, as ensinassem as gerações seguintes de discípulos a fim de que fossem obedecidas até a consumação dos séculos.[17]

Um pensamento contraditório

Os pentecostais, entre os quais me incluo, pregam o falar em línguas como a evidência física inicial do batismo no Espírito Santo; fazem-no fundamentados em várias referências à essa experiência no livro de Atos e, também, pelo fato de Jesus ter falado dela (Marcos 16:17). Tal qual o jejum, não há na Bíblia nenhum *imperativo* a respeito do falar em línguas. Ainda que Paulo *mencione* o assunto, não o ordena, e isso, para nós, é suficiente. Quando o assunto é jejum, o padrão de considerar tanto as referências de Jesus quantos as práticas da Igreja, em Atos, não serve? Isso é muito incoerente!

Permita-me fazer outra comparação de nosso falho padrão hermenêutico: evangelizamos porque Jesus nos mandou fazê-lo, conforme registros dos evangelhos (Mateus 28:19; Marcos 16:15) e fatos históricos de que a ordem foi cumprida pelos primeiros discípulos (Marcos 16:20; Atos 8:5); não dependemos de nenhuma ordem apostólica posterior para revalidar o comando uma vez dado pelo Cabeça da Igreja. Quando o assunto é jejum, a lógica muda?

Como afirmei anteriormente, ouço e leio pessoas argumentando que, se as epístolas não apresentam nenhuma ordenança sobre jejuar, então não devemos jejuar. O curioso é que as mesmas pessoas pregam o dízimo, sem haver nenhum imperativo nas epístolas acerca do tema. São contraditórias em seus próprios argumentos. Não estou falando

---

[17] WALLIS, Arthur. *El Ayuno Escogido Por Dios: Una Guia Prática y Espiritual Para el Ayuno.* E-book.

contra o dízimo; creio, pratico e ensino sobre tal prática.[18] Falo apenas de rever as regras de interpretação que temos aplicado ao jejum.

O ponto é que não é necessário encontrar um *imperativo* sobre jejum nas epístolas, quando há um simples *redirecionamento* da prática para a nova aliança, comunicado pelo próprio Cristo em seu ensino.

O livro de Hebreus cita o registro de Gênesis, no qual Melquisedeque recebe os dízimos de Abraão (Hebreus 7:1-4), e destaca que "os que dentre os filhos de Levi recebem o sacerdócio têm ordem, de acordo com a lei, de recolher os dízimos do povo" (Hebreus 7:5). Na sequência, o escritor, falando de Melquisedeque, atesta que "aquele cuja genealogia não se inclui entre os filhos de Levi recebeu dízimos de Abraão e abençoou aquele que havia recebido as promessas" (Hebreus 7:6). Conclui, então, dizendo que "*aqui* os que recebem dízimos são homens mortais *[os sacerdotes levitas]*, porém *ali* o dízimo foi recebido por aquele de quem se testifica que vive *[Melquisedeque, que é uma figura de Cristo]*". O que significa essa alegoria profética? Os versículos seguintes explicam: "E, por assim dizer, também Levi, que recebe dízimos, pagou-os na pessoa de Abraão. Porque Levi, por assim dizer, já estava no corpo de seu pai Abraão, quando Melquisedeque foi ao encontro deste" (Hebreus 7:9,10). Levi ainda nem existia! Ele foi bisneto de Abraão. Quando o autor de Hebreus destaca Levi, antes de seu nascimento — representado, então, por seu bisavô Abraão —, curvando-se diante de Melquisedeque, que é um tipo de Cristo, e entregando os dízimos, há uma sombra do que hoje é substância: na mudança de sacerdócio e de lei (atestada dois versículos à frente — Hebreus 7:12), os dízimos anteriormente pertencentes aos levitas seriam entregues a Cristo!

Isso é mais que suficiente para que eu aceite os dízimos na nova aliança, mesmo não se tratando do imperativo "dizimai". É evidente que o propósito de Hebreus de comunicar uma verdade como essa era de que os crentes entregassem seus dízimos a Cristo, nosso Sumo

. . . .
[18] Trato mais acuradamente do assunto em meu livro *Uma questão de honra: o valor do dinheiro na adoração*. 5ª ed. Curitiba: Orvalho, 2015.

A BÍBLIA ORDENA QUE JEJUEMOS? 39

Sacerdote, e não que concluíssem ser apenas uma expectativa divina, porém *opcional*. Fico pasmo como alguns forçam a barra para defender uma opinião própria, em vez de considerar as interpretações corretas e coerentes das Escrituras. Deveríamos, como pregadores e ensinadores da Bíblia, descomplicar o assunto do jejum, e não o contrário.

Afirmar que o *silêncio* acerca do jejum, encontrado nas epístolas, é uma *anulação* da ordenança de Cristo, encontrada nos evangelhos, é uma grande aberração hermenêutica. Reforço esse ponto, acrescentando outra prova bíblica: Paulo, em suas epístolas, usava expressões como "Porque eu recebi do Senhor o que também lhes entreguei..." (1Coríntios 11:23). Qual é o contexto dessa afirmação do apóstolo dos gentios? Que os *cristãos* — e observe que se tratava de *gentios* da nova aliança, os coríntios, e não apenas *judeus* da antiga aliança — deveriam observar o que Jesus havia determinado em sua última ceia!

Os apóstolos trouxeram revelações *complementares*, e não *excludentes* ao ensino de Cristo. E mesmo tais revelações procederam do próprio Senhor Jesus: "Depois de ter padecido, Jesus se apresentou vivo a seus apóstolos, com muitas provas incontestáveis, aparecendo-lhes durante quarenta dias e falando das coisas relacionadas com o Reino de Deus" (Atos 1:3). O escritor de Hebreus atesta, acerca de nossa salvação, que "tendo sido anunciada inicialmente pelo Senhor, depois nos foi confirmada pelos que a ouviram" (Hebreus 2:3). Os apóstolos e seguidores de Cristo que escreveram as epístolas possuíam a missão de *confirmar*, e não de *contradizer* o que nosso Senhor ordenou. Isso me parece ainda mais claro quando Paulo, escrevendo a Timóteo, afirma:

> Se alguém *ensina outra doutrina e não concorda com as sãs palavras de nosso Senhor Jesus Cristo* e com o ensino segundo a piedade, esse é orgulhoso e não entende nada, mas tem um desejo doentio por discussões e brigas a respeito de palavras. É daí que nascem a inveja, a provocação, as difamações, as suspeitas malignas e as polêmicas sem fim da parte de pessoas cuja mente é pervertida e que estão privadas da verdade... (1Timóteo 6:3-5).

40 A CULTURA DO JEJUM

O apóstolo condenou as doutrinas discordantes das de Cristo — isso inclui, portanto, qualquer instrução sobre o jejum que seja diferente do que Jesus ensinou acerca de jejuar. Além disso, mantinha ele próprio a prática de jejuar. Diante dessas evidências, pergunto: Paulo poderia ser usado como referência da *não* necessidade de jejuar? Biblicamente, não faz muito sentido.

Observemos outra declaração de Paulo sobre a origem de seu entendimento bíblico e da mensagem que comunicava em seus ensinos:

> Mas informo a vocês, irmãos, que o evangelho por mim anunciado não é mensagem humana, porque eu não o recebi de ser humano algum, nem me foi ensinado, mas eu *o recebi mediante revelação de Jesus Cristo* (Gálatas 1:11,12).

Existe lógica por trás da ideia de Cristo, em seu tempo terreno, determinar que jejuássemos, porém voltar atrás e não mais incluir o jejum nas instruções à Igreja que Ele próprio edificou, pouco tempo depois, por meio dos apóstolos?

A verdade é que temos complicado aquilo que deveria ser simples. Se alguém não quiser viver uma vida marcada pelo hábito de jejuar, é sua *escolha* — assim como também lhe pertencerão as *consequências* da negligência dessa disciplina. Entretanto, ninguém possui o direito de *contrariar* as Escrituras, afirmando que o jejum não é importante ou mesmo necessário. E, pior que acreditar nisso, é propagar um entendimento tão equivocado. Ensinar a Palavra de Deus não é apenas um privilégio; é, também, uma *responsabilidade*. Tiago, falando pelo Espírito de Deus, asseverou: "Meus irmãos, não sejam, muitos de vocês, mestres, sabendo que seremos julgados com mais rigor" (Tiago 3:1).

Portanto, repito: cada crente decide como, quando e de quanto em quanto tempo fará aquilo que *ele tem de fazer*. Há liberdade sobre a *maneira* de praticar o jejum, mas ele não deve ser tratado como opcional.

2
....

UM OLHAR
PARA O PASSADO

> **❝**Jesus vê como natural que seus discípulos guardem a prática piedosa do jejum. O rigoroso exercício da abstinência faz parte da vida dos discípulos.**❞**

DIETRICH BONHOEFFER[1]

Acredito, de todo o coração, que Deus está restaurando o *entendimento* e a *prática* do jejum e que isso seguirá ocorrendo, de forma progressiva, até a volta de nosso bendito Senhor Jesus. Também creio que um despertamento espiritual no corpo de Cristo é tanto necessário quanto urgente. Por isso, precisamos criar, na igreja contemporânea, à luz das Escrituras, "a cultura do jejum".

A palavra *cultura*, oriunda do latim, significa, essencialmente, "ato, efeito ou modo de cultivar".[2] O *Dicionário Houaiss da Língua Portuguesa* define *cultura* da seguinte maneira:

....
[1] BONHOEFFER, Dietrich. *Discipulado*, p. 132.
[2] CUNHA, Antonio Geraldo da. *Dicionário etimológico da língua portuguesa*, p. 194.

1 ação, processo ou efeito de cultivar a terra; lavra, cultivo. 2 cultivo de célula ou tecidos vivos em uma solução contendo nutrientes adequados e em condições propícias à sobrevivência. 3 criação de alguns animais. 4 cabedal de conhecimentos de uma pessoa ou grupo social [...] 5 conjunto de padrões de comportamento, crenças, conhecimentos, costumes, etc. que distinguem um grupo social. 6 forma ou etapa evolutiva das tradições e valores intelectuais, morais, espirituais (de um lugar ou período específico); civilização. 7 complexo de atividades, instituições, padrões sociais ligados à criação e difusão das belas-artes, ciências humanas e afins.[3]

Ou seja, a partir do conceito de *cultivo* da agronomia ou da biologia, a palavra *cultura* passou, com o tempo, em âmbito social, a estar relacionada àquilo que promove *conhecimento* e *valores* que, por sua vez, determinam *convicções* e, por fim, geram *comportamentos*.

Considerando tal definição, fica evidente que a Igreja moderna não possui *a cultura do jejum*. Entretanto, quando consideramos a história, constatamos que houve épocas em que essa cultura já foi predominante na Igreja de Jesus Cristo. Sobre isso, Valnice Milhomens afirmou:

> Pela leitura do livro de Atos, portanto, ficamos com a convicção de que a prática do jejum era tão normal quanto entre os judeus.
> Teriam os cristãos em gerações posteriores, quando o evangelho se espalhou pelo mundo gentílico, continuado com a prática do jejum? Certamente que sim.[4]

O jejum ao longo da história

O jejum tem sido comprovadamente praticado pelos cristãos no decorrer da história. Ao citar esse fato, não defendo a prática de algo

....

[3] HOUAISS, Antônio e VILLAR, Mauro de Salles. *Dicionário Houaiss da língua portuguesa*, p. 583.

[4] COELHO, Valnice Milhomens. *O jejum e a redenção do Brasil*. 5ª ed., p. 191.

UM OLHAR PARA O PASSADO 43

que se classifique como mera tradição cristã. Sustento apenas que a instrução bíblica foi, de fato, compreendida e praticada ao longo dos séculos, apesar de erros e extremismos que, em determinadas épocas, cercearam o entendimento e o exercício dessa bendita disciplina espiritual — algo que parece acontecer também com quaisquer outras práticas do cristianismo.

Além dos registros bíblicos — única fonte de instrução que reconhecemos ter autoridade —, outras fontes históricas também indicam que os cristãos jejuavam. Repito e enfatizo que as menciono não porque tenham a mesma autoridade da Bíblia — elas não têm. Quero trazê-las à reflexão por uma questão de historicidade e comprovação da continuidade enquanto prática comum na Igreja cristã.

A *Didaquê*, o mais antigo catecismo cristão, escrito no *primeiro século*, registra que muitos dos primeiros cristãos conservavam o hábito de jejuar duas vezes por semana e, também, antes do batismo:

> Os *seus jejuns* não devem coincidir com os dos hipócritas. Eles jejuam no segundo e no quinto dia da semana. Porém, *você deve jejuar* no quarto dia e no dia da preparação (*Didaquê*, capítulo VIII, parágrafo 1).

> Antes de batizar, tanto aquele que batiza como o batizando, bem como aqueles que puderem, *devem observar o jejum*. Você deve ordenar ao batizando *um jejum* de um ou dois dias[5] (*Didaquê*, capítulo VII, parágrafo 4).

A *Didaquê* foi mencionada por outros escritores antigos como Clemente de Alexandria, Orígenes e Eusébio de Cesareia, que viveu no terceiro século, em seu livro *História eclesiástica*. Esse rito do jejum às quartas e sextas (para não coincidir com o dia em que os fariseus jejuavam) foi sustentado pela Igreja Ortodoxa Grega e citado por John

· · · · · · · ·
[5] *Pais Apostólicos*, 2017, p. 127.

A CULTURA DO JEJUM

Wesley, em seu sermão X: "Os jejuns do quarto e do sexto dia eram observados por cristãos de toda parte".[6]

Inácio, bispo de Antioquia, no final do *primeiro século*, demonstrou preocupação com jejuns exagerados — o que indica não apenas que os cristãos jejuavam, mas também que alguns eram até mais intensos do que deveriam:

> Devote-se ao *jejum* e à oração, mas não além da conta, para não se destruir por meio disso. Não se abstenha de todo do vinho e de carne, pois essas coisas não devem ser vistas com desdém, visto que [as Escrituras] dizem: "comereis a fartura da terra" (Gênesis 45:18) E novamente: "comereis a carne... e ervas" (Êxodo 12:8). E outra vez: "o vinho, que alegra o coração do homem, o azeite que dá brilho ao rosto, e o alimento, que lhe sustém as forças" (Salmos 104:15). Mas tudo deve ser usado com moderação, como sendo dádivas de Deus.[7]

Policarpo, bispo de Esmirna e discípulo direto do apóstolo João (fato comentado por Irineu de Lyon e Tertuliano), em sua carta aos filipenses, no *segundo século*, comenta:

> Vamos, portanto, abandonar a vaidade da multidão e seus falsos ensinamentos e voltar à palavra que nos foi transmitida desde o princípio, vigiando em oração e *continuando firmes na prática do jejum...*[8]

Justino, um dos célebres mártires, do *segundo século*, afirmou:

> Explicarei como nós também nos dedicamos a Deus, quando nos tornamos novos através de Cristo... Tantos quantos são persuadidos e

---

[6] WESLEY, John. *O Sermão do Monte*, p. 162.
[7] Citado por: PIPER, John. *Fome por Deus*, p. 141.
[8] *Pais Apostólicos*, p. 106.

UM OLHAR PARA O PASSADO   45

creem que as coisas que ensinamos são verdadeiras e confessam ser verdade, e se dispõem a viver de acordo com elas, são instruídos a orar e clamar a Deus com jejum, para a remissão dos seus pecados passados, e nós oramos e *jejuamos* com eles...[9]

Cirilo, bispo de Jerusalém, que viveu no *quarto século*, escreveu:

Não sejas, portanto, daqui em diante uma víbora, mas como tu foste antes da linhagem de uma víbora, dispa-te, disse ele, da casca da cobra da tua antiga vida pecaminosa. Pois toda serpente se arrasta para dentro de um buraco e, tendo se livrado da pele velha, seu corpo torna-se jovem novamente. De modo semelhante, entre tu também pela porta estreita e apertada, dispa-te do teu antigo eu pelo *jejum*, e expulsa de ti o que está te destruindo.[10]

Agostinho, bispo de Hipona, que viveu entre os *séculos quarto* e *quinto*, disse:

Mas por ora a necessidade é doce para mim, doçura contra qual eu luto, para que não seja feito cativo; e prossigo com uma guerra diária por meio de *jejuns*, frequentemente obrigando o meu corpo a se sujeitar e minhas dores são eliminadas pelo prazer...[11]

Martyn Lloyd-Jones, em *Estudos no Sermão do Monte*, ao abordar o assunto, não ignora a prática do jejum ao longo da história:

Os santos de Deus, em todas as épocas e em todos os lugares não somente têm crido no *jejum*, mas também o têm posto em prática. Isso

....

[9] Apologia I,61. Citada por: COELHO, Valnice Milhomens. *O jejum e a redenção do Brasil*. 5a ed., p. 193.
[10] Citado por: PIPER, John. *Fome por Deus*, p. 143.
[11] Ibidem, p. 142.

46 A CULTURA DO JEJUM

ocorreu entre os reformadores protestantes, e, sem dúvida, foi observado também na vida dos irmãos Wesley e na vida de George Whitefield. [...] O povo de Deus sempre sentiu que o jejum não somente é uma prática correta, mas também que ela se reveste de imenso valor, quanto aos seus efeitos, sob determinadas circunstâncias.[12]

Em *O poder secreto da oração e do jejum* (livro que recomendo com veemência), Mahesh Chavda comenta:

Na história, o reavivamento aparece quando as pessoas buscam a Deus por meio da oração e do jejum. O primeiro movimento missionário mundial começou no século primeiro, em Atos 13. Qual era o contexto para essa explosão do Reino? Como a Igreja *orou e jejuou*, Deus os enviou.

Você também descobrirá que *Policarpo*, no ano 110, conclamou os cristãos a jejuarem para que pudessem vencer as tentações. *Tertuliano* também defendeu o jejum, no ano 210, como um grande objetivo da religião. *Martinho Lutero*, o reformador, também jejuava. Quando ele trabalhou com os manuscritos antigos para traduzir as Escrituras para a língua alemã, associou seu trabalho com oração e muito jejum. [...] *Calvino* também jejuava regularmente, assim como *John Knox*.

Praticamente todos os grandes evangelistas oraram e jejuaram. *Charles Finney* escreveu em sua biografia que, frequentemente, jejuava em particular. Ele disse que, quando a bateria do Espírito Santo se descarregava, quando sentia a unção do Espírito enfraquecida, imediatamente fazia um jejum de três dias, e sempre terminava esses jejuns sentindo-se recarregado. [...]

Quando *Jonathan Edwards* pregou seu famoso sermão "Pecadores nas mãos de um Deus irado", as pessoas do auditório disseram que sentiram o chão se abrir e revelar as profundezas do inferno, fazendo

. . . .
[12] LLOYD-JONES, Martyn. *Estudos no Sermão do Monte*, p. 324.

que clamassem a Deus por misericórdia e perdão. Edwards associou seu preparo à oração com jejum.

John Wesley acreditava firmemente no jejum, e jejuava todas as quartas e sextas-feiras. Ele era tão convencido de que jejuar deveria ser uma parte obrigatória no estilo de vida de um ministro, que disse a todos os seus candidatos ao ministério que eles deveriam comprometer-se a orar e jejuar toda quarta e sexta-feira, se quisessem ministrar com ele, evangelizar ou pastorear uma igreja fundada por intermédio daquele movimento. Ele se tornou tão poderoso em sua pregação, que se transformou na primeira voz no grande despertamento e reavivamento na Inglaterra e nos Estados Unidos. Alguns historiadores dizem que a carnificina e o sofrimento da Revolução Francesa que se espalharam rapidamente para o restante da Europa poderiam facilmente ter se espalhado também para a Inglaterra não fosse a pregação de Wesley. E Wesley deu muito crédito do poder e fruto de seu ministério à disciplina do jejum diante do Senhor.

O grande pregador e mestre, *Charles Haddon Spurgeon*, encorajou vigorosamente o jejum, como o fez o missionário americano com os indianos, *David Brainard*. Rees Howells, um grande intercessor, regularmente associava jejum com oração. [...]

O jejum era uma prática comum entre os grandes líderes durante toda a história da igreja, e é exigido e esperado de nós por Jesus Cristo.[13]

Desde homens da antiguidade até mais recentes como David Young Cho — que se tornou o pastor da maior igreja local do mundo —, constatamos que aqueles que se destacaram na caminhada cristã e no ministério tiveram uma vida marcada pelo jejum. Eles são exemplos a serem imitados (Hebreus 13:7). Não trago esses exemplos porque a instrução bíblica ao jejum não nos seja suficiente; apenas porque a obediência de outros inspira a nossa.

. . . .

[13] CHAVDA, Mahesh. *O poder secreto da oração e do jejum*, p. 122-124.

A CULTURA DO JEJUM

Infelizmente, a prática do jejum sofreu abusos e distorções ao longo dos séculos. Porém, assim como, em contraposição à pratica errada daqueles dias, Jesus orientou seus discípulos a jejuarem de forma correta — em vez de não jejuarem —, penso que o mesmo princípio segue válido atualmente.

"Era uma vez"... Uma igreja que jejuava

Houve uma época, quando a cultura de jejuar era mais praticada pelo povo de Deus, em que o exemplo prático gritava tão fortemente a ponto de não haver necessidade de explicar detalhes — os detalhes se tornaram óbvios aos que possuíam uma referência a seguir. Richard Foster, em sua obra *Celebração da disciplina*, comenta:

> No século I e antes disso, não eram necessárias instruções do tipo "como fazer" acerca das disciplinas espirituais. A Bíblia conclamava as pessoas a disciplinas como jejum, oração, adoração e celebração, mas não oferecia quase nenhuma orientação sobre como praticá-las. E é fácil entender o motivo. As disciplinas eram praticadas com tanta frequência e estavam tão incorporadas à cultura geral que o "como fazer" era do conhecimento de todos. O jejum, por exemplo, era tão comum que ninguém precisava perguntar o que comer antes do jejum nem como quebrar o jejum ou ainda como evitar as tonturas enquanto jejuava — todos sabiam as respostas.
>
> Contudo, isso não se aplica à nossa geração. Hoje, predomina uma ignorância abismal mesmo quanto aos aspectos mais simples e práticos de quase todas as disciplinas espirituais. Sendo assim, qualquer livro escrito sobre o assunto precisa oferecer instruções práticas e precisas sobre como conduzir-se nesses exercícios.[14]

· · · · · · · ·

[14] FOSTER, Richard. *Celebração da disciplina*, p. 32.

UM OLHAR PARA O PASSADO 49

Creio que a Igreja de hoje vive dividida entre dois extremos: aqueles que não dão valor algum ao jejum e aqueles que se excedem em suas ênfases sobre ele. Por essa razão é que escrevo, com a intenção de oferecer instrução bíblica e também conselhos práticos.

É fato que o jejum tem sido, de forma assustadora, ignorado e negligenciado em nossa época. Numa pesquisa recente que fiz em minhas redes sociais, com muitos milhares de cristãos, quase 60% assumiram *nunca* terem feito *um único* jejum de 24 horas em toda a sua vida cristã!

Arthur Wallis, autor de uma das grandes obras sobre o tema, em *El Ayuno Escogido Por Dios* [O jejum escolhido por Deus], afirmou, décadas atrás, o seguinte:

> Como testemunhei durante anos não apenas o grande valor, mas também a bênção que o jejum traz, fiquei profundamente preocupado por tantos crentes fervorosos aparentemente nunca terem dado muita atenção ao assunto.[15]

A verdade é que não mudou muita coisa de lá para cá. Temos mais livros sobre jejum, isso é incontestável, mas também há um crescente número de discípulos que nunca foram alcançados por nenhum nível significativo de instrução acerca dessa prática cristã. Abordando essa omissão, Martyn Lloyd Jones, em *Estudos no Sermão do Monte*, comenta:

> Particularmente para os evangélicos, toda essa questão do jejum quase desapareceu de nossa prática diária, e até mesmo do campo das nossas considerações. Com que frequência e com que extensão temos pensado a respeito disso? Que lugar o jejum ocupa em toda a nossa perspectiva de vida cristã e da disciplina nela envolvida? Sugiro que a verdade provável é que mui raramente temos meditado sobre isso. Porventura

· · · · · · · ·
[15] WALLIS, Arthur. *El Ayuno Escogido Por Dios* [versão e-book, extraído do prefácio].

50 A CULTURA DO JEJUM

já jejuamos alguma vez? Porventura já nos ocorreu pensar demoradamente sobre a questão do jejum? O fato é que toda essa questão parece haver sido totalmente excluída de nossas vidas, e até mesmo de nosso pensamento cristão, não é verdade?[16]

Uma pergunta a ser feita é: como chegamos ao ponto de a maioria dos cristãos nunca jejuar? Como chegamos a tamanha negligência? Cito novamente Richard Foster, em *Celebração da disciplina*:

Em tempos mais recentes, percebe-se um interesse renovado no jejum, mas temos de caminhar muito ainda para recobrar o equilíbrio bíblico. O que explicaria a negligência quase total a essa prática mencionada tão frequentemente nas Escrituras e seguida com tanto ardor pelos cristãos ao longo dos séculos? Duas coisas. Em primeiro lugar, o jejum adquiriu má reputação em consequência das práticas ascéticas exageradas da Idade Média. Com o declínio da realidade interna da fé cristã, acentuou-se a tendência crescente de enfatizar o que restou: a forma externa. Sempre que houver uma forma destituída de poder espiritual, a lei tomará as rédeas, porque traz consigo uma sensação de segurança e de poder manipulador. Assim, o jejum ficou submetido a rígidas regulamentações. Sua prática também foi vinculada à mortificação pessoal e a sofrimentos físicos extremos. A cultura moderna rejeita com veemência esses excessos e tende a confundir jejum com mortificação.

Em segundo lugar, a propaganda com a qual somos alimentados continuamente convence-nos de que, se não tivermos três refeições fartas todos os dias, com petiscos nos intervalos, ficaremos à beira da inanição. Somando-se a isso a crença popular de que é uma virtude satisfazer cada um dos apetites humanos, o jejum tornou-se obsoleto.[17]

· · · · · · · ·

[16] LLOYD-JONES, Martyn. *Estudos no Sermão do Monte*, p. 322.
[17] FOSTER, Richard. *Celebração da disciplina*, p. 83,84.

UM OLHAR PARA O PASSADO 51

Valnice Milhomens, em *O jejum e a redenção do Brasil*, comenta:

> É possível que o asceticismo que entrou na Igreja com seus extremos tenha deixado em muitos um medo dos desvios, mas já é tempo de estarmos curados dos traumas históricos e encontrar o equilíbrio da Palavra, sob pena de nos distanciarmos do verdadeiro Cristianismo.[18]

Trata-se de um caminho sem volta? Não creio. Embora tal *cultura* tenha quase se perdido — ainda que alguns círculos evangélicos a preservem, como verdadeiros remanescentes —, tenho fortes razões para acreditar que ela será amplamente *restaurada* no tempo do fim. Cito outro sensato comentário da "irmã Valnice" (forma como a chamávamos desde minha adolescência):

> Não encontramos no Novo Testamento qualquer desculpa para não se jejuar. Nunca, jamais, existiu avivamento nos dias bíblicos ou em qualquer época na Terra, sem a presença da oração e do jejum. Pensaremos, porventura, que somos melhores neste século XXI, século da carne, achando que podemos mudar os princípios e ainda colher os mesmos benefícios? Jamais. Temos um padrão. Quem é o nosso padrão? O próprio Cristo. Os apóstolos seguiram Seu exemplo; os discípulos fizeram o mesmo; as primeiras gerações de líderes e cristãos não se apartaram do padrão. Somente quando a Igreja se distanciou de suas raízes, mudou suas práticas, esquecendo-se do jejum. Só que, em consequência, perdeu a vida e o poder apostólicos. *Faremos bem em retornar às pegadas dos pioneiros do Cristianismo.*[19]

A arte perdida do jejum será resgatada!

....
[18] COELHO, Valnice Milhomens. *O jejum e a redenção do Brasil*. 5a ed., p. 212.
[19] Ibidem.

52 A CULTURA DO JEJUM

Há um novo tempo chegando e um despertamento a caminho! Precisamos tanto olhar para trás e aprender com a história da igreja, como também olhar para a frente cheios de expectativa quanto ao que o Senhor fará. Cabe concluir este capítulo com um comentário de Mahesh Chavda:

> A maior parte do progresso de espalhar o evangelho veio do trabalho da igreja do primeiro século e de pessoas-chave que experimentaram visitações divinas, pela oração e pelo jejum, que mudaram sua vida, como Martinho Lutero, os irmãos Morávios, John Wesley, George Whitefield, D. L. Moody e outros. Acho que Deus está esperando para ver o que acontece quando pararmos de esperar que "apenas alguns de fé" façam o trabalho. Ele quer ver sua *Igreja* levantar-se como um todo, um corpo completo em toda sua resplandecente glória como sua noiva sem mácula. É tempo de se erguer diante do inimigo no poder do Reino de Cristo manifestado em milagres, sinais e maravilhas. Jejuar é a chave para liberar esse poder. O mundo nunca mais será o mesmo![20]

Tendo em mente a visão de quão importante é resgatar a cultura do jejum, convido você a olhar para a frente com a lente da percepção profética que a Escritura proporciona e entender a importância que o jejum terá no tempo do fim.

· · · · · · · ·
[20] CHAVDA, Mahesh. *O poder secreto da oração e do jejum*, p. 91.

3

UM OLHAR PARA O FUTURO

> **"**O jejum é um aspecto extremamente importante para o estilo de vida da igreja neotestamentária do final dos tempos.**"**
>
> MAHESH CHAVDA

Abordei, no capítulo anterior, a importância de olhar para trás, para o passado, e lembrar que a história do cristianismo carrega consigo, indubitavelmente, a prática do jejum. Qual o valor, porém, dessa constatação? Por certo, há um incentivo a preservar o legado e a obedecer à instrução dada por nosso Senhor. Contudo, para alcançar a macrovisão bíblica correta e abrangente sobre o jejum, é necessário também olhar adiante, para o futuro.

Estou convicto de que este é um terreno profético. Concentrarei minha argumentação, no entanto, no ensino profético das Escrituras, e não em palavras proféticas liberadas à Igreja por meio de muitas vozes levantadas por Deus.

Vale ressaltar que, por discernimento espiritual, é possível averiguar se há, de fato, uma convocação divina por trás das palavras dos profetas, mas, sem dúvida, trata-se de um campo subjetivo sobre o qual alguns

54 A CULTURA DO JEJUM

podem dizer "eu sinto que é de Deus", enquanto outros, "eu não sinto que tal convocação seja de Deus".

As Escrituras são, portanto, solo firme. Por elas, podemos avaliar de forma concreta a vontade de Deus, uma vez que Ele a revela por meio de sua Palavra. Por isso, convido-o a considerar atentamente a mensagem deste capítulo.

Tempos de restauração

Uma das características do tempo que antecederá o glorioso retorno de nosso Senhor Jesus Cristo é a *restauração*. Pedro anunciou tal verdade incontestável:

> Portanto, arrependam-se e se convertam, para que sejam cancelados os seus pecados, a fim de que, da presença do Senhor, venham tempos de refrigério, e que ele *envie o Cristo*, que já foi designado para vocês, a saber, *Jesus, ao qual é necessário que o céu receba até os tempos da restauração de todas as coisas*, de que Deus falou por boca dos seus santos profetas desde a antiguidade (Atos 3:19-21; destaques meus).

O apóstolo pregava o evangelho e chamava os pecadores ao arrependimento e à conversão, apontando como consequência a vinda de tempos de refrigério. Nesse contexto, o apóstolo mudou o foco de sua mensagem para o tempo do fim: "e que ele envie o Cristo, que já foi designado para vocês, a saber, Jesus". Considerando que Jesus já viera ao mundo e, após sua ressurreição, ascendera aos céus, indubitavelmente a palavra "envie" indica seu regresso. Na continuação do sermão, fica mais evidente: "ao qual é necessário que *o céu receba até os tempos da restauração* de todas as coisas".

Em outras palavras, Deus enviará novamente seu Filho, no entanto, isso não acontecerá ainda — não "até os tempos de restauração de todas as coisas". A expressão "até" indica o tempo de permanência de Jesus com o Pai antes de sua vinda. Portanto, o evento consumador da redenção não pode dar-se sem que seja precedido pelos citados "tempos de restauração".

No mesmo trecho bíblico, há outro termo importante para a correta interpretação: "receba". A palavra grega empregada nos manuscritos antigos é *dechomai* (δεχομαι). Seu significado, de acordo com Strong, é: "levar consigo, segurar, pegar, receber; usado para um lugar que recebe alguém, receber ou conceder acesso a um visitante, não recusar relação ou amizade, receber com hospitalidade, receber na família de alguém para criá-lo ou educá-lo, de coisas oferecidas pelo falar, ensinar, instruir; receber favoravelmente, dar ouvidos a, abraçar, tornar próprio de alguém".[1] O *Dicionário Vine* define *dechomai* como: "receber por recepção deliberada e pronta do que é oferecido".[2]

Na maioria dos textos bíblicos que a contém, a palavra foi traduzida como "receber" (Mateus 18:15). Em outros versículos, também se encontram as traduções: "tomar" (Lucas 2:28), "acolher" (Lucas 9:11), "aceitar" (1Coríntios 2:14), "participar" (2Coríntios 8:4), "atender" (2Coríntios 8:17).

No texto que estamos analisando (Atos 3:19-21), a *Bíblia de Jerusalém* optou pela expressão "acolher": "a quem o céu deve *acolher* até que". Já a *Amplified Bible* [Bíblia Amplificada] registra: *"Whom heaven must receive [and retain] until"* ("O qual o céu deve *receber* [e *reter*] até que"). A Reina-Valera (em português) preferiu a expressão "guarde": "O qual o céu *guarde* até que". A *Nova Versão Internacional* (NVI) traduziu assim: "É necessário que ele *permaneça* no céu até que". Por último e seguindo a mesma linha de tradução da NVI, a *Nova Versão Transformadora* (NVT) também usa o verbo "permanecer": "ele deve *permanecer* no céu até".

O consenso, tanto na perspectiva semântica da palavra *dechomai* quanto na interpretação da mensagem completa, é a ideia de o céu

....
[1] STRONG, James. *New Strong's Exhautive Concordance of the Bible.*
[2] VINE, W. E., Unger, MERRIL F. e WHITE Jr, William. *Dicionário Vine*, p. 926.

"segurar, reter Jesus, de modo que Ele lá permaneça até que". Em outras palavras, o céu o *recebeu* e não irá *devolvê-lo* sem que algumas coisas se cumpram primeiro. Quais? De acordo com as Escrituras, vimos que se trata dos "tempos da *restauração de todas as coisas*". Que coisas? Toda e qualquer coisa, sem exceção? Não! A frase final explica: "até os tempos da restauração de todas as coisas, de que *Deus falou por boca dos seus santos profetas* desde a antiguidade".

Profecias foram anunciadas para indicar eventos necessários que antecederão a volta de Cristo — cada uma delas terá cumprimento. Deus mesmo declarou: "eu estou vigiando para que a minha palavra se cumpra" (Jeremias 1:12). Posteriormente, Pedro escreveu em sua segunda epístola:

> Primeiramente, porém, saibam que nenhuma profecia da Escritura provém de interpretação pessoal; porque nunca jamais qualquer profecia foi dada por vontade humana; entretanto, homens falaram da parte de Deus, movidos pelo Espírito Santo (2Pedro 1:20,21).

Há muitas profecias que ainda se cumprirão. Algumas delas são de dupla referência, ou seja, referem-se tanto a circunstâncias passadas como a futuras (ou aplicam-se igualmente a pessoas distintas). Uma delas, proferida por Joel, enquadra-se no assunto que nos propomos a avaliar e está relacionada com o derramar do Espírito Santo no tempo do fim e o chamado para que o povo de Deus corresponda com *jejuns*. Jejuns, portanto, antecederão o cumprimento do "derramar do Espírito Santo".

Primeiramente, devemos observar o que Deus queria fazer naquela época. Depois, constataremos que a profecia se replica, estendendo-se também a um tempo futuro. Tudo começa com um chamado ao arrependimento, que devia ser marcado não só por orações, mas também por jejum: "Ainda assim, agora mesmo, diz o SENHOR: 'Convertam-se a mim de todo o coração; *com jejuns*, com choro e com pranto'"

(Joel 2:12); "Toquem a trombeta em Sião, *proclamem um santo jejum*, convoquem uma reunião solene" (Joel 2:15). Na sequência, o versículo 18 indica uma etapa do cumprimento da profecia, que se deu especificamente naqueles dias: "Então o Senhor teve grande amor pela sua terra e se compadeceu do seu povo" (Joel 2:18). Vamos ao conteúdo principal da profecia de Joel:

> E acontecerá, *depois disso*, que derramarei o meu Espírito sobre toda a humanidade. Os filhos e as filhas de vocês profetizarão, os seus velhos sonharão, e os seus jovens terão visões.
>
> Até sobre os servos e sobre as servas derramarei o meu Espírito naqueles dias.
>
> Mostrarei prodígios no céu e na terra: sangue, fogo e colunas de fumaça.
>
> O sol se transformará em trevas, e a lua, em sangue, antes que venha o grande e terrível Dia do Senhor.
>
> E acontecerá que todo aquele que invocar o nome do Senhor será salvo... (Joel 2:28-32a).

Como sabemos que a profecia de Joel também possui efeito replicado no futuro? Porque Pedro, em seu sermão no dia de Pentecostes, explicando a manifestação do Espírito Santo na vida dos discípulos de Cristo, atestou: "Mas o que está acontecendo é o que foi dito por meio do profeta Joel" (Atos 2:16). Na sequência de sua mensagem, Pedro recitou precisamente Joel 2:28-32.

Isso não indica que o restante a se cumprir da profecia de Joel, com efeito, foi completado e cumpriu-se plenamente no início da história da Igreja? Não. Cumpriu-se *parcialmente* e ainda possui resultado semelhante pendente, reservado ao final dos tempos. De que forma se chega a essa conclusão? Simplesmente observando que a parte da profecia que se cumpriu foi a primeira, contida nos versículos 28 e 29, que falam do derramar do Espírito Santo e de suas manifestações na vida do povo de Deus.

58 A CULTURA DO JEJUM

E a parte que não se cumpriu? Encontra-se nos versículos 30 e 31: "Mostrarei prodígios no céu e na terra: sangue, fogo e colunas de fumaça. O sol se transformará em trevas, e a lua, em sangue, antes que venha o grande e terrível Dia do SENHOR". Constatamos que isso não se cumpriu não somente pela falta de relato correspondente (na Bíblia e na história), mas também porque o próprio Cristo situa o cumprimento de tal palavra ao final da grande tribulação:

> Logo em seguida à tribulação daqueles dias, *o sol escurecerá, a lua não dará a sua claridade*, as estrelas cairão do firmamento e os poderes dos céus serão abalados. Então aparecerá no céu o sinal do Filho do Homem. Todos os povos da terra se lamentarão e verão o Filho do Homem vindo sobre as nuvens do céu, com poder e grande glória (Mateus 24:29).

João também relacionou esse cumprimento literal e dramático com a tribulação que antecede o retorno glorioso de Jesus:

> Vi quando o Cordeiro quebrou o sexto selo. Houve um grande terremoto, *o sol se tornou negro* como pano de saco feito de crina, *a lua ficou toda vermelha como sangue*, as estrelas do céu caíram sobre a terra, como a figueira deixa cair os seus figos verdes quando sacudida por um vento forte, e o céu recolheu-se como um pergaminho quando se enrola. Então todos os montes e as ilhas foram movidos do seu lugar (Apocalipse 6:12-14).

Não há dúvidas, portanto, de que haverá um cumprimento *replicado* da profecia no tempo que antecede a vinda de nosso Senhor. Inclusive, Pedro acrescentou a expressão "nos últimos dias" na aplicação que fez da profecia de Joel (Atos 2:17).

A fim de entendermos melhor os desdobramentos futuros, devemos considerar outra figura associada à mesma profecia.

Antes de mencionar o derramar do Espírito Santo, Joel anunciou que Deus enviaria chuvas: "Filhos de Sião, alegrem-se e exultem no SENHOR, seu Deus, porque *ele lhes dará as chuvas* em justa medida; fará descer, como no passado, as *primeiras e as últimas chuvas*" (Joel 2:23).

Primeiras e últimas chuvas

As chuvas apontam, alegoricamente, para o derramar do Espírito Santo. Parece-me que foram apresentadas intencionalmente, por intermédio do profeta, como uma ilustração tanto do que se deu em Pentecostes quanto do que haverá de cumprir-se no tempo do fim. Curioso é que a mesma analogia é empregada por Tiago, quando fala a respeito da vinda do Senhor:

> Portanto, irmãos, sejam pacientes até *a vinda do Senhor*. Eis que o lavrador aguarda com paciência o precioso fruto da terra, *até receber as primeiras e as últimas chuvas*. Sejam também vocês pacientes e fortaleçam o seu coração, pois a vinda do Senhor está próxima (Tiago 5:7,8).

Tiago pede paciência na espera pela vinda do Senhor, sinalizando que ela não se daria tão rapidamente quanto os crentes do primeiro século esperavam. O argumento usado é que o *lavrador* espera com *paciência* o precioso *fruto da terra*.

Quem é o lavrador e quem é o fruto da terra nessa analogia?

Se o contexto é a vinda de Cristo, presume-se que Ele seja o lavrador e nós, o fruto de sua vinha. O próprio Jesus empregou a alegoria nesses termos: Mateus 21:33-44; João 15:1-8.

Mas por que o lavrador, Cristo, precisa de paciência?

Porque ele deve aguardar *até que* a terra receba "as primeiras e as últimas chuvas". A expressão, também traduzida em outras versões como "chuvas temporã e serôdia", indica dois *momentos distintos* de chuva: um que precede a aragem e a semeadura da terra e outro antes da colheita.

60 A CULTURA DO JEJUM

No *Novo dicionário bíblico Champlin*, o autor Russel Champlin detalha o processo:

> Para os agricultores, o que mais importa é a distribuição das chuvas durante o ano. Essa distribuição é muito desigual, realmente. Nenhuma chuva cai durante os quatro meses mais quentes do ano, de junho a setembro. Isso é equilibrado por um inverno fresco e chuvoso; mas, do ponto de vista do agricultor, os dois períodos críticos são o *começo* e o *fim* da estação chuvosa, quando as temperaturas são altas o bastante para promover o crescimento das plantações, e o solo ainda está bastante úmido para o cultivo.
>
> Portanto, as atividades dos agricultores prendem-se diretamente ao regime das chuvas, dependendo de seu início. As chuvas começam em outubro, geralmente com uma série de temporais, e a aragem e a semeadura podem então começar no solo compactado. Se o começo da estação chuvosa se adia, a produção anual sofre; e se o adiamento é muito grande, pode nem haver colheita. Portanto, essas "primeiras" chuvas são importantíssimas. Na outra extremidade do inverno, as chuvas continuam até abril e maio, quando as temperaturas são elevadas, sendo mais valiosas do que as chuvas de janeiro e fevereiro, quando as temperaturas são mais baixas; aquelas chuvas aumentam a produção por cada dia que elas se prolongam. Por isso é que os agricultores esperam ansiosos pelas "últimas" chuvas.[3]

Então, o que se entende da alegoria? Que as *primeiras* chuvas do derramar do Espírito Santo vieram, no dia de Pentecostes, para anteceder o início da *semeadura* do evangelho no mundo. Cristo, entretanto, está aguardando pacientemente até que a terra receba as *últimas* chuvas, aquelas que antecederão a *colheita* — um derramar do Espírito Santo reservado ao tempo do fim.

. . . .

[3] CHAMPLIN, Russel Norman. *Novo dicionário bíblico Champlin*, p. 296.

UM OLHAR PARA O FUTURO 61

O céu está retendo a vinda de Cristo até que Deus restaure todas as coisas que foram preditas por seus profetas, o que inclui, como constatamos, a profecia de Joel. Jesus virá, então, depois das últimas chuvas! Ou seja, um dos grandes sinais escatológicos que antecedem o retorno de nosso Senhor é um poderoso avivamento. Isso é inquestionável, não importa qual seja a cronologia dos eventos finais em que você acredita. Devemos esperar por um novo, e quem sabe até maior, "Pentecostes".

Entre as primeiras e as últimas chuvas não costuma chover. Não penso ser coincidência que, entre o derramar inicial do Espírito Santo e o tempo que vivemos, houve a chamada "Era das Trevas", período no qual a Igreja se desviou muito de seu propósito e verdades iniciais, além de o mover e as manifestações do Espírito Santo terem minguado a ponto de existir muito pouco registro de suas ocorrências. A partir da Reforma Protestante, é possível notar um crescente movimento de restauração das verdades bíblicas; mas, em termos de derramar do Espírito Santo, nada se compara ao que passamos a provar desde o início do movimento pentecostal — e essas últimas chuvas atingirão sua plenitude!

Muitas vozes proféticas, à semelhança de Elias, estão anunciando: "já se ouve o barulho de abundante chuva" (1Reis 18:41). Não importa se o que vemos é apenas "uma nuvem pequena como a palma da mão de um homem" (1Reis 18:44), a movimentação no reino espiritual já é perceptível.

Note, no entanto, que a promessa carrega um requerimento condicional: "E acontecerá, *depois disso*, que derramarei o meu Espírito sobre toda a humanidade" (Joel 2:28). O grande avivamento virá "depois". Depois de quê? Se voltarmos aos versículos anteriores, encontraremos a ordem divina: "proclamem um santo jejum" (Joel 2:15), que tanto valeu para os dias de Joel quanto vale para hoje.

O jejum era um ato de humilhação associado à tristeza — seja pelo arrependimento ou mesmo pelo luto —, e a convocação divina tratava exatamente disso:

Reúnam o povo, santifiquem a congregação, congreguem os anciãos, reúnam as crianças e os que mamam no peito. Que o noivo saia do seu quarto, e a noiva, dos seus aposentos.

Que os sacerdotes, ministros do SENHOR, chorem entre o pórtico e o altar, e orem: "Poupa o teu povo, ó SENHOR, e não faças da tua herança um objeto de deboche e de zombaria entre as nações. Por que hão de dizer entre os povos: 'Onde está o Deus deles?'" (Joel 2:16,17).

O chamado divino era para que seu povo se entregasse a um jejum marcado por arrependimento e orações pela restauração da nação de Israel, chamada de "a herança" do Senhor.

Logo, se o derramar do Espírito está condicionado a um jejum marcado por arrependimento e orações por restauração da Igreja, por que isso ainda não se tornou uma tarefa urgente e da mais alta importância para nós?

O jejum não possui apenas importância na perspectiva *pessoal*; ele também é de grande relevância na perspectiva *comunitária*. A convocação dos dias de Joel era para um *jejum coletivo*, e não só individual.

Creio que, juntamente com orações e intercessões, o jejum possui um papel preparatório para as grandes colheitas do tempo do fim, que precederão o glorioso retorno de Cristo. Mahesh Chavda, abordando esse mesmo tópico em seu fantástico livro *O poder secreto da oração e do jejum*, comenta:

No livro de Joel, o Senhor pediu que o profeta intimasse os anciãos, os adultos das cidades, os bebês e até mesmo a noiva e o noivo que esperavam pela cerimônia do casamento a observarem um jejum solene como uma só nação diante de Deus. Por que e para quê? Eles oraram insistentemente para que a restauração viesse (veja Joel 2:15ss). Deus respondeu sua oração com uma grande promessa em relação aos últimos dias, que apenas começou a ser cumprida no Dia de Pentecostes, no livro de Atos, e está sendo manifestada como nunca em nossos dias:

UM OLHAR PARA O FUTURO 63

"E, depois disso, derramarei do meu Espírito sobre todos os povos. Os seus filhos e as suas filhas profetizarão, os velhos terão sonhos, os jovens terão visões. Até sobre os servos e as servas derramarei do meu Espírito naqueles dias"(Joel 2:28,29).

A única condição prévia para esse derramamento do Espírito Santo é que sejamos um povo que tenha a visão e anseie pagar o preço para receber o poder por meio da oração e do jejum.[4]

Bill Bright, fundador da Cruzada Estudantil para Cristo, movido por um peso de intercessão por salvação e avivamento nos Estados Unidos, dedicou-se a um jejum de 40 dias na década de 90. Aquele período de tempo propulsionou o seu livro *The Coming Revival: America's Call to Fast, Pray and Seek God's Face* (A chegada do avivamento: o chamado dos Estados Unidos para jejuar, orar e buscar a face de Deus), no qual ele narra o seguinte: "A promessa da chegada do avivamento traz com ela uma condição [...] os milhões de cristãos precisam, antes de tudo, humilhar-se e buscar a face de Deus com jejum e oração".[5] Ele afirmou ainda:

Deus nunca falou comigo de forma audível, e não tenho o dom de profetizar. Mas naquela manhã, a mensagem que recebi do Senhor foi clara. "Antes do final do ano 2000, os Estados Unidos e grande parte do mundo viverão um grande despertamento espiritual! E esse avivamento dará início à maior colheita da história da Igreja."

Senti que o Espírito Santo estava me dizendo que milhões de cristãos precisam buscar a Deus de todo o coração com jejum e oração antes que ele intervenha para salvar os Estados Unidos. Fui chamado pelo Espírito a orar para que milhões de cristãos se humilhem e busquem a Deus com jejuns de 40 dias.[6]

· · · · · · · ·
[4] CHAVDA, Mahesh. *O poder secreto da oração e do jejum*, p. 31-32.
[5] Citado por: ENGLE, Lou & BRIGGS, Dean. *O jejum de Jesus*, p. 21.
[6] Ibidem, p. 20.

64 A CULTURA DO JEJUM

Lou Engle e Dean Briggs comentam sobre aquela convocação: "Quando um homem como Bill Bright, sem dúvida um dos maiores evangelistas e líderes de movimentos estudantis na história da Igreja, convoca um jejum de 40 dias, não é hora de discutir particularidades de doutrina e ocasião apropriada".[7] Ambos atenderam à convocação e jejuaram pelo período proposto. E afirmam:

> Um extraordinário despertamento espiritual teve início antes do final do ano 2000 na forma de um movimento de oração mundial.[8] [...]
> Em 1999, uma série de eventos foi sincronizada pelo relógio divino. Os líderes que lançaram uma grande escalada de oração espalharam-se pelo Planeta. Eles não se conheciam e não haviam coordenado o trabalho. Mas desde aqueles primeiros esforços hesitantes, uma "casa de oração para todos os povos" (Isaías 56:7) de âmbito mundial tornou-se legítima pela primeira vez na História.[9]

Eles destacam movimentos que se iniciaram naquela época, como o "Movimento de Oração 24-7", em 1999, por Pete Greig; a "Casa Internacional de Oração", iniciada em Kansas City (EUA) por Mike Bickle, também em 1999, ministério que mantém oração contínua há mais de duas décadas e teve seu alcance e capacidade de mobilização ampliados imensuravelmente por meio das transmissões on-line, atingindo o mundo todo; o "The Call", também iniciado em 1999, quando Lou Engle reuniu quase meio milhão de jovens para um dia de jejum e oração em frente à Casa Branca; além do "Dia Mundial de Oração", iniciado em 2000 pelo sul-africano Graham Power. Obviamente, a lista está longe de ser completa, mas indica, a título de exemplo, ações que creio serem parte de um movimento propulsor maior de preparação para a chegada das "últimas chuvas".

· · · · · · · ·

[7] Citado por: ENGLE, Lou & BRIGGS, Dean. *O jejum de Jesus*, p. 21.

[8] Ibidem, p. 23.

[9] Ibidem, p. 57-59.

Sou grato a Deus pela vida de Valnice Milhomens que, ainda na década de 90, começou a ensinar com profundidade sobre o jejum. Ela foi uma das pessoas que mais me inspirou a desenvolver essa disciplina. Em seu clássico livro *O jejum e a redenção do Brasil*, já citado anteriormente, ela afirma:

> O jejum não tem sido uma prática comum em muitos arraiais evangélicos, mas ficaremos surpresos de ver a importância que ele tem na Bíblia. Graças a Deus hoje o número dos que se voltam a este salutar exercício espiritual cresce muito. Um novo dia tem raiado e há uma fome espiritual no coração de multidões de discípulos, que buscam viver no vigor e poder da Igreja apostólica. Vivemos dias de renovação espiritual numa grande ala da Igreja. Seu clamor tem subido ao céu e o Espírito de Deus desperta nossos corações e fá-los arder de fome e sede por uma vida cristã autêntica, que afete o mundo que nos cerca. Um povo se levanta, no meio da Igreja, anelando ver a noiva imaculada, sem mancha, nem ruga, ou defeito algum, mas santa e irrepreensível. E certamente, nas dores de parto por um avivamento espiritual, descobrir-se-á o caminho bíblico da prática do jejum ao Senhor.[10]

Penso que a frase "nas dores de parto por um avivamento espiritual, descobrir-se-á o caminho bíblico da prática do jejum ao Senhor" continua soando tão verdadeira e profética quanto na época em que foi escrita, há quase três décadas.

Marcador de um novo tempo

O jejum, no contexto que tenho abordado, de *preparação* para um avivamento, de um avanço significativo para uma grande colheita, bem como da santificação necessária à Igreja antes da vinda de Cristo, é *essencial*.

· · · · · · · ·
[10] COELHO, Valnice Milhomens. *O jejum e a redenção do Brasil*. 5ª ed., p. 187.

Jesus, antes de dar início a seu poderoso ministério terreno, jejuou. É evidente que, embora não se possa afirmar que seja o único fator propulsionador de uma nova estação, o jejum, no mínimo, é parte dessa equação.

Já demonstramos que Cristo previu — e instruiu — que seus discípulos jejuariam quando Ele fosse tirado. Certamente, isso foi colocado em prática, embora o livro de Atos registre apenas alguns poucos exemplos.

O ministério de Paulo, o apóstolo dos gentios, "nasceu" quando, após sua conversão, ele estava trancado por três dias "durante os quais nada comeu, nem bebeu" (Atos 9:9), orando (Atos 9:11). Ananias foi enviado a ele com uma mensagem clara: "este é para mim um instrumento escolhido para levar o meu nome *diante dos gentios e reis*, bem como diante dos filhos de Israel" (Atos 9:15). O jejum de Paulo, então, antecedeu seu envio.

Quando uma nova estação missionária teve início, na qual a Igreja deixou de praticar apenas missões *acidentais* (provocadas pela perseguição de Atos 8:1,4) e migrou para a prática de missões *intencionais* (concebidas por projeto e direção do Espírito Santo), o jejum é novamente encontrado precedendo a nova estação: "Enquanto eles estavam adorando o Senhor e *jejuando*, o Espírito Santo disse: — Separem-me, agora, Barnabé e Saulo para a obra a que os tenho chamado. Então, *jejuando* e orando, e impondo as mãos sobre eles, os despediram" (Atos 13:2,3). O jejum estava lá antes do envio, quando o projeto era gerado espiritualmente, e também estava na hora da imposição de mãos e do envio propriamente dito.

Ademais, o jejum é encontrado em um desdobramento do mesmo episódio, quando Paulo e Barnabé, depois de terem pregado o evangelho e plantado igrejas em várias cidades dos gentios, retornam levantando os primeiros líderes que as impulsionariam ao crescimento e multiplicação. Como se deu o início do ministério daqueles líderes? A Escritura também nos revela: "E, promovendo-lhes, em cada igreja, a eleição de presbíteros, depois de orar com jejuns, os encomendaram ao Senhor, em quem haviam crido" (Atos 14:23).

John Piper, referindo-se ao marco de um novo tempo produzido pelos jejuadores de Antioquia, comenta:

> O jejum de Atos 13 mudou o curso da história. É quase impossível exagerar a importância histórica desse momento para o mundo. Antes dessa palavra do Espírito Santo, não parece ter existido nenhuma missão organizada da igreja para além da margem oriental do Mediterrâneo. Antes disso, Paulo não tinha feito nenhuma viagem missionária na direção do Ocidente, para a Ásia Menor, a Grécia, Roma ou a Espanha. Antes disso, Paulo não tinha escrito nenhuma de suas cartas, que foram o resultado de suas viagens missionárias que começaram nesse ponto.
>
> Esse momento de oração e jejum resultou em movimentos missionários que arremessaram o cristianismo de uma posição de obscuridade à posição de religião dominante no Império Romano no período de dois séculos e meio, e que iria produzir 1,3 bilhão de adeptos da religião cristã atual, com um testemunho cristão em virtualmente todos os países do mundo. E treze em 27 dos livros do Novo Testamento (as cartas de Paulo) foram o resultado do ministério que foi lançado nesse momento histórico de oração e jejum.
>
> Então, penso que é justo dizer que Deus se agradou em tornar a adoração, a oração e o jejum a alavanca lançadora de uma missão que mudaria o curso da História do mundo. Haverá aqui alguma lição para nós?[11]

O pastor batista ainda afirmou:

> Há em nossos dias um senso crescente entre muitos de que a *redescoberta do jejum* como um clamor do coração penitente a Deus por reavivamento possa ser o meio que Deus usaria para despertar e reformar sua igreja.[12]

....
[11] PIPER, John. *Fome por Deus*, p. 81.
[12] Ibidem, p. 83.

Alguns poderiam acreditar que existir registro bíblico de jejum precedendo *cada um* desses significativos episódios seria coincidência. Para mim, trata-se de um *padrão*: Jesus, Paulo, os líderes da igreja em Antioquia, os presbíteros estabelecidos nas demais igrejas gentílicas. Poderíamos incluir na lista até mesmo a consagração de Jesus no templo, quando a profetiza Ana que "adorava noite e dia, com jejuns e orações. E, chegando naquela hora, dava graças a Deus e falava a respeito do menino a todos os que esperavam a redenção de Jerusalém" (Atos 2:37,38).

Sigo citando John Piper, que fecha seu raciocínio com outra argumentação: "Alguns observaram que em Atos 13:1-4 havia três atividades acontecendo: aqueles mestres e profetas estavam adorando, orando e jejuando. Dessas três atividades, duas estão vivenciando um ressurgimento mundial nos nossos dias". Ele comenta que houve avanço na adoração e na oração nos últimos anos, mas arremata: "No entanto, das três atividades citadas em Atos 13:1-4 (adoração, oração e jejum), o jejum não tem experimentado esse despertamento, a não ser talvez em uns poucos lugares como na Coreia do Sul. Isso nos leva a perguntar: não poderia Deus ordenar que suas bênçãos plenas venham sobre a igreja quando prevalecemos em oração com a intensidade do jejum? Esse tipo de intensificação na adoração é que o jejum é".[13]

Concordo que o jejum, à semelhança do que tem ocorrido com a adoração e a oração nas últimas décadas, também experimentará um despertamento. Ele ajudará a pavimentar um caminho de avivamento por conduzir-nos a um autoesvaziamento — este, por sua vez, precederá um extraordinário enchimento divino!

Como resgatar o jejum?

Se o jejum — juntamente com oração e arrependimento — é uma peça tão fundamental no desdobramento dos cenários proféticos vindouros,

....
[13] PIPER, John. *Fome por Deus*, p. 83.

é evidente que precisa ser resgatado. Entendo que Deus quer criar *a cultura do jejum* em larga escala, na Igreja como um todo, e não apenas em determinados grupos.

A pergunta pertinente é: como resgatar a cultura de jejum, que se desvaneceu ao longo do tempo?

Reconheço que o único meio pelo qual qualquer verdade negligenciada pode ser restaurada é pelo *retorno de sua proclamação*. Foi assim quando os reformadores, depois de séculos de uma cultura implementada entre os cristãos acerca da salvação por obras, levantaram-se para reafirmar: "Porque pela graça vocês são salvos, mediante a fé; e isto não vem de vocês, é dom de Deus; não de obras, para que ninguém se glorie" (Efésios 2:8,9). Semelhantemente, uma mobilização profética inspirada e promovida pelos céus despertará tanto o *entendimento* bíblico como também a *prática* do jejum.

Encerro este capítulo com as palavras de Mahesh Chavda:

> Deus está chamando a igreja mundial para a oração e o jejum corporativos como nunca feito antes porque temos de enfrentar uma colheita eminente, com proporções globais e monumentais! É hora de respondermos ao chamado divino da oração e do jejum como um só povo, unidos ao redor de um só Salvador, uma só fé e um só Senhor.[14]

Você está disposto a corresponder a esse chamado?

---

[14] CHAVDA, Mahesh. *O poder secreto da oração e do jejum*, p. 157.

4

O QUE
É O JEJUM?

> **"**Uma chave para a vida cristã de sucesso, que se encontra na Bíblia, foi perdida, deixada de lado e tirada do contexto pela Igreja de hoje. Essa chave é o jejum.**"**
>
> DEREK PRINCE[1]

O jejum bíblico é, em essência, uma abstinência intencional de alimentos visando a *propósitos espirituais*. Pode incluir, em períodos menores, a privação da ingestão de água, embora seja feito normalmente sem tal contenção. Também possui variações que admitem a abstinência parcial, excluindo apenas determinados grupos de alimentos, porém permitindo outros.

A palavra empregada nos manuscritos gregos e traduzida como "jejum" é *nesteia* (νηστεια). Derivada de *ne*, elemento de negação, e *esthio*, "comer", significa abstinência de alimentos.[2] Podem ser adotadas

---

[1] PRINCE, Derek. *O jejum*, p. 7.
[2] VINE, W. E., Unger, MERRIL F. e WHITE Jr, William. *Dicionário Vine*, p. 727.

outras formas de abstinência além da alimentar, conquanto, fundamentalmente, jejum consiste em privação de comida.

O *Dicionário Aurélio da Língua Portuguesa* também define jejum assim: "**1.** Abstinência ou abstenção total ou parcial de alimentação em determinados dias, por penitência ou prescrição religiosa ou médica. **2.** Estado de quem não come desde o dia anterior. **3.** Privação ou abstenção ou falta de alguma coisa".[3]

Reitero que tanto o significado quanto o uso da palavra jejum remetem, inquestionavelmente, à privação de comida, com o que a prática histórica também concorda. Contudo, são viáveis outras abstinências, como a que Paulo citou aos coríntios, no que se refere à intimidade sexual do casal:

> *Não se privem* um ao outro, a não ser talvez por *mútuo consentimento, por algum tempo, para se dedicarem à oração.* Depois, retomem a vida conjugal, para que Satanás não tente vocês por não terem domínio próprio (1Coríntios 7:5).

Compreende-se que, em se tratando de uma dedicação maior à oração — um dos principais motivos pelo qual se deveria jejuar —, pode ser útil abster-se de outros prazeres lícitos além da comida. O objetivo é mortificar a carne e buscar a Deus de forma ainda mais intensa.

É claro que, naquele contexto, o apóstolo definiu critérios: deve haver *acordo* entre o casal, subentendido na expressão "mútuo consentimento", além de que a pausa na intimidade deve dar-se apenas por um tempo, ou seja, não se estender muito.

Isso não significa que todo jejum deva incluir a abstinência da intimidade sexual, nem que esse tipo de abstinência, por sua vez, requeira ser acompanhado de abstenção alimentar. Ambas

. . . .

[3] FERREIRA, Aurélio Buarque de Holanda. *Dicionário Aurélio da língua portuguesa*, p. 1208.

representam uma disposição de abrir mão de prazeres que, embora lícitos, são temporariamente interrompidos para dar foco a outro deleite, de dimensão incalculavelmente maior: o de ordem espiritual. Elas podem ser executadas em conjunto ou, ainda, cada parte ter seu lugar, de modo isolado.

Seguramente, esta é uma das perguntas que mais ouço, acerca do jejum, por parte dos casados: "Podemos manter o momento de intimidade física?" Claro que sim! Mas também pode ser que não. A decisão depende de quem jejua e do acordo com o cônjuge. Cada um jejua como bem entender e determina suas próprias regras. Ninguém é obrigado a praticar a abstinência sexual, nem quem jejua e muito menos o cônjuge que não está jejuando. Ao tratar da importância de não privar sexualmente o cônjuge, o apóstolo não mencionaria uma exceção que não fosse cabível e de bom senso. O que está em questão é a possibilidade de o jejum ser feito a partir de outros tipos de abstinência, e não somente de abstinência alimentar. No entanto, insisto na observação do significado elementar: o jejum continua sendo, em sua essência, abstenção de comida para buscar a Deus.

Dito isso, acredito que, em tempos modernos, a abstinência de entretenimentos (filmes, seriados, uso da internet etc.) também pode — e deveria — ser incluída em nossos jejuns. Vale, nesse ínterim, considerar a advertência feita por Leonard Ravenhill (1907-1994) em um de seus famosos sermões (disponível na Internet), de que "o entretenimento se tem tornado o substituto diabólico da [verdadeira] alegria". Prefiro ver o jejum de entretenimentos, contudo, como abstinência *complementar*, e não *excludente* do jejum de alimentos. Como veremos adiante, não há regras rígidas a respeito do jejum; cada um faz como, quando e com a frequência que quiser. A menos que receba um direcionamento específico do Espírito Santo, o jejum será como cada cristão escolher.

O jejum não é — como alguns pensam — uma espécie de "moeda de troca" ou ferramenta de barganha. Também não é um sacrifício que,

74 A CULTURA DO JEJUM

por si só, gera recompensas. Isso tudo seria uma contradição à graça, revelada em Cristo, que se acessa mediante a fé (Romanos 5:2). "Não jejuamos para ganhar alguma coisa; jejuamos para nos conectar com nosso Deus sobrenatural. Estamos limpando o canal que nos conecta com a unção divina" — diz Chavda.[4]

Embora Jesus tenha garantido que haveria recompensa, "E o seu Pai, que vê em secreto, lhe dará a recompensa" (Mateus 6:18), o jejum não é, em si mesmo, o fator responsável pelo resultado — apesar de ser, indubitavelmente, um excelente auxílio para o exercício da fé que, sim, conduz-nos a resultados.

O jejum é, antes de mais nada, uma ferramenta, utilizada na busca a Deus, que contribui para o processo de rendição. Ele potencializa a mortificação da carne e seus apetites, levando-nos a desejar, sem impedimentos, as coisas celestes. Outras bênçãos, decorrentes de seu uso adequado, são mera consequência; elas constituem efeito colateral, e não propósito.

Há regras?

Muitos perguntam sobre as regras do jejum. Paulo afirmou: "o atleta não é coroado se não competir segundo as regras" (2Timóteo 2:5); diferentemente do esporte, porém, o jejum não vem com um manual de regras. Gosto de brincar que a regra é que não há regras! O que temos, nas Escrituras Sagradas, são *princípios* e *orientações*, que nos ajudam mais em relação ao "por que" fazemos (motivações e propósitos) do que ao "como" fazemos. Ainda assim, abordaremos adiante uma diversidade de sugestões, de acordo com exemplos bíblicos.

Percebo muita confusão desnecessária, consequência do estabelecimento de regras humanas que nada tem a ver com a orientação bíblica. Uma coisa é o crente em Jesus, por escolha própria, decidir jejuar; outra,

. . . .
[4] CHAVDA, Mahesh. *O poder secreto da oração e do jejum*, p. 124.

muito distinta, é decidirem por Ele. A Bíblia revela momentos de *convocação profética* ao jejum e também *decretos reais* que o determinaram, como se deu nos dias de Acabe (1Reis 21:8,9) e com os habitantes de Nínive (Jonas 3:5), por exemplo. O segundo caso não se aplica a nós, hoje, enquanto o primeiro não estabelece regras rígidas acerca de como atender a uma convocação de jejum.

Jesus, citando o profeta Isaías, apontou que é antiga a disposição humana de criar regras que Deus não determinou: "ensinando doutrinas que são preceitos humanos" (Marcos 7:7). Observo o esforço de muita gente em tentar definir e prescrever, acerca do jejum, aquilo que não nos foi requerido pela Palavra de Deus. "Em tal jejum, você não pode isso", "naquele outro, não pode aquilo" — afirmam. Trata-se de um comportamento antigo. Paulo falou, aos colossenses, de ordenanças como "não coma disso" (Colossenses 2:21); na sequência, classificou-a como "preceitos e doutrinas dos homens" (Colossenses 2:22).

Ainda que o texto de Colossenses tratasse mais de uma proibição alimentar contínua que de uma regra específica para o tempo de jejum, fato é que pessoas estavam caminhando na contramão dos valores bíblicos. O apóstolo também denunciou aqueles que "exigem abstinência de alimentos que Deus criou para serem recebidos com gratidão pelos que creem e conhecem a verdade" (1Timóteo 4:3). O que se vê, novamente, é a tentativa de estabelecer regras humanas acima das ordenanças divinas. Além de contraditório, isso é extremamente danoso e deve ser evitado a todo custo!

A prática de jejuar é encontrada na humanidade desde as mais remotas épocas, culturas e até religiões. Tem sido observada com finalidade espiritual ou mesmo medicinal, visto que a abstinência alimentar traz tremendos benefícios físicos como a desintoxicação que promove no corpo. Há, ainda, aqueles que a usam como forma de protesto.

Para nós, cristãos, entretanto, o propósito é, sobretudo, de ordem espiritual. Essa abstinência possui *propósitos espirituais*, que nos levam a combinar o jejum com *oração* e outras devoções como *adoração*, além de *leitura, meditação* e *estudo* das Escrituras Sagradas. A despeito dos benefícios físicos, espiritualmente, haverá significativos efeitos em nossa vida em decorrência de jejuarmos.

Jejuar não é, necessariamente, algo prazeroso, embora seus resultados o sejam. Luís Gomes, um amigo querido, com quem tive a alegria de servir junto, na mesma equipe pastoral, no início de meu ministério, sempre dizia: "Bom não é jejuar. Bom é ter jejuado.". Fato! Os benefícios do jejum parecessem manifestar-se, em maior intensidade, *depois*, e não *durante* sua prática. Podemos comparar com a analogia usada por Jesus:

> A mulher, quando está para dar à luz, *fica triste*, porque chegou a sua hora; mas, *depois de nascida a criança*, já não se lembra da aflição, pela *alegria* de ter trazido alguém ao mundo (João 16:21).

A *tristeza* pré-parto foca na dor do *processo*. A *alegria* pós-parto foca no resultado final. O jejum, enquanto está sendo feito, pode soar um tanto quanto desanimador em função do desconforto causado pela desintoxicação — especialmente os mais curtos, de até três dias. Devemos, entretanto, focar no resultado, naquilo que se manifestará *depois*, e não apenas no momento.

Há grande discussão e controvérsia entre cristãos quando o assunto é jejum. Alguns afirmam que se trata de prática de outras religiões como hinduísmo, budismo e islamismo. É fato que esses religiosos jejuam, porém isso não quer dizer, em absoluto, que não deveríamos abster--nos de alimentos porque eles também o fazem. Isso seria tão insensato quanto concluir que, porque muitas religiões possuem músicas em seus cultos, então, nós não podemos ter nos nossos; ou tão tolo quanto afirmar que, porque em outras religiões há oração, nós não devemos orar, para não sermos associados a eles.

A questão, portanto, não é sobre outros jejuarem ou deixarem de fazê-lo, mas o que a Bíblia, nosso manual de fé e conduta, diz a respeito do assunto. Como declarou o teólogo e pastor luterano Dietrich

O QUE É O JEJUM? 77

Bonhoeffer: "Jesus vê como natural que seus discípulos guardem a prática piedosa do jejum. O rigoroso exercício da abstinência faz parte da vida dos discípulos".[5]

E se eu falhar?

Muitas pessoas se mostram temerosas de jejuar — de forma individual ou atendendo a uma convocação coletiva — por receio de não aguentarem. Quase todas as pessoas que se dedicam à prática do jejum que conheço podem contar histórias de jejuns que foram interrompidos antes do tempo proposto.

Nos primeiros anos de meu ministério pastoral, vivenciei uma experiência dessas. Convoquei vários discípulos e pastores amigos para três dias de jejum e oração em uma fazenda. O local era distante e não possuía nenhum tipo de provisão alimentar. O banho seria no estilo da antiguidade: em um rio próximo.

Estávamos no final do segundo dia de jejum. Como novos e imaturos que éramos (pelo menos a maioria de nós), mantínhamos uma brincadeira desaconselhável, que repetíamos em jejuns prolongados: provocar uns aos outros com lembranças de comida. "Imagine uma picanha" — dizia um; e todos suspiravam. "Imagine uma pizza de calabresa" — dizia outro; e todos resmungavam. E a sessão de "imagine isso ou aquilo" seguiu, até que alguém disse: "Imagine um x-salada da lanchonete tal". Naquele momento, não houve suspiros, gemidos ou resmungos, apenas silêncio. Era perceptível que a sugestão havia entrado profundamente na alma de cada um. Depois de um tempo, um irmão se levantou e disse: "Se alguém quiser buscar os lanches, eu ofereço a minha caminhonete e pago para todo mundo". Havia chovido muito, então a maioria dos carros não conseguiria sair da fazenda naquele momento.

· · · · · · · ·
[5] BONHOEFFER, Dietrich. *Discipulado*, p. 132.

Levantei-me e lancei um sermão contra todo o grupo: "Vocês não têm vergonha na cara, são um bando de carnais! Ninguém repreendeu o fulano pelo que ele disse. Parece que o silêncio de vocês é uma espécie de concordância." Eles ficaram de cabeça baixa, ainda quietos. Foi quando me virei ao dono da caminhonete e perguntei: "Mas sua proposta era séria?" Ele me olhou surpreso. Eu continuei: "Se você estava falando sério, passe as chaves e o dinheiro que eu mesmo vou buscar". E foi o que fiz. Não aguentei e derrubei o jejum do grupo todo no final do segundo dia. E ninguém protestou; pelo contrário, todos comeram. No terceiro dia, jejuamos de novo, mas não fizemos os três dias contínuos que tínhamos proposto.

Também já tive experiências frustrantes no âmbito do jejum individual. Já tive dificuldade de encerrar determinados jejuns no tempo a que me propusera, seja por não suportar o desconforto inicial seja por pura fome. Tais circunstâncias provam que não somos bons em jejuar por nós mesmos. Entretanto, elas nos ensinam a depender mais da graça de Deus e, ainda, lembram-nos da importância de nos prepararmos para os jejuns. Um processo prévio de desintoxicação, além de fortalecer a mente — preparando-a para o tempo de abstinência —, também alivia os sintomas que o corpo suportará.

Já encerrei um jejum no nono dia porque passei mal. Havia contraído uma hepatite há pouco tempo, e meu fígado ainda estava sensível. Pinguei umas gotas de limão na água — por conselho de jejuadores mais experientes —, pois até o "gosto" da água estava ruim. Tive alguma reação no fígado e passei muito mal, com ânsias e enjoo. Preocupado com a saúde, quebrei o jejum e comi. Depois me disseram que você não ajuda um "fígado passando mal" dando a ele comida; bastava que eu esperasse algumas horas e tudo teria voltado ao normal. No terreno do jejum, aprendemos inclusive com nossos erros, então seja paciente consigo mesmo.

Eu achei muito divertido quando, ao ler pela primeira vez *O poder secreto da oração e do jejum*, de Mahesh Chavda, descobri que, no primeiro

O QUE É O JEJUM? 79

jejum de 40 dias que ele fez, acabou *caindo em tentação* e comeu um pacote de batatas fritas no 18º dia. Alguém, posteriormente, perguntou-lhe: "E você começou o jejum tudo de novo?" Ao que ele respondeu: "Está brincando?"[6] Chavda informou que apenas seguiu com mais 22 dias de jejum. É lógico que não achei divertido ele ter comido, e sim a maneira como lidou com o ocorrido. Sempre haverá um "fariseu" para criticar um jejum de 40 dias com o consumo de apenas um pacote de batatas fritas no meio!

É por isso que, via de regra, à exceção de jejuns parciais e coletivos, oriento as pessoas a não fazerem votos acerca da duração do jejum. Aconselho-as a serem firmes quanto à sua *intenção*. Acho melhor, porém, principalmente para quem está iniciando a prática do jejum, que não haja inflexibilidade durante as primeiras experiências.

Evidentemente, à medida que o tempo passa e nos exercitamos na disciplina de abstinência alimentar, deixamos de cometer esses erros. Não estou advogando em favor dessas falhas como estilo de vida; apenas reconheço que elas podem ocorrer na fase *inicial* dos jejuns — e essa fase, por sua vez, requererá de nós paciência. Não podemos ceder ao desânimo. Não conseguiu jejuar? Tente de novo. E de novo. E de novo. Não importa quantas vezes forem necessárias.

É saudável ao corpo?

Também há controvérsia no âmbito da medicina acerca do assunto. Enquanto alguns são absolutamente contrários ao jejum, na discussão de ser ou não uma prática saudável, outros a defendem amplamente. Certa ocasião, o Dr. Aldrin Marshall, um médico amigo, cristão, que já me acompanhou em vários jejuns prolongados, confidenciou-me: "A verdade é que, na medicina, há muita discussão teórica e pouco laboratório prático; não temos muitos estudos de caso, porque

[6] CHAVDA, Mahesh. *O poder secreto da oração e do jejum*, p. 129.

o jejum — especialmente o prolongado — tornou-se uma prática pouco comum".

Nos jejuns em que ele me ofereceu acompanhamento médico, pediu uma bateria de exames antes e outra depois do jejum. O propósito, além de monitorar meu estado de saúde, era entender um pouco melhor os efeitos do jejum no corpo, quanto à perspectiva fisiológica. Sempre houve melhoras significativas no meu estado de saúde, não o contrário.

Há que se destacar, porém, que não nos referimos à última novidade, "a dieta da moda". O jejum é uma prática antiga, milenar. Vem sendo testada há muito tempo. Os que a atacam não costumam jejuar nem parecem apresentar estudos de caso consistentes; usualmente oferecem especulações teóricas e, não raras vezes, preconceituosas. O Dr. Jason Fung, nefrologista, reconhecido como um dos maiores especialistas mundiais na prática do jejum para perda de peso e reversão da diabetes tipo 2, autor do livro *O código da obesidade*, é um defensor do jejum e reconhece-o como um antigo remédio:

> Em vez de buscar alguma dieta milagrosa, exótica e inédita para nos ajudar a quebrar a resistência à insulina, devemos nos concentrar em uma tradição antiga de cura comprovada. O jejum é um dos remédios mais antigos da história humana e tem sido parte da prática de quase todas as culturas e religiões do planeta. [...]
>
> Como uma tradição de cura, o jejum tem uma longa história. Hipócrates de Kos (aprox. 460-370 a.C.) é considerado por muitos o pai da medicina moderna. Entre os tratamentos que ele prescreveu e preferiu, encontra-se o jejum e o consumo de vinagre de maçã. Hipócrates escreveu: "Comer quando você está doente é alimentar sua doença". O escritor grego antigo e historiador Plutarco (aprox. 46-120 d.C.) também refletiu esses sentimentos. Ele escreveu: "Em vez de usar remédios, é melhor jejuar hoje". Platão e seu estudante Aristóteles também foram apoiadores convictos do jejum.

O QUE É O JEJUM? 81

Os gregos antigos acreditavam que o tratamento médico poderia ser descoberto por meio da observação da natureza. Os seres humanos, assim como os animais, não comem quando adoecem. Pense na última vez que você teve um resfriado. Provavelmente, a última coisa que você gostaria de fazer era comer. Jejuar parece uma resposta universal a diversas formas de doenças e está conectada à herança humana, tão antiga quanto a própria humanidade. O jejum é, de certa forma, um instinto [...].

Outros gigantes intelectuais também foram grandes proponentes do jejum. Paracelso (1493-1541), o fundador da toxicologia e um dos três pais da medicina oriental moderna (junto com Hipócrates e Galeno), escreveu: "O jejum é o maior dos remédios; é o médico interior". Benjamin Franklin (1706-1790), um dos pais fundadores dos Estados Unidos da América e reconhecido por seu grande conhecimento, certa vez escreveu sobre o jejum: "O melhor de todos os remédios é o repouso e o jejum".[7]

As descobertas das pesquisas apontam cada vez mais na mesma direção. Entretanto, como afirmou meu amigo médico, ainda há poucos estudos de caso. Sendo assim, sempre orientamos o jejum pedindo muita *cautela*. Cada um deve entender, de modo prático, as respostas de seu próprio corpo, à medida que jejua. Os jejuns prolongados — assunto que também tratarei neste livro — requerem cautela ainda maior e acompanhamento médico. Para pessoas saudáveis, no entanto, salvo casos específicos envolvendo diabéticos e pacientes em tratamento médico que não deveriam aventurar-se sem acompanhamento, encerro a questão com as palavras do Dr. Fung: "Faz mal à saúde? A resposta é não. Estudos científicos concluem que o jejum traz benefícios significativos à saúde. O metabolismo aumenta, a energia aumenta e a glicemia diminui".[8]

· · · · · · · ·

[7] FUNG, Jason. *O código da obesidade*, p. 219-220.
[8] Ibidem, p. 230.

Às pessoas que justificam não jejuarem por não se tratar de algo saudável, devo dizer que estão ignorando pesquisas e apontamentos médicos robustos. Além disso, creio que muitas delas desconhecem de forma prática os impactos do jejum em seu próprio corpo, especialmente o efeito desintoxicador. Asseguro que é impressionante como o intestino não apenas é limpo, como também se regula depois do jejum; a limpeza na pele é perceptível com poucos dias; ânimo, vigor e energia são todos positivamente afetados. Valnice Milhomens comenta que "morre mais gente por falta de jejum, do que de comida. Se houvesse mais jejum, haveria menos doenças".[9]

O maior questionamento, portanto, não deveria ser quão saudável ou não é a prática do jejum, e sim se devemos — biblicamente falando — jejuar. Hipoteticamente, se os cientistas comprovassem que orar não é saudável, eu ainda seguiria praticando a vida de oração. Por quê? Porque tenho um direcionamento bíblico claro acerca da oração e não faria nenhuma escolha contrária às Escrituras, especialmente em se tratando de algo que fosse evitado meramente por conveniência. Comecei a jejuar por causa daquilo que a Palavra de Deus diz, e não porque, cientificamente falando, seja aconselhável jejuar.

Não obstante, devemos concluir, com o uso de uma lógica simples, que a mesma Bíblia que nos orienta a não destruir o corpo — templo do Espírito Santo (1Coríntios 3:16,17) — não nos orientaria a uma prática não saudável. Desse modo, afirmo: o jejum, feito de modo correto, é saudável não só para nossa vida espiritual como também para o nosso corpo. Questionar esse fato é questionar as próprias Escrituras.

Nosso interesse é, todavia, como afirmado desde o início do livro, o jejum bíblico. Nosso foco é a abstinência alimentar com propósitos espirituais. A desintoxicação do corpo é um excelente efeito colateral. A perda de peso também se dá quando jejuamos, especialmente em

....
[9] COELHO, Valnice Milhomens. *O jejum e a redenção do Brasil*. 5ª ed., p. 229.

O QUE É O JEJUM? 83

jejuns prolongados ou frequentes, mas deveria ser vista, igualmente, como simples consequência — embora há que se considerar a facilidade com que o corpo se recupera depois do jejum, especialmente os de longa duração. O propósito dessa prática deve ser fundamentalmente espiritual. Não que o cuidado do corpo não seja louvável; apenas entendo que ele, à semelhança de uma vida disciplinada, deve ser praticado continuamente, enquanto o jejum, por sua vez, não se trata de um ato contínuo.

Disciplina negligenciada

Alguns não praticam o jejum por *ignorância*; não conhecem os princípios bíblicos ou, talvez, não entenderam aquilo que leram. Outros deixam de fazê-lo por *negligência*; e as razões, nesse caso, podem variar. Pode ser que não consigam dominar sua própria carne, ainda que tenham tentado algumas vezes; ou, quem sabe, simplesmente não queiram lidar com o desconforto da parte inicial do processo. Mas o que realmente me incomoda são aqueles que, para justificar sua omissão, tentam *criar uma doutrina* para sustentar aquilo em que decidiram, por conta própria, acreditar (quando a ordem correta seria que as Escrituras determinassem o que devemos crer e praticar).

Já vi, por exemplo, o uso da afirmação de Paulo "Não é a comida que nos torna agradáveis a Deus, pois nada perderemos, se não comermos, e nada ganharemos, se comermos" (1Coríntios 8:8) como alegação de que comer ou deixar de comer, no final das contas, é tudo a mesma coisa. Para começo de conversa, o contexto da afirmação, nos versículos anteriores e posteriores, era abster-se ou não de alimentos específicos — o apóstolo tratava de comidas consagradas a ídolos — como estilo de vida, considerando se era ou não correta a abstenção; ou seja, Paulo estava tratando de princípios. O texto, certamente, não se refere ao jejum.

É certo que alguém pode agradar a Deus tanto comendo (1Coríntios 10:31) como jejuando. De igual modo, pode desagradá-lo em qualquer

84 A CULTURA DO JEJUM

um dos estados. A questão não é apenas o *que* se faz, mas também *como* se faz. Aliás, vale dizer que um dos pontos principais do ensino de Jesus acerca do jejum dizia respeito a não o praticar com a motivação errada — Ele tratou do *como*. Nem a frase de Paulo aos coríntios — que, na verdade, é usada fora de seu contexto — nem a correção de Cristo acerca da motivação de jejuar podem ser consideradas fundamentos bíblicos *contra* o jejum.

Creio que há um chamado divino para que a igreja contemporânea redescubra a prática do jejum e, dessa forma, avance a uma nova dimensão de relacionamento com o Senhor. Para que isso aconteça, é necessário adentrarmos, da mesma forma, em uma nova dimensão de entendimento a respeito dessa tão importante disciplina. É fato que, para muitos cristãos, tal compreensão ainda se encontra um tanto distante.

John Wesley, fundador do metodismo, comentou acerca dessas complicações que são criadas em torno do assunto:

> De todos os meios de graça, o jejum tem sido o mais mal compreendido. Dificilmente haveria outro assunto dentro da religião no qual os homens tenham chegado a maiores extremos. Alguns o exaltam acima de todas as Escrituras e da razão. Outros o desconsideram por completo. Parece estarem vingando-se ao desvalorizá-lo tanto quanto outros o supervalorizam. Alguns falam sobre o jejum como se fosse o máximo do máximo. Se não for o fim em si mesmo, parece-lhes estar infalivelmente ligado a ele. Outros dizem que não significa absolutamente nada, é um trabalho infrutífero, sem relação alguma com a graça. Ora, é certo que a verdade está entre um e outro. O jejum não é o máximo do máximo. Também não é nada. Não é um fim, mas um meio precioso. É um meio ordenado pelo próprio Deus. É o meio pelo qual, devidamente empregado, Deus certamente nos dará a sua bênção.[10]

. . . .
[10] WESLEY, John. *O Sermão do Monte*, p. 160.

Mahesh Chavda, pastor queniano radicado nos Estados Unidos, um dos maiores jejuadores contemporâneos, a quem já citei e ainda citarei várias vezes, declarou:

> Quase todo cristão com quem conversei tinha alguma questão e alguma ideia errada sobre o jejum. É com tristeza que afirmo que o jejum é uma das questões mais mal compreendidas na Bíblia.[11]

Esta é a razão pela qual escrevi este livro: promover reflexão e entendimento bíblico correto. Continuaremos a caminhar juntos, ao longo dos capítulos, construindo progressivamente a visão que devemos ter, como cristãos, sobre o jejum.

. . . .
[11] CHAVDA, Mahesh. *O poder secreto da oração e do jejum*, p. 34.

5
· · · ·

ESTIMULADOS A JEJUAR

> 66O jejum ajuda a expressar, aprofundar e confirmar a resolução de que estamos prontos a sacrificar qualquer coisa, até mesmo nós mesmos, para alcançarmos o que estamos buscando para o reino de Deus. 99
>
> ANDREW MURRAY

Seguirei ampliando tanto a definição como a aplicação prática do jejum ao longo do livro, mas, por ora, quero abordar o assunto compartilhando um pouco da minha história, sobre como fui introduzido ao exercício do jejum. Acredito que a prática do jejum deva não apenas ser explicada, à luz das Escrituras Sagradas, como também precisa ser *estimulada* entre os santos.

Nasci e cresci num lar cristão. Logo, ouvia falar sobre jejum desde criança, embora, por muito tempo, ignorasse seu significado e propósito, já que havia ouvido mais *menções* à prática do que, de fato, *explicações*. Sabia, pelo ambiente ao qual me encontrava exposto, que jejuar implicava não comer. Testemunhei, por muitos anos, meu pai, Juarez Subirá, atender a uma convocação de líderes da denominação na qual fora ordenando ao pastorado para jejuar no feriado do dia 15 de novembro, data em que comemoramos a Proclamação da República, em favor de um avivamento em nossa nação. Sei que não era a única ocasião em que ele jejuava, mas era evidente que papai possuía um compromisso anual com a intercessão naquela data simbólica.

Nunca soube se meu pai fez algum jejum maior que dois dias — esse é o período mais longo de jejum que lembro tê-lo ouvido mencionar. Aliás, vale ressaltar que, na época, havia uma crença generalizada de que não se deveria falar, em hipótese alguma, sobre as experiências pessoais de jejum. Tal entendimento equivocado provinha de uma interpretação igualmente errada do ensino de Jesus acerca dessa tão importante disciplina da vida cristã.

Podemos comentar que jejuamos?

Certas pessoas são extremistas quanto à discrição do jejum, enquanto outras, por sua vez, à semelhança dos fariseus, incorrem no erro de "tocar trombeta" diante de si. Entretanto, um erro não nos deveria levar a outro. Fugir da autopromoção não implica, necessariamente, estabelecer um código de absoluto silêncio a respeito da prática do jejum. Consideremos as palavras de nosso Senhor:

> — Quando vocês jejuarem, não fiquem com uma aparência triste, como os hipócritas; porque desfiguram o rosto *a fim de parecer aos outros que estão jejuando*. Em verdade lhes digo que eles já receberam a sua recompensa. Mas você, quando jejuar, unja a cabeça e lave o rosto, *a fim de não parecer aos outros* que você está jejuando, e sim *ao seu Pai, em secreto*. E o seu Pai, que vê em secreto, lhe dará a recompensa (Mateus 6:16-18).

Jesus condenou o *exibicionismo* dos fariseus que faziam questão de parecer contristados aos homens para promover uma aparente espiritualidade. Entretanto, Ele não proibiu de comentar sobre a prática de jejuar — isso seria contraditório ao fato de existir registro bíblico do

ESTIMULADOS A JEJUAR 89

jejum feito pelo próprio Jesus. Como se sabe que Cristo, que estava *sozinho* no deserto, fez um jejum de 40 dias? Certamente porque Ele contou! É claro que não significa que nosso Senhor tenha saído alardeando sua experiência a todo mundo, mas que, discretamente, repartiu sua experiência com os discípulos. E o que dizer de jejuns coletivos, como o dos líderes da igreja em Antioquia (Atos 13:2,3)? Não haveria como mantê-los em segredo.

A orientação de Cristo sobre a *discrição* com relação ao jejum concorda com seu ensino sobre fazer *em secreto* — jejuar, orar e dar esmolas —, em uma demonstração de que estamos fazendo ao Pai Celestial, e não a homens. Contudo, há que se reconhecer que suas orientações foram dadas em um contexto muito específico: o Mestre abordava a *motivação errada* por trás de práticas corretas como *jejum, oração* e *esmola*. Antes, porém, de detalhar aquilo que nosso Senhor ensinava, devemos considerar outras palavras de Jesus, no mesmo sermão, um pouco antes de falar sobre a questão que estamos examinando: "Assim brilhe também a luz de vocês *diante dos outros, para que vejam as boas obras que vocês fazem* e glorifiquem o Pai de vocês, que está nos céus" (Mateus 5:16).

Se fosse proibida a *notoriedade* de nossas boas obras, como seria possível resplandecer a luz *diante de outros*? Como seria possível os homens *verem* as boas obras que praticamos? Penso que o diferencial seja encontrado na parte final da declaração de nosso Senhor: "e *glorifiquem o Pai* de vocês, que está nos céus".

O ponto em questão é quem recebe a glória: Deus ou o homem. Se agirmos corretamente — o que inclui um alinhamento das motivações do coração —, o Pai Celestial será glorificado. Não era isso, porém, que os hipócritas, confrontados no sermão do monte, estavam fazendo. É só observar o teor da exortação de Cristo:

> — Evitem praticar as suas obras de justiça diante dos outros *para serem vistos por eles*; porque, sendo assim, vocês já não terão nenhuma recompensa junto do Pai de vocês, que está nos céus.

90 A CULTURA DO JEJUM

— Quando, pois, você der esmola, *não fique tocando trombeta* nas sinagogas e nas ruas, como fazem os hipócritas, para serem elogiados pelos outros. Em verdade lhes digo que eles já receberam a sua recompensa (Mateus 6:1,2).

Acerca da frase *"para serem vistos por eles"*, John Wesley comenta: "O simples fato de sermos vistos enquanto fazemos quaisquer dessas coisas é uma circunstância puramente indiferente. Mas fazê-los com o propósito de sermos vistos e admirados, isso é o que o nosso Senhor condena".[1]

Quando Jesus falou sobre não "tocar trombeta", referia-se àqueles que desejavam *reconhecimento* pessoal. Não há registros bíblicos nem históricos que sustentem uma prática literal de tocar trombeta no ato da esmola, o que sugere o emprego de uma alegoria que remete à intenção de chamar a atenção para si. Ou seja, a esmola daquelas pessoas não intencionava glorificar a Deus, mas sim a elas mesmas. Por isso, o rótulo de "hipócritas" coube-lhes tão bem, uma vez que o termo grego *hupokrites* (υποκριτης) significa "intérprete, ator, artista de teatro", razão pela qual passou a ser usada para indicar um "dissimulador ou impostor".[2] James B. Shelton comenta o uso dessa expressão: "era originalmente usado para descrever atores — apropriado aqui, visto que o doador ostentoso está representando para uma audiência".[3]

Aprendi, desde garoto, que a Bíblia explica a si mesma. Ela é perfeitamente harmoniosa. Ou seja, as diferentes porções bíblicas não concorrem entre si, elas se complementam. Sendo assim, como conciliar a ordem de Jesus para que nossa luz brilhe diante dos homens com a ordem de não tocar trombeta diante de si? Cristo estava condenando a *autopromoção* (que busca glória para si), e não a possibilidade de

· · · · · · · ·

[1] WESLEY, John. *Bíblia de Estudo John Wesley*, p. 1094.

[2] STRONG, James. *New Strong's Exhaustive Concordance of the Bible*.

[3] ARRINGTON, French L. & STRONSTAD, Roger. *Comentário bíblico pentecostal, Novo Testamento*, vol. 1, p. 50.

compartilhar, com um coração correto, as práticas da vida cristã (que glorificam a Deus).

A Bíblia fala, por exemplo, de pessoas que davam esmola: "Em Jope havia uma discípula chamada Tabita, nome este que, traduzido, é Dorcas. Ela era *notável* pelas boas obras e esmolas que fazia" (Atos 9:36). O texto enfatiza que Dorcas "era notável pelas boas obras e esmolas". Qual o propósito de tal informação? Ajudar a promover o ego daquela irmã? Claro que não! Era estabelecer um padrão de comportamento a ser imitado! Observe a instrução de Paulo a Timóteo:

> Somente poderá ser incluída na lista de viúvas aquela que tiver mais de sessenta anos, que tiver sido esposa de um só marido e que seja *recomendada pelo testemunho de boas obras*: se criou filhos, se exercitou hospitalidade, se lavou os pés dos santos, se *socorreu os atribulados*, se *viveu na prática zelosa de todo tipo de boa obra* (1Timóteo 5:9,10).

Como alguém seria recomendado pelo *testemunho de boas obras*, se as mesmas nunca fossem vistas ou pudessem ser comentadas? A questão, como atestamos, é o coração. Isso explica o contraste entre o testemunho da doação de Barnabé (Atos 4:36,37) e a de Ananias e Safira (Atos 5:1-4), apresentados em sequência na narrativa bíblica.

Consideremos outro exemplo. Sabemos que Jesus mantinha uma vida de oração: "Naqueles dias, Jesus se retirou para o monte, a fim de orar, e passou a noite orando a Deus" (Lucas 6:12). Entretanto, a mesma Escritura que fala da vida de oração de Cristo condena a autopromoção dos fariseus por meio de suas orações: "E, quando orarem, não sejam como os hipócritas, que gostam de orar em pé nas sinagogas e nos cantos das praças, para serem vistos pelos outros" (Mateus 6:5). O problema nunca foi o ato de informar sobre a prática de oração, e sim a *motivação* por trás de fazê-lo. Cristo normalmente orava a sós, sem procurar ser visto pelos homens. Contudo, sua vida de oração — que não era absolutamente sigilosa — estimulou seus discípulos a desejarem desenvolver a mesma prática: "Jesus estava orando em certo lugar e,

quando terminou, um dos seus discípulos lhe pediu: — Senhor, ensine-
-nos a orar..." (Lucas 11:1).

É necessário considerar, ainda, que há uma lógica sendo construída no ensino de Jesus no sermão do monte. O capítulo 6 do evangelho de Mateus, portanto, não pode ser analisado desconectado do capítulo 5. Ao examinar a linha de pensamento desenvolvida no decorrer da exposição de Cristo, entende-se que o ponto crucial não trata daquilo que é praticado no lado de fora, mas daquilo que se encontra no lado de dentro, no coração. Matthew Henry comenta:

> Assim como devemos fazer melhor que os escribas e fariseus, evitan-
> do os pecados do coração, o adultério do coração, e o assassinato do
> coração, devemos igualmente manter e seguir a religião do coração,
> fazendo o que fazemos a partir de um princípio interior e vital, para
> que possamos ser aprovados por Deus, e não para sermos aplaudidos
> pelos homens.[4]

Quando Jesus contou a parábola dos dois homens que foram orar no templo, mencionou um fariseu que se orgulhava de jejuar duas vezes por semana (Lucas 18:12). É claro que o erro não estava na disciplina dos jejuns regulares nem na possibilidade de outras pessoas tomarem conhecimento do fato, mas sim em *gloriar-se* disso, em um coração com motivação errada e busca de justiça própria.

A razão de esse ensino ter sido comunicado é apresentada por Lucas: "Jesus também contou esta parábola para alguns que confiavam em si mesmos, por se considerarem justos, e desprezavam os outros" (Lucas 18:9). Em outras palavras, errado não era "o que" aquele homem fazia, e sim "como" e "por que" fazia.

Encerro essa parte da discussão com uma observação semelhante feita por John Piper: "A questão crucial não é se as pessoas sabem que

....
[4] HENRY, Matthew. *Comentário bíblico, Novo Testamento* (Mateus a João), p. 61.

ESTIMULADOS A JEJUAR 93

você está jejuando, mas se você *deseja* que elas saibam que você está jejuando e assim se *deleitar* com a admiração delas".[5]

Impacto do exemplo

Julgo importante desmistificar o ato de compartilhar a prática e as experiências de jejuns, porque isso, feito com um coração correto, pode ser tanto didático quanto inspirador a outros.

É preciso entender que uma prática correta de jejum, exercida com a motivação certa, torna-se exemplar e motivadora. Eu, particularmente, comecei a jejuar estimulado pelo relato das práticas de outros irmãos. Somente depois de já estar praticando o jejum, comecei, aos poucos, a entender melhor o ensino bíblico sobre a disciplina espiritual. Louvo a Deus pelas pessoas que me inspiraram. O exemplo, a valer, carrega a melhor didática. Jesus Cristo fez uso dele intencionalmente:

> Ora, *se eu*, sendo Senhor e Mestre, lavei os pés de vocês, *também vocês* devem lavar os pés uns dos outros. Porque *eu lhes dei o exemplo*, para que, como eu fiz, vocês façam também (João 13:14,15).

Que o Senhor não limitou seu exemplo somente ao lava-pés, é incontestável; Ele é nosso modelo e referência *em tudo* — o que inclui, também, a prática do jejum. De igual modo, os que imitam Cristo também se tornam referências a serem imitadas: "Sejam *meus imitadores*, como também eu sou *imitador de Cristo*" (1Coríntios 11:1). Paulo afirmou: "Irmãos, sejam meus imitadores e *observem* os que vivem segundo o exemplo que temos dado a vocês" (Filipenses 3:17). A continuidade aqui é bem evidente: Cristo era imitado por Paulo, que ensinava seus discípulos a imitarem-no e enfatizava que seus imitadores se tornavam,

· · · · · · · ·
[5] PIPER, John. *Fome por Deus*, p. 81.

igualmente, referência de conduta. A liderança bíblica é fundamentada no exemplo: "Lembrem-se dos seus líderes, os quais pregaram a palavra de Deus a vocês; e, considerando atentamente o fim da vida deles, *imitem a fé que tiveram*" (Hebreus 13:7).

Lembro-me do primeiro jejum que fiz, aos 15 anos de idade: abstive-me só do almoço, mas tomei um refrigerante para não sofrer muito. Fiz o jejum para orar por um amigo que queria muito receber o batismo no Espírito Santo. Aquele rapaz já havia recebido tanta oração, nada acontecera até então. Portanto, jejuei e orei em seu favor, com outros amigos, enquanto participávamos de uma conferência. Hoje sei que não foi grande coisa, mas, na época, dentro do que eu sabia, foi o meu melhor. Por aquele tempo, alguém tomou conhecimento do que fizemos e zombou de nós, afirmando que "jejum de verdade" era ficar o dia todo sem comer, bebendo, no máximo, um pouco de água. A pessoa disse que perdemos tempo, só fizemos um "regimezinho" — em suas palavras, "o verdadeiro jejum não admitia nem bala açucarada na boca, quanto mais um refrigerante!". Naquela mesma noite, na conferência, testemunhamos nosso amigo ser cheio do Espírito Santo! Preferi acreditar que o jejum funcionava. Entretanto, comecei a questionar: como eu poderia saber mais acerca do jejum sem *ensino*, visto que quase não se falava disso nas igrejas? Como eu poderia encontrar pessoas que fossem uma *referência* no jejum, quando os poucos que jejuavam eram "proibidos" de contar? Tempos depois, ouvi outros irmãos comentarem sobre jejuar por um dia inteiro (e, depois, mais de um dia), então fui atrás, imitando-os, seguindo o exemplo. Assim, aos poucos, fui aprendendo aquilo que não aprendi na igreja nem na literatura cristã: tanto a prática como a teoria. Para não pecar por imprecisão, é justo reconhecer uma leitura que exerceu grande influência sobre minha vida no que concerne a jejuns prolongados, que foi a do livro *O vinho novo é melhor*, cujo tema principal não é o jejum, mas que acendeu uma faísca de inspiração em meu interior.

O autor, Robert Thom, compartilha, em uma parte de sua autobiografia, que fez um jejum de 14 dias apenas bebendo água morna, conselho

ESTIMULADOS A JEJUAR 95

que recebeu de uma mulher que jejuava com frequência e, em certa ocasião, havia jejuado mais de 40 dias. Thom relata que, ao jejuar, teve uma experiência singular com o Espírito Santo.[6] Confesso que, na ocasião, ainda muito jovem e sem conhecimento bíblico sobre o assunto, não me parecia ser possível que *eu* fizesse algo semelhante; no entanto, aquela lembrança de um jejum prolongado permaneceu dentro de mim por anos, encorajando-me docemente a avançar na duração de meus jejuns.

Anos depois, em momentos diferentes, li dois livros, estes sim sobre a temática do jejum, porém tive acesso a eles quando já havia consolidado, em minha própria vida, a *prática* de jejum por períodos maiores. O primeiro foi *O jejum e a redenção do Brasil*, de Valnice Milhomens Coelho, um dos mais *esclarecedores* ensinos sobre jejum com que já tive contato — em especial, a parte que apresenta a fundamentação bíblica dessa disciplina e as orientações práticas sobre preparação, realização e encerramento do jejum. O segundo foi *O poder secreto da oração* e do jejum, de Mahesh Chavda, um dos mais *inspiradores* livros acerca do assunto; costumo brincar que a leitura nos deixa com *"fome de jejuar"*. Esses dois últimos livros, como citei, só conheci após já ter uma prática consolidada de jejum; a maior parte de minha inspiração para essa disciplina, entretanto, veio de ouvir gente conhecida, que jejuava, dando conselhos e compartilhando experiências.

É interessante que aquelas pessoas não faziam questão de contar sobre o jejum *enquanto o executavam*; normalmente, contavam depois de tê-lo feito. A maioria, na verdade, apenas respondia às minhas perguntas, em uma conversa privada, ou, ao ministrar em público, compartilhava experiências a fim de ilustrar ou corroborar algum ensino sobre jejum. Não se tratava, portanto, daquele tipo de gente que busca reconhecimento ou aplausos. Relatando o que viveram, elas puderam ensinar-me, inclusive, em relação à importância de ter um coração correto por trás do ato de jejuar.

· · · · · · · ·

[6] THOM, Robert. *O vinho novo é melhor*, p. 89-100.

Acredito piamente que, de forma sábia e cuidadosa, podemos — e devemos — *estimular* outros à prática do jejum; basta partilharmos nossas experiências para incentivar e aconselhar. É lógico que o ensino bíblico, incluindo a questão das motivações, também deve ser comunicado. Diga-se de passagem, muitos cristãos hoje desconhecem o que a Bíblia diz sobre jejum — ou receberam um ensino distorcido ou não receberam ensinamento algum. E não há como corrigir a situação sem que falemos acerca do assunto, sem que coloquemos o tema em pauta.

Por outro lado, também não há como apenas *falar* sem que demonstremos o aspecto *prático*. Não queremos ser como os escribas e fariseus a quem Jesus censurou: "Na cadeira de Moisés se assentaram os escribas e os fariseus. Portanto, façam e observem tudo o que eles *disserem* a vocês, mas *não os imitem* em suas obras; porque dizem e não fazem" (Mateus 23:2,3). O ensino bíblico deve ser seguido porque é irrepreensível, mas um mestre que não o pratica não possui o exemplo a ser imitado.

Penso que Deus queira despertar-nos, ao mesmo tempo, à compreensão e à prática desse princípio que, sem dúvida, é uma ferramenta poderosa para a vida cristã. Sendo assim, uma parte importante do processo é combater aquilo que atrapalha ou deixa o entendimento anuviado — então vamos a uma desmistificação.

Desmistificando o assunto

Repito: muitos crentes têm receio do jejum. Sei o que estou falando. Nas minhas primeiras tentativas de adentrar o mundo do jejum, eu pensava que poderia *morrer* de fome — e não é força de expressão!

Com o tempo e a prática, os temores desapareceram. Constatei não apenas que não há ameaças ao corpo, como, pelo contrário, há benefícios provenientes da desintoxicação promovida pela abstinência alimentar. No entanto, gostaria de ter tido acesso às informações fisiológicas desde o início de minha prática de jejuar.

ESTIMULADOS A JEJUAR 97

É por isso que trago de volta à discussão algo que já falei antes, com o objetivo de remover medos provenientes de engano e desconhecimento. Desse modo, quero incentivar à perseverança na prática de jejuar, porque assim os efeitos serão, de fato, provados e comprovados por aquele que jejua. Um passo para desmistificar o jejum é compreender que não se trata de algo sobrenatural, embora possamos obter do Senhor o que denomino de "uma graça para jejuar". Via de regra, jejum é algo natural, ou seja, humanamente possível. É claro que a fase inicial gera mal-estar, os benefícios aparecerão depois; em caso de jejum prolongado, pode levar três dias para que os sintomas de desintoxicação desapareçam — tudo dependerá de quão saudável é a alimentação de cada um e se houve ou não um *preparo* para o jejum (tratarei de preparo e outras orientações práticas ao final do livro). A questão é que está tudo bem, é natural sentir essas coisas.

Já ouvi desculpas das mais absurdas para não jejuar, mas uma merece destaque: "É que eu fico com fome". Respondi rindo: "A ideia é justamente essa!". Sim, há um medo da fome, porém mais que isso: as pessoas receiam não apenas a fome em si, mas o que ela pode fazer ao corpo. É fundamental trazer à tona novamente o aspecto fisiológico do jejum para que tal engano seja desfeito e o medo, dissipado. Para melhor esclarecer o ponto, citarei outra explicação do médico Jason Fung, contida no livro *O código da obesidade*. Como resumido no capítulo anterior, vale lembrar que Fung possui resultados impressionantes no tratamento a obesos e diabéticos do tipo 2, tendo como uma das principais ferramentas de tratamento o jejum, na Clínica de Administração de Dietas Intensivas, em Toronto, no Canadá. Observe o que o médico diz sobre o efeito do jejum no corpo humano:

A glicose e a gordura são as principais fontes de energia do corpo. Quando a glicose não está disponível, o corpo se ajusta para usar a gordura, sem qualquer prejuízo à saúde. [...] A transição do estado alimentado para o estado de jejum ocorre em várias etapas:

98 A CULTURA DO JEJUM

Alimentação: durante as refeições, os níveis de insulina aumentam. Isso permite a absorção de glicose por tecidos como o músculo ou cérebro para uso direto como energia. O excesso de glicose é armazenado como glicogênio no fígado.

A fase pós-absorção (6 a 24 horas após o início do jejum): os níveis de insulina começam a cair. A quebra do glicogênio libera glicose para energia. Os depósitos de glicogênio duram aproximadamente 24 horas.

Gliconeogênese (24 horas a 2 dias): o fígado fabrica nova glicose a partir de aminoácidos e glicerol. Em pessoas não diabéticas, os níveis de glicose caem, mas permanecem dentro da faixa normal.

Cetose (um a três dias após o início do jejum): a forma de armazenamento de gordura, os triglicerídeos, é decomposta na espinha dorsal de glicerol e três cadeias de ácidos graxos. O glicerol é usado para gliconeogênese. Ácidos graxos podem ser usados diretamente para produção de energia por muitos tecidos no corpo, mas não pelo cérebro. Corpos cetônicos, capazes de cruzar a barreira hematoencefálica, são produzidos a partir de ácidos graxos para ser usado pelo cérebro. As cetonas podem fornecer até 75% da energia usada pelo cérebro. Os dois principais tipo de cetonas produzidas são o beta hidroxibutirato e o acetoacetato, que podem aumentar em mais de 70 vezes durante o jejum.

Fase de conservação de proteínas (após cinco dias): altos níveis de hormônio do crescimento mantém a massa muscular e os tecidos magros. A energia para manutenção do metabolismo basal é quase totalmente obtida pelo uso de ácidos graxos livres e cetonas. Os níveis elevados de neropinefrina (adrenalina) evitam a diminuição da taxa metabólica.

O corpo humano é bem adaptado para lidar com a ausência de comida. O que estamos descrevendo aqui é o processo ao qual o corpo é submetido para passar da queima de glicose (em curto prazo) para a queima de gordura (em longo prazo). A gordura é, simplesmente, a energia de alimentos armazenada no organismo. Em tempos de escassez de comida, o alimento armazenado (gordura) é naturalmente liberado para preencher esse vácuo. O corpo não "queima músculo" para se alimentar até que todos os depósitos de gordura sejam usados.[7]

Deus não nos orientaria, em sua Palavra, a uma prática que trouxesse danos ao corpo, e devemos crer na veracidade, autoridade e utilidade das Escrituras. De uma vez por todas, o assunto deve ser desmistificado. Ressalto que há exceções a considerar como pessoas enfermas, grávidas e lactantes — na parte prática deste livro, também falaremos desses casos com mais detalhes —, mas as exceções não anulam a regra. Se a Bíblia orienta a jejuar, então devemos jejuar, e isso resultará em bem, e não em mal.

Nesse sentido, oro para que você saia deste capítulo estimulado a jejuar, sem medos nem preconceitos. Meu desejo é que você continue a leitura confiante no ensino bíblico sobre o jejum, além de consciente de que não só o exemplo de outras pessoas, mas também a própria medicina comprova a segurança de fazê-lo.

Sempre oriento as pessoas a iniciarem a prática do jejum de forma *lenta*, embora também diga que a prática deve ser *progressiva*, e são essas as minhas orientações a você. Assim, você descobrirá por si só, na prática, a importância e os efeitos do jejum — na sua vida espiritual e no seu corpo.

É importante entender não apenas "o quê" e "como" fazer mas também o "porquê". Nos próximos capítulos tratarei desse aspecto do jejum.

· · · · · · · ·

[7] FUNG, Jason. *O código da obesidade*, p. 221.

6

FOME DE QUÊ?

> 66O jejum pode fazer aprofundar sua fome por Deus. A fome e o jejum espirituais têm um poder recíproco. Cada um aprofunda e fortalece o outro. Cada um torna o outro mais eficiente. 99

WESLEY DUEWEL

A Escritura aponta que Jesus, logo depois de ter sido batizado por João Batista, no rio Jordão, "foi levado pelo Espírito ao deserto, para ser tentado pelo diabo. E, depois de jejuar quarenta dias e quarenta noites, *teve fome*" (Mateus 4:1,2).

Essa fome deve ser entendida de forma apropriada. Não se trata de uma mera vontade de comer, que sentimos quando atrasamos ou pulamos uma refeição. Depois de alguns dias em jejum, tendo já consumido tanto a glicose que havia sido obtida na última refeição quanto o glicogênio armazenado nos músculos e no fígado, o corpo entra em cetose, ou seja, passa a consumir energia das reservas de gordura. O que se deduz, portanto, é que Jesus, após 40 dias, esgotara também o estoque de reservas de gordura de seu corpo e estava experimentando a fome no sentido pleno da palavra: o início do processo de inanição, no qual o organismo passa ao consumo de tecidos.

Foi em um momento como aquele, que pode literalmente levar alguém ao desespero, que Satanás tentou Jesus. O Antigo Testamento menciona uma situação de fome extrema em que alguém chegaria ao ponto de comer a carne dos próprios filhos que morressem de fome (Deuteronômio 28:57), o que, sem dúvidas, configura o rompimento de todo e qualquer escrúpulo. O diabo pensou ter achado uma janela de vulnerabilidade e, por ela, iniciou seus ataques:

> Então o tentador, aproximando-se, disse a Jesus:
> — Se você é o Filho de Deus, mande que estas pedras se transformem em pães.
> Jesus, porém, respondeu:
> — Está escrito:
> "O ser humano não viverá só de pão, mas de toda palavra que procede da boca de Deus" (Mateus 4:4).

A resposta de nosso Senhor, citando Deuteronômio 8:3, dá o tom do que me proponho a tratar neste capítulo. Em primeiro lugar, Jesus faz menção a *dois tipos de alimento*: natural e espiritual. Em segundo lugar, Ele nos faz refletir sobre questões como *fome versus saciedade*. Em terceiro e último lugar, Cristo, que mesmo jejuando por período tão prolongado, ensina-nos de forma prática a escolher não satisfazer os anseios do corpo — a esse último princípio, chamarei de *o poder da abstinência*, fazendo as devidas relações com a prática do jejum.

Contudo, antes de tratar dos três princípios contidos na fala de Jesus, quero ampliar a visão trazendo detalhes do pano de fundo da tentação de Jesus. Isso pode auxiliar-nos a alcançar uma compreensão ainda melhor das verdades que serão apresentadas.

O primeiro e o último Adão

As Escrituras fazem uma analogia entre Adão e Cristo. Paulo, escrevendo aos romanos, referiu-se assim ao primeiro homem, Adão, que "prefigurava aquele que havia de vir" (Romanos 5:14). O apóstolo, em sua primeira epístola aos coríntios, também se referiu não só a um *primeiro*, mas também a um *último* Adão:

> Pois assim está escrito: "O primeiro homem, Adão, se tornou um *ser vivente*." Mas o último Adão é *espírito vivificante*. O que vem primeiro não é o espiritual, e sim o *natural*; depois vem o *espiritual*. O primeiro homem, formado do pó da terra, é *terreno*; o segundo homem é *do céu*. Como foi o *homem terreno*, assim também são os demais que são feitos do pó da terra; e, como é o *homem celestial*, assim também são os celestiais. E, assim como trouxemos a imagem do homem terreno, traremos também a imagem do homem celestial (1Coríntios 15:45-49).

O primeiro Adão é fácil de identificar; trata-se do primeiro ser humano, criado por Deus: "o SENHOR Deus formou o homem do pó da terra e lhe soprou nas narinas o fôlego de vida, e o homem se tornou um ser vivente" (Gênesis 2:7). Ele foi chamado de Adão (Gênesis 2:19). Quem, porém, é o último Adão a que o apóstolo se refere? Paulo falava de Cristo e deixa isso claro definindo contrastes entre o primeiro e último.

Enquanto o primeiro é só um "ser vivo" (criado, que recebeu a vida), o último é um "ser vivificante" (que tem o poder de dar vida aos outros). Enquanto o primeiro, em ordem cronológica de aparição, é chamado "natural", o último é chamado de "espiritual". Enquanto o primeiro é denominado como "terreno" (por ter sido criado da terra), o último é denominado como "celestial". Outro detalhe que não pode ser ignorado é que o último é também chamado de "segundo homem" (v. 47).

PRIMEIRO ADÃO	ÚLTIMO ADÃO
ser vivente	espírito vivificante
natural	espiritual
terreno	celestial

104 A CULTURA DO JEJUM

Somadas essas características, questiona-se: Quem é a única pessoa, apresentada na Bíblia, que, sendo homem, também é um *espírito vivificante* (em vez de ser vivo), é *espiritual* (em vez de natural) e é *celestial* (em vez de terreno)? Os detalhes fornecidos convergem, necessariamente, para uma única direção: Cristo.

Não se trata, porém, de uma comparação entre as pessoas, tampouco entre as suas atitudes, mas, sim, entre os *papéis* que cabia a cada uma desempenhar.

O primeiro Adão foi criado para ser um "cabeça de raça", uma espécie de protótipo, de matriz reprodutora. Deus o criou à sua imagem e semelhança (Gênesis 1:26). Com qual propósito? Reproduzir seres semelhantes a si, que manifestassem a mesma semelhança divina que ele carregava. O pecado, entretanto, deformou o molde original, e a produção em série foi toda comprometida (Romanos 5:12), razão pela qual todos os homens se tornaram pecadores por natureza.

O último Adão, Cristo, é assim chamado em uma analogia aos papéis. Ele não veio somente para perdoar os pecados da linhagem do primeiro Adão, antes, para ser um novo "cabeça de raça", um novo protótipo ou matriz reprodutora e, assim, cumprir o plano original de Deus. Por isso determinou que sem *novo nascimento*, que é a forma com a qual Cristo reproduz, ninguém pode entrar no reino de Deus.

O contraste entre a escolha e os resultados de cada um é apresentado no Novo Testamento. Acrescentei ao texto a seguir, entre colchetes, as distinções entre o primeiro e o último Adão, para facilitar a visualização da comparação:

> Se a morte reinou pela ofensa de um e por meio de um só [*o primeiro Adão*], muito mais os que recebem a abundância da graça e o dom da justiça reinarão em vida por meio de um só, a saber, Jesus Cristo [*o último Adão*].
>
> Portanto, assim como, por uma só ofensa [*do primeiro Adão*], veio o juízo sobre todos os seres humanos para condenação, assim também,

FOME DE QUÊ? 105

por um só ato de justiça [*do último Adão*], veio a graça sobre todos para a justificação que dá vida. Porque, como, pela desobediência de um só homem [*o primeiro Adão*], muitos se tornaram pecadores, assim também, por meio da obediência de um só [*o último Adão*], muitos se tornarão justos (Romanos 5:17-19; colchetes acrescentados para clarificação do argumento).

Reconhecidos tais fatos bíblicos, não penso ser simples coincidência, por um lado, o primeiro Adão ter pecado ao desobedecer a Deus em uma proposta que envolvia *comida* (o fruto da árvore do conhecimento do bem e do mal), enquanto Jesus, o último Adão, ter sido primeiramente tentado também com *comida*!

Nos dois casos, vale realçar que o alimento era apenas a maquiagem com a qual Satanás oferecia seu "produto". O que ele queria, de fato, era levar ambos à desobediência, à quebra dos princípios divinos.

O evangelho de Mateus sinaliza que Cristo já havia jejuado "quarenta dias e quarenta noites". A proposta não era que Jesus quebrasse o jejum, tanto que o maligno não lhe ofereceu comida — além de que eu, particularmente, penso que o jejum já estava completo: "*depois* de jejuar quarenta dias e quarenta noites" (Mateus 4:2). Creio que o que estava por trás da proposta diabólica era levar Jesus a lançar mão dos atributos da divindade dos quais Ele havia se despido temporariamente (Filipenses 2:5-8). A legitimidade da redenção realizada por nosso Senhor exigia que Ele viesse à terra e vivesse como homem (Romanos 8:3), de fato despido dos atributos divinos — foi isso que fez dele o substituto perfeito para toda a humanidade.

A tentação do primeiro Adão o levou à queda e à necessidade de redenção, o que foi prontamente prometido por Deus (Gênesis 3:15). A tentação de Jesus visava, ao meu entender, a comprometer a redenção que estava sendo disponibilizada.

É diante desse contexto que precisamos olhar para Jesus como exemplo de obediência. Portanto, voltando à declaração "O ser humano não viverá só de pão, mas de toda palavra que procede da boca de Deus" (Mateus 4:4), questiono: o que significa viver da Palavra de Deus?

Dois tipos de alimentos

O primeiro aspecto da resposta envolve o reconhecimento de dois tipos distintos de alimentos: o *natural* e o *espiritual*.

E qual é a razão de haver dois tipos distintos de alimento? Jesus afirmou: "O que é nascido da carne é carne, e o que é nascido do Espírito é espírito" (João 3:6).

O nascimento natural nos fez seres naturais, que necessitam de alimento natural para a subsistência. O próprio Deus foi quem determinou que assim fosse: "E o SENHOR Deus ordenou ao homem: De toda árvore do jardim você pode comer livremente" (Gênesis 2:16). A Escritura ainda afirma: "Os alimentos são para o estômago, e o estômago existe para os alimentos" (1Coríntios 6:13).

O nascimento espiritual, ou novo nascimento, fez-nos seres espirituais, que necessitam de alimento espiritual para a sobrevivência: "Como crianças recém-nascidas, desejem o genuíno leite espiritual, para que, por ele, lhes seja dado crescimento para a salvação" (1Pedro 2:2). Referindo-se aos israelitas em seu êxodo do Egito a Canaã, enquanto estavam no deserto, Paulo declarou que eles "comeram do mesmo alimento espiritual e beberam da mesma bebida espiritual" (1Coríntios 10:3).

Tanto um tipo de comida quanto outro são importantes e necessários. Quando Jesus disse que "o ser humano não viverá *só* de pão, mas de toda palavra que procede da boca de Deus", *não negou* a necessidade de pão natural. Ele apenas *adicionou* a necessidade do pão espiritual.

Cada um deles possui valor e propósito. Paulo condenou aqueles que "exigem abstinência de alimentos que Deus criou para serem recebidos com gratidão pelos que creem e conhecem a verdade" (1Timóteo 4:3) e, na sequência, deixou clara a razão pela qual o fez: "Pois tudo o que Deus criou é bom, e, se recebido com gratidão, nada é recusável, porque é santificado pela palavra de Deus e pela oração" (1Timóteo 4:4,5). Ou seja,

FOME DE QUÊ? 107

o alimento natural, além de necessário, é uma dádiva divina e deveria ser visto como tal: "Vocês comerão e ficarão satisfeitos, e louvarão o Senhor, seu Deus, pela boa terra que lhes deu" (Deuteronômio 8:10).

Contudo, como advertiu nosso Senhor, "a vida é mais do que o alimento" (Lucas 12:23). A advertência de Cristo deveria levar-nos à percepção de que precisamos, igualmente, do alimento espiritual, mas não só isso: também de que o alimento natural pode *concorrer* com o espiritual.

De que forma se dá essa concorrência?

Consideremos outro episódio da vida de Jesus:

> Assim, Jesus chegou a uma cidade samaritana, chamada Sicar, perto das terras que Jacó tinha dado a seu filho José. Ali ficava o poço de Jacó. *Cansado da viagem*, Jesus sentou-se junto ao poço. Era por volta do meio-dia.
>
> Nisso veio uma mulher samaritana tirar água. Jesus lhe disse:
>
> — Dê-me um pouco de água.
>
> Pois os seus discípulos tinham ido à cidade *comprar alimentos* (João 4:5-8).

O texto revela a necessidade de descanso que Jesus tinha, bem como sua necessidade de comer — por isso os discípulos foram atrás de mantimentos. Enquanto eles se ausentaram, Cristo passou a ministrar a uma mulher samaritana. Além de revelar detalhes da vida dela, também revelou a si próprio, pela primeira vez, como o Messias prometido:

> Naquele momento, chegaram os discípulos de Jesus e se admiraram ao vê-lo falando com uma mulher. Mas nenhum deles perguntou: "O que você está querendo?" Ou: "Por que o senhor está falando com ela?" Quanto à mulher, deixou o seu cântaro, foi à cidade e disse ao povo:
>
> — Venham comigo e vejam um homem que me disse tudo o que eu já fiz. Não seria ele, por acaso, o Cristo?
>
> Então saíram da cidade e foram até onde Jesus estava (João 4:27-30).

Aqui, há um desdobramento importante: a mulher, impactada pelas palavras de Jesus, chamou a cidade toda para ouvi-lo! Versículos posteriores indicam que muitos vieram a crer em Cristo, tanto pelo testemunho da mulher como do próprio Senhor — que ficou mais dois dias pregando em Samaria (João 4:39-42). Exatamente no momento daquele desdobramento tão importante ao avanço do reino de Deus (e àqueles samaritanos que seriam alcançados), os discípulos de Jesus chegaram com a comida e passaram a insistir com Ele que *comesse*:

> Enquanto isso, os discípulos pediam a Jesus, dizendo:
> — *Mestre, coma*!
> Mas ele lhes disse:
> — Tenho para comer *uma comida que vocês não conhecem.*
> Então os discípulos começaram a dizer entre si:
> — Será que alguém lhe trouxe algo para comer?
> Jesus lhes declarou:
> — *A minha comida consiste em fazer a vontade daquele que me enviou e realizar a sua obra* (João 4:31-34).

Jesus Cristo destaca, mais uma vez, os distintos tipos de alimento. O fato, porém, é que, enquanto seus discípulos estavam focados no alimento natural, nosso Senhor estava focado no espiritual.

O ato de oferecer comida, em si, não era errado. Paulo fez isso com aqueles que estavam com ele em um navio, prestes a naufragar: "Hoje é o décimo quarto dia em que, esperando, vocês estão sem comer, não tendo provado nada. Por isso peço que comam alguma coisa, pois disto depende a sobrevivência de vocês" (Atos 27:33,34). Aquela não era a melhor hora para prosseguir em um jejum prolongado; eles teriam de nadar para garantir sua sobrevivência e, portanto, necessitariam da energia proveniente do alimento.

A questão dos discípulos oferecendo comida a Jesus, contudo, parece-me diferente. É como se eles estivessem insinuando que *comer*

FOME DE QUÊ? 109

era mais importante que ministrar aos samaritanos. A fome é um dos instintos mais básicos e possui o poder de orientar a vida do ser humano. Cristo a usa como exemplo quando diz: "A minha comida consiste em fazer a vontade daquele que me enviou e realizar a sua obra".

Sua resposta aos discípulos indica que a obra de Deus era prioritária, até mesmo em relação à comida, mas também fornece luz sobre o que significa não viver só de pão, mas de toda palavra que sai da boca de Deus. Trata-se de *mais do que* ler a Bíblia e meditar nela, mas andar em obediência à Palavra — isso é *fazer a vontade* de Deus!

Embora necessitemos dos dois tipos de alimentos, e o alimento natural seja lícito, podemos facilmente ficar distraídos com questões naturais e encontrar-nos tão absortos por elas a ponto de perder a percepção daquilo que é espiritual. Ou seja, o natural pode *concorrer* com o espiritual: "A parte que caiu entre espinhos, estes são os que ouviram e, no decorrer dos dias, foram sufocados com as preocupações, as riquezas e os *prazeres desta vida*; os seus frutos não chegam a amadurecer" (Lucas 8:14).

Eu não hesitaria em relacionar a comida como um dos grandes prazeres da humanidade. A advertência foi repetida no contexto da volta de Cristo: "Tenham cuidado para não acontecer que *o coração de vocês* fique sobrecarregado com as consequências da orgia, da embriaguez e das preocupações deste mundo" (Lucas 21:34). O coração aqui não é uma referência ao órgão físico que bombeia o sangue, mas ao ser espiritual. E ele pode se sobrecarregar com os excessos naturais. Já os excessos, por sua vez, não devem ser entendidos apenas como aquilo que é pecado; eles também acontecem com coisas lícitas e, até mesmo, com as bênçãos de Deus sobre nossas vidas.

Fome *versus* saciedade

A fome é um dos mais básicos instintos humanos e é aplicada de forma alegórica, muitas vezes, para expressar um profundo anseio ou necessidade por outras coisas. Jesus afirmou: "Bem-aventurados os que têm *fome* e *sede* de justiça, porque serão *saciados*" (Mateus 5:6) — essa fome e essa sede não são literais. O salmo 42, atribuído aos filhos de Corá, também declara: "A minha alma tem sede de Deus, do Deus vivo" (Salmos 42:2). Novamente, não se trata de sede literal, e sim de anseio profundo.

A saciedade também não é apresentada exclusivamente na perspectiva da literalidade. Atente para as palavras de Cristo: "Eu sou o pão da vida. Quem vem a mim jamais terá fome, e quem crê em mim jamais terá sede" (João 6:35). Com isso em mente, convido-o a refletir comigo sobre algumas afirmações feitas no Sermão do Monte.

Em primeiro lugar, há a afirmação: "Bem-aventurados são vocês que agora têm fome, porque serão saciados" (Lucas 6:21). Em segundo lugar, a declaração: "Ai de vocês que agora estão fartos, porque vocês vão passar fome!" (Lucas 6:25). Se tais afirmações são interpretadas somente por um ponto de vista literal, temos um sério problema. Qual? A primeira distinção entre as frases é encontrada no início — e na consequência — de cada uma delas: "bem-aventurados" e "ai de vocês". Ou seja, a primeira frase estaria sugerindo que ter fome para depois ser saciado configura um evento positivo, enquanto a segunda, que estar saciado é algo negativo, passível de punição — no caso, a punição seria a fome.

O que se gera é um ciclo repetitivo, levando as pessoas a alternarem, continuamente, de lugar. Os famintos seriam recompensados com saciedade. Mas, a partir do momento que estivessem fartos, seriam julgados com fome. Ao voltarem ao estado de fome, seriam novamente saciados. Dessa forma, o ciclo jamais se interromperia.

A única forma de as declarações de Jesus fazerem sentido é percebendo que Ele *não fala* de fome e saciedade *literais*. A fome pelas coisas espirituais nos leva à saciedade espiritual. Entretanto, alguém pode estar farto, sem apetite pelas coisas espirituais, e acabará passando fome.

Permita-me exemplificar melhor.

As mães modernas são um pouco menos rígidas que as de antigamente. Eu sou de uma época em que elas (e a minha mãe certamente está inclusa nesse grupo) não permitiam que os filhos comessem entre

FOME DE QUÊ? 111

as refeições, especialmente o que chamavam de "bugigangas" (como doces e salgadinhos). Por que elas eram rígidas com isso? Por que, quando os filhos comiam entre as refeições, acabavam perdendo o apetite para os alimentos mais importantes e necessários.

Penso que seja um bom paralelo do que acontece com muitos cristãos. Estão empanturrando a alma com tanta coisa que já não encontram mais espaço para o apetite espiritual. Em suma, a fartura natural pode contribuir com indiferença espiritual:

> — Tenham o cuidado de não se esquecer do SENHOR, seu Deus, deixando de cumprir os seus mandamentos, os seus juízos e os seus estatutos, que hoje lhes ordeno. Não aconteça que, depois de terem comido e estarem fartos, depois de haverem edificado boas casas e morado nelas; depois de se multiplicarem o seu gado e os seus rebanhos, e aumentar a sua prata e o seu ouro, e ser abundante tudo o que vocês têm, se eleve o seu coração e vocês se esqueçam do Senhor, seu Deus, que os tirou da terra do Egito, da casa da servidão (Deuteronômio 8:11-14).

Observe que a advertência não se refere a pecados, mas a coisas lícitas. No versículo anterior, Deus, por meio de Moisés, havia dito aos israelitas: "Vocês comerão e ficarão satisfeitos, e louvarão o Senhor, seu Deus, pela boa terra que lhes deu" (Deuteronômio 8:10). Aquela fartura era indiscutivelmente uma bênção divina, cumprimento de sua promessa e motivo para louvá-lo. Não se pode negar isso. Entretanto, a exortação denuncia que é possível que nos *empolguemos* tanto com tais coisas a ponto de esquecer o Senhor.

O conselho ao cuidado incluiu questões *alimentares* ("depois de comerem e estarem fartos") e *materiais* ("depois de haverem edificado boas casas e morado nelas; depois de se multiplicarem o seu gado e os seus rebanhos, e aumentar a sua prata e o seu ouro, e ser abundante tudo o que vocês têm"). Como aquela, esta também é uma área em que coisas lícitas podem "entulhar" a alma. Veja bem, o dinheiro, em si, não é errado. A Escritura condena o *amor* ao dinheiro (1Timóteo 6:9,10), não o dinheiro em si. Alguém pode não ter dinheiro algum e, ainda assim, amá-lo; dessa forma, ele terá a raiz de todos os males mesmo sem ter dinheiro. Por outro lado, alguém pode ter dinheiro (acrescente ou substitua aqui as expressões "posses", "recursos") sem amá-lo: "Se as riquezas de vocês aumentam, não ponham nelas o coração" (Salmos 62:10).

Entretanto, ainda assim, as questões materiais são delicadas. A relação do cristão com elas deve ser marcada por cuidado. Mesmo aquilo que não é ilícito, proveniente de bênção divina — como é o caso do texto que analisamos de Deuteronômio —, pode acabar enredando a alma de alguém que serve a Deus.

O episódio do jovem rico ensina muitas lições preciosas concernentes a esse assunto. É notório que ele ansiava por mais do que já havia alcançado espiritualmente. No relato de Mateus, encontra-se a pergunta: "o que me falta ainda?" (Mateus 19:20). No evangelho de Lucas, há o registro da frase na resposta de Jesus: "Uma coisa ainda falta a você". O jovem, contudo, esbarrou em uma barreira que não o permitiu corresponder com Cristo e romper espiritualmente. Observe:

> E Jesus, olhando para ele *com amor*, disse:
> — Só uma coisa falta a você: vá, venda tudo o que tem, dê o dinheiro aos pobres e você terá um tesouro no céu; depois, venha e siga-me.
> Ele, porém, *contrariado* com esta palavra, retirou-se triste, porque *era dono de muitas propriedades* (Marcos 10:21,22).

Ainda que se trate de uma proposta personalizada, que Jesus não fez para todos os seus discípulos, é inegável que o Senhor — que o amou — entendeu que ele necessitava de desprendimento das coisas materiais. Diante da recusa do jovem, porém, Cristo fez daquele um momento didático:

> Então Jesus, olhando ao redor, disse aos seus discípulos:

FOME DE QUÊ? 113

— *Como é difícil para os que têm riquezas entrar no Reino de Deus!*

Os discípulos estranharam estas palavras, mas Jesus insistiu em dizer-lhes:

— Filhos, como é difícil entrar no Reino de Deus! É mais fácil um camelo passar pelo fundo de uma agulha do que um rico entrar no Reino de Deus.

Eles ficaram muito admirados, dizendo entre si:

— Sendo assim, quem pode ser salvo?

Jesus, olhando para eles, disse:

— Para os seres humanos é impossível; contudo, não para Deus, porque para Deus tudo é possível (Marcos 10:23-27).

A primeira lição que encontro no texto está relacionada com a asseveração do Senhor: "Como é difícil para os que têm riquezas entrar no Reino de Deus!" (Marcos 10:23). Quando os discípulos não deram a devida atenção, Cristo foi incisivo e reenfatizou a dificuldade dos ricos de entrarem no reino de Deus. Logo, é inquestionável que há uma dificuldade. Mas a pergunta a fazer é: Qual a origem dessa dificuldade? De onde ela procede?

Sabemos que Deus não faz acepção de pessoas (Romanos 2:11), então não é Ele quem dificulta a entrada do rico em seu reino. Logo, quem dificulta a entrada é o próprio rico. E por que muitos ricos apresentam dificuldade? Porque satisfazem sua *alma* com as riquezas, de modo que já não há apetite para aquilo que é espiritual. Foi por isso que o jovem rico desistiu de caminhar com Jesus. Em outro momento, Cristo falou de um rico insensato que disse *à sua alma*: "Você tem em depósito muitos bens para muitos anos; descanse, coma, beba e aproveite a vida" (Lucas 12:19). Ou seja, uma alma que se encheu dos "docinhos terrenos" tende a perder o apetite para a "refeição espiritual saudável".

A segunda lição que extraio do relato é a distinção entre *dificuldade* e *impossibilidade*. Quando o Mestre falou dos ricos, seus discípulos perguntaram: "Sendo assim, quem pode ser salvo?" (Marcos 10:26).

114 A CULTURA DO JEJUM

Jesus respondeu: "Para os seres humanos é impossível; contudo, não para Deus, porque para Deus tudo é possível" (Marcos 10:27). Ou seja, Jesus afirmou ser *difícil*, mas não disse ser *impossível* que um rico se salve. A dificuldade para entrar no reino é gerada pelo próprio rico que enche sua alma com outras coisas, mas a impossibilidade é derrubada por Deus, que torna tudo possível. Em outras palavras, se o rico enfrentar sua dificuldade, encontrará a possibilidade oferecida por Deus.

A terceira lição diz respeito a desprendimento:

> Então Pedro começou a dizer-lhe:
> — Eis que nós deixamos tudo e seguimos o senhor.
> Jesus respondeu:
> — Em verdade lhes digo que não há ninguém que tenha deixado casa, irmãos, irmãs, mãe, pai, filhos ou campos por minha causa e por causa do evangelho, que não receba, já no presente, cem vezes mais casas, irmãos, irmãs, mães, filhos e campos, com perseguições; e, no mundo por vir, receberá a vida eterna (Marcos 10:28-30).

Os discípulos argumentaram que *deixaram tudo* por Cristo. Penso que há aqui um indicativo de que eles compreenderam o ensino recebido. Jesus replicou falando de bênçãos *presentes* e *futuras*: "Em verdade lhes digo que não há ninguém que tenha deixado casa, irmãos, irmãs, mãe, pai, filhos ou campos [isto é, tudo] por minha causa e por causa do evangelho que não receba, já no presente, cem vezes mais casas, irmãos, irmãs, mães, filhos e campos, com perseguições; e, no mundo por vir, receberá a vida eterna" (Marcos 10:29,30). Entretanto, que ninguém se engane! Não se trata de *merecimento*, mas de *esvaziamento* para um novo *preenchimento*.

O poder da abstinência

Já apresentei vários versículos de Deuteronômio 8, mas agora quero chamar sua atenção ao texto citado por Cristo na tentação do deserto, porque ele fornece contexto às demais afirmações:

FOME DE QUÊ? 115

Lembrem-se de todo o caminho pelo qual o SENHOR, seu Deus, os guiou no deserto durante estes quarenta anos, para humilhar vocês, *para pôr vocês à prova*, para *saber o que estava no coração de vocês*, se guardariam ou não os seus mandamentos. Ele *humilhou* vocês, ele os deixou *passar fome*, ele os sustentou com o *maná*, que vocês não conheciam e que nem os pais de vocês conheciam, *para que vocês compreendessem* que o ser humano não viverá só de pão, mas de tudo o que procede da boca do SENHOR (Deuteronômio 8:2,3).

O apóstolo Paulo, falando do comportamento dos israelitas, em especial, da geração que saiu do Egito, afirmou: "Estas coisas aconteceram com eles para servir de exemplo e foram escritas como advertência a nós, para quem o fim dos tempos tem chegado" (1Coríntios 10:11). Ele também declarou aos cristãos de Roma: "tudo o que no passado foi escrito, para o nosso ensino foi escrito" (Romanos 15:4). Devemos saber, portanto, que tais registros não apontam só para o que Deus ensinou a homens de tempos passados, mas que também existem lições que se aplicam a nós. Qual o paralelo para nós, crentes da nova aliança, hoje?

Entendo que abrir mão de alguns *prazeres lícitos*, temporariamente, ajuda a colocar o foco em Deus. Se não o fizermos por conta própria, o Senhor pode levar-nos a determinadas privações — elas possuem o poder de revelar o que está dentro de nós. Deus tanto *humilhou* os israelitas como os deixou *passar fome*. Mas Ele não ama seu povo e está interessado no melhor deles? Justamente por amá-los é que Deus fez isso com os israelitas! Depois da humilhação e da fome, o Senhor lhes proveu o maná. E o propósito da soma de todas as coisas era um só: "para que vocês *compreendessem* que o ser humano não viverá só de pão, mas de tudo o que procede da boca do Senhor".

"Para que" é o indicativo de propósito da ação divina. O que o Senhor queria é que os israelitas — e isso também se aplica a nós — *compreendessem* que o espiritual sobrepuja o natural, quer se trate de alimentos quer se trate de deleites. Essa compreensão é a chave para uma vida espiritual intensa: "O Espírito é o que vivifica; a carne para nada aproveita. As palavras que eu lhes tenho falado são espírito e são vida" (João 6:63).

E o que isso tudo tem a ver com jejum? É lógico que o texto não se restringe à abstinência alimentar, mas certamente não exclui, em termos de aplicação prática, o jejum. A privação alimentar tem a ver com *humilhação*. Um anjo disse que Daniel "dispôs o coração [...] a se humilhar na presença do seu Deus" (Daniel 10:12); isso foi dito ao final de seu período de jejum e oração. Davi disse: "humilhava-me com jejuns" (Salmos 35:13, NVT). O jejum, por sua vez, também tem a ver com *fome*.

Se a lição final (humilhação e fome) era compreender que "o ser humano não viverá só de pão, mas de toda palavra que procede da boca de Deus" (Mateus 4:4), e Cristo a citou num contexto em que tinha imposto sobre si mesmo humilhação e fome mediante jejum de 40 dias, é porque existe um poder por trás do jejum, bem como de outras abstinências — especialmente as autoimpostas. Richard Foster, em *Celebração da disciplina*, comenta:

> O jejum ajuda a manter o equilíbrio na vida. Quão facilmente permitimos que coisas dispensáveis tenham prioridade em nossa vida! Quão rapidamente suspiramos por coisas das quais não precisamos, até que elas nos escravizem. Paulo escreve: "Tudo me é permitido, mas eu não deixarei que nada me domine" (1Coríntios 6:12). Os anseios e desejos humanos são como rios, que tendem a transbordar. O jejum ajuda a mantê-los no curso adequado. [...] Astério, no século IV, afirmou que o jejum era a garantia de que o estômago não faria o corpo ferver como uma chaleira, obstruindo assim a alma.[1]

Pensamento semelhante foi compartilhado por Valnice Milhomens. Essa grande guerreira da oração e intercessão declarou:

. . . .

[1] FOSTER, Richard. *Celebração da disciplina*, p. 94.

FOME DE QUÊ? 117

Nosso espírito é fortalecido na proporção em que a carne é enfraquecida. O controle dos fortes apetites da carne, que possuem a voz mais apelativa em nós, será uma excelente disciplina, que muito contribuirá para o aprendizado da vida no Espírito. No jejum, quando aprendemos a dizer não a um apetite, do qual depende a nossa sobrevivência, estaremos, certamente, entrando no caminho do domínio próprio de outras inclinações.[2]

Acerca do poder das abstinências, vale observar algo mais. O Senhor regulamentou a lei do *nazireado*. Esse voto incluía certas abstinências e privações como não consumir nenhum alimento que contivesse uva, não cortar o cabelo e não se aproximar de um cadáver, mesmo que se tratasse dos parentes mais próximos (Números 6:4-7). Alguns faziam isso apenas por um determinado período de tempo, outros por uma vida inteira. Qual era o propósito? Consagração; aliás, esse é o significado por trás da palavra traduzida como nazireu. Qual o poder da abstinência de um certo alimento ou de não cortar o cabelo? Diretamente, nenhum. Indiretamente, havia o cultivo não apenas de uma *consciência* como também de uma *declaração* ao Senhor.

As uvas e seus derivados — o que inclui o vinho — constavam entre os alimentos prediletos dos israelitas, ao menos entre os mais destacados ao longo das Escrituras. Abrir mão daquele prazer remetia-os à consciência de que os melhores e mais duradouros prazeres encontram-se em Deus: "na tua presença há plenitude de alegria, à tua direita, há delícias perpetuamente" (Salmos 16:11).

Deus também regulamentou a lei dos votos. O nazireado era um deles, de caráter específico, com um "combo fechado" que não podia ser alterado. Havia muitos outros, e cada um podia fazer o voto que quisesse:

· · · · · · · ·
[2] COELHO, Valnice Milhomens. *O jejum e a redenção do Brasil.* 5ª ed., p. 205.

118 A CULTURA DO JEJUM

> Moisés falou aos chefes das tribos dos filhos de Israel, dizendo:
>
> — Esta é a palavra que o Senhor ordenou: Quando um homem fizer um voto ao Senhor ou juramento para *obrigar-se a alguma abstinência*, não violará a sua palavra, mas fará segundo tudo o que prometeu (Números 30:1,2).

Repare que Deus deu ordens sobre os votos, então sua expectativa era de que votos fossem feitos. Cada um fazia o voto que quisesse, quando quisesse, mas é evidente que o Altíssimo esperava que seus servos fizessem votos. Caso contrário, não os regulamentaria.

Em geral, os votos significavam "obrigar-se a alguma abstinência".

Qual é o poder da abstinência? Ela não é mística, dotada de poder próprio; é apenas um meio de despertar a alma para buscar saciedade nas coisas certas. Eu diria que funciona como uma espécie de lembrete.

Seu resultado é garantido? Não. A verdade é que o resultado depende do coração de cada um. Mesmo submetidos à humilhação e à fome, recebendo o maná para compreenderem que o homem não vive só de pão, mas de tudo o que procede da boca de Deus, os israelitas ainda preferiram a comida natural à espiritual:

> E o populacho que estava no meio deles veio a ter grande desejo das comidas dos egípcios. Também os filhos de Israel começaram a chorar outra vez, dizendo: — Quem nos dará carne para comer? Lembramos dos peixes que comíamos de graça no Egito. Que saudade dos pepinos, dos melões, dos alhos silvestres, das cebolas e dos alhos! Mas agora a *nossa alma está seca*, e não vemos nada a não ser este maná (Números 11:4-6).

A expressão "nossa alma está seca" revela que o prazer da comida não diz respeito apenas ao paladar como um dos sentidos do corpo, mas ao resultado que produz em nossa alma, a sede das emoções. A *Nova Versão Internacional* e a *Nova Versão Transformadora* optaram pelo uso da expressão "mas agora perdemos o apetite" em vez de "nossa alma está seca".

Os israelitas foram submetidos a um processo de quarenta *anos* e, ainda assim, não se permitiram crescer. Cristo, com quarenta *dias* de deserto, já havia passado na prova. Repito: as abstinências, por si mesmas, não garantem nada. Mas, quando são autoimpostas por quem possui a consciência correta sobre seu uso e importância, a história muda.

A declaração de Paulo aos coríntios acerca da abstinência sexual em caso de dedicação à oração não pode ser deixada fora dessa reflexão, embora já tenha sido mencionada anteriormente. Ele exortou os cônjuges cristãos a não se negarem um ao outro no tocante à intimidade física e acrescentou uma única exceção aceitável:

> Não se privem um ao outro, a não ser talvez por *mútuo consentimento*, por *algum tempo*, para *se dedicarem à oração*. Depois, retomem a vida conjugal, para que Satanás não tente vocês por não terem domínio próprio (1Coríntios 7:5).

As abstinências são privação de coisas *lícitas*, não *ilícitas*. Abster-se de pecar é *obrigação*! O ato de comer não é errado, possuir recursos financeiros também não e, certamente, podemos dizer o mesmo da vida sexual do casal. Porém, todos eles são estímulos aos deleites carnais e, como tais, muitas vezes *abafam* a alma, *entulham* o coração, roubando-lhe a capacidade de *percepção* espiritual.

John Piper afirma que, diante das ambições, "a única arma triunfante é uma profunda fome por Deus". E emenda: "A debilidade da nossa fome por Deus não é porque ele seja insosso, mas porque nós nos mantemos abarrotados de outras coisas. Talvez, então, a rejeição do apetite do nosso estômago ao alimento possa expressar ou mesmo aumentar o apetite da nossa alma por Deus".[3]

[3] PIPER, John. *Fome por Deus*, p. 6-7.

A fome física, natural, orienta o homem. Faz que trabalhe por seu sustento, que invista tempo e energia para garantir sua subsistência. Todos sabemos seu impacto. Mas e a fome espiritual, está presente em nossas vidas? Ela possui o mesmo poder de orientar-nos e levar-nos a trabalhar, investindo tempo e energia para garantir subsistência e crescimento espiritual?

A geração atual tem se perdido em uma entrega sem precedentes à busca do prazer, em suas mais variadas formas. O entretenimento se tornou uma obsessão. No livro *O jejum de Jesus*, os autores Lou Engle e Dean Briggs comentam acerca dessa condição:

> No mundo ocidental, os arranjos de Satanás têm produzido uma sociedade material, humanista, culta e pós-moderna constituída sobre a suposição cética e cínica de que as distrações mais superficiais da vida são, na verdade, a soma total de nosso propósito. Assim, passamos os dias exageradamente estimulados a ponto de chegar à insensibilidade. Ironia das ironias: uma era de glutões, tolerantes, viciados em divertimentos e tuítes, e repleta de desejos ilícitos produziu a safra de gente mais entediada e entediante.
>
> É por isso que o jejum é mais importante agora que em outras épocas. Quando nossos dias são marcados por excessos, carecemos da paixão pura da fome.[4]

A fome espiritual, com a capacidade de expressar-se, é que nos levará a declarar, à semelhança do apóstolo Paulo:

> Mas o que para mim era lucro, isto considerei perda por causa de Cristo. Na verdade, considero tudo como perda, por causa da sublimidade do conhecimento de Cristo Jesus, meu Senhor. Por causa dele

....

[4] Citado por: ENGLE, Lou & BRIGGS, Dean. *O jejum de Jesus*, p. 48-49.

FOME DE QUÊ? 121

perdi todas as coisas e as considero como lixo, para ganhar a Cristo (Filipenses 3:7,8).

Creio firmemente que *a cultura do jejum* — praticado nas mais variadas formas e durações — é uma das ferramentas mais necessárias em nosso tempo. Sem um estilo de vida marcado por *contínuas* (note que não estou dizendo *permanentes*) abstinências, não conseguiremos ser nada mais que uma "igreja de Laodiceia". É só checar a advertência do Senhor Jesus a essa igreja e compará-la com a realidade de nosso tempo:

— Ao anjo da igreja em Laodiceia escreva:

"Estas coisas diz o Amém, a testemunha fiel e verdadeira, o princípio da criação de Deus.

Conheço as obras que você realiza, que você não é nem frio nem quente. Quem dera você fosse frio ou quente! Assim, porque você é morno, e não é nem quente nem frio, estou a ponto de vomitá-lo da minha boca. Você diz: 'Sou rico, estou bem de vida e não preciso de nada.' Mas você não sabe que é infeliz, sim, miserável, pobre, cego e nu.

Aconselho que você compre de mim ouro refinado pelo fogo, para que você seja, de fato, rico. Compre vestes brancas para se vestir, a fim de que a vergonha de sua nudez não fique evidente, e colírio para ungir os olhos, a fim de que você possa ver. Eu repreendo e disciplino aqueles que amo. Portanto, seja zeloso e arrependa-se.

Eis que estou à porta e bato; se alguém ouvir a minha voz e abrir a porta, entrarei em sua casa e cearei com ele, e ele, comigo.

Ao vencedor, darei o direito de sentar-se comigo no meu trono, assim como também eu venci e me sentei com o meu Pai no seu trono. Quem tem ouvidos, ouça o que o Espírito diz às igrejas" (Apocalipse 3:14-22).

7

EFEITOS DO JEJUM[1]

"O jejum limpa a alma, levanta a mente, submete a carne ao espírito, torna o coração contente e humilde, dispersa as nuvens da concupiscência, apaga o fogo da luxúria e acende a verdadeira luz da castidade."

AGOSTINHO DE HIPONA

Gosto de uma frase com a qual me habituei desde a minha adolescência. Ouvi a irmã Valnice Milhomens, em um ensino sobre jejum, citar a seguinte afirmação de Kenneth E. Hagin: "Jejuar não muda o Senhor, pois Ele é o mesmo antes, durante e depois do seu jejum, mas transformará e ajudará *você* a se manter mais suscetível ao Espírito de Deus".[2]

Vale ressaltar que a prática de jejuar também não nos faz merecedores de nada. Nas palavras de John Wesley, o jejum é "um meio da

....

[1] A maior parte deste capítulo foi extraída e adaptada do capítulo 6 do livro *O impacto da santidade*, do próprio autor, publicado pela Orvalho.com.

[2] HAGIN, Kenneth E. *Guia para o jejum equilibrado*, p. 7.

graça", e não uma forma de excluí-la; logo, não deve ser visto como um ato meritório. É inegável, no entanto, que essa poderosa disciplina espiritual *nos afeta* de forma muito abrangente. Considerando que o jejum nos muda, intento apresentar, neste capítulo, os *efeitos* que o jejum pode exercer sobre nossa vida.

Das preciosas lições acerca do jejum que o Senhor Jesus nos deixou, analisamos uma no primeiro capítulo à qual é necessário que voltemos.

> Então eles disseram a Jesus:
>
> — Os discípulos de João *frequentemente jejuam* e fazem orações, e os discípulos dos fariseus fazem o mesmo; mas os seus discípulos comem e bebem.
>
> Jesus, porém, lhes disse:
>
> — Será que vocês podem fazer com que os convidados para o casamento jejuem enquanto o noivo está com eles? No entanto, virão dias em que o noivo lhes será tirado, e então, *naqueles dias, eles vão jejuar.*
>
> Também lhes contou uma parábola:
>
> — Ninguém tira um pedaço de uma roupa nova para colocar sobre roupa velha; pois, se o fizer, rasgará a roupa nova, e, além disso, o remendo da roupa nova não combinará com a roupa velha. E ninguém põe vinho novo em odres velhos, porque, se fizer isso, o vinho novo romperá os odres, o vinho se derramará, e os odres se estragarão. Pelo contrário, vinho novo deve ser posto em odres novos (Lucas 5:33-38).

A prática do jejum era comum aos judeus, especialmente aos discípulos de João e aos fariseus (Lucas 18:12). Baseados nisso, alguns confrontaram Jesus sobre o fato de seus discípulos serem frequentemente vistos comendo e bebendo, em vez de jejuando. Nosso Senhor respondeu que se tratava apenas de uma questão de tempo; quando Ele — o noivo — fosse *tirado* (referência à ausência de Jesus até seu glorioso retorno), então seus discípulos jejuariam. Tal declaração ratifica que o jejum é para os crentes da nova aliança: "eles vão jejuar".

EFEITOS DO JEJUM 125

Em sua resposta, Jesus salientou *o quê* fazer (jejuar) e *quando* seria feito (a partir de sua ausência). De forma alegórica, creio que Cristo também nos apresentou outro ponto: *por que* jejuar.

Em todos os três evangelhos sinópticos, com pequena variação nos detalhes, encontra-se o mesmo relato (Mateus 9:14-17; Marcos 2:18-22; Lucas 5:33-38). Todos apresentam: a abordagem feita a Jesus, sua resposta usando a ilustração do noivo e, ainda, as alegorias de vestes novas e velhas e do odre novo para receber vinho novo. Observe que o texto que analisamos, do evangelho de Lucas, diz que Jesus "*também* lhes contou uma parábola", ou seja, Ele o fez *logo depois* de garantir que seus discípulos iriam jejuar. Indubitavelmente, a alegoria é uma extensão e uma ampliação da conversa sobre jejum.

Uma questão de estrutura

Ao falar que "ninguém tira um pedaço de uma roupa nova para colocar sobre roupa velha; pois, se o fizer, rasgará a roupa nova, e, além disso, o remendo da roupa nova não combinará com a roupa velha", Jesus não se referia à *impossibilidade,* e sim a *bom senso*. Se uma pessoa tivesse uma roupa velha e alguém lhe oferecesse uma muda de roupa nova, o ato mais sensato seria realizar uma *troca* de vestes. Ninguém, com um pingo de inteligência, recortaria pedaços da nova veste para remendar a velha. Por quê? Porque estragaria a roupa nova, além de que haveria uma inadequação da veste com seu remendo.

De que Cristo falava?

Vestes, na Bíblia, referem-se à condição do homem perante Deus. Quando o primeiro casal pecou, lá no Éden, viu-se nu e tentou vestir-se à sua maneira (Gênesis 3:7), o que Deus não aceitou, providenciando Ele próprio vestes aos recém-pecadores (Gênesis 3:21). No Apocalipse, lemos acerca de "pessoas que não contaminaram as suas vestes" (Apocalipse 3:4) e daquelas "que lavaram suas vestes e as alvejaram no sangue do Cordeiro" (Apocalipse 7:14). Também encontramos o mesmo padrão, de vestes referindo-se à condição espiritual do homem, em uma visão que Deus deu a Zacarias, na qual vestes sujas estão claramente associadas ao pecado, enquanto vestes limpas, à santificação (Zacarias 3:1-7).

Portanto Jesus, ao falar de vestes novas, fazia referência à nova condição que estava sendo oferecida à humanidade por meio dele e de seu evangelho. Já ao mencionar vestes velhas, que retratam uma condição anterior à salvação, nosso Senhor quis dizer que a "obra nova de Deus" não pode ser adaptada em uma "estrutura velha" de vida.

Infelizmente, há muitos crentes tentando viver de *remendo* ao invés de *renovo*. Diante da oferta de uma roupagem nova, recusam o todo, querem apenas as partes que eles próprios, de forma seletiva, acreditam que devem pegar do evangelho, para misturar em seu antigo estilo de vida.

Princípio igual é descrito na alegoria seguinte, do vinho e dos odres. O vinho novo, ou suco da uva — ainda não fermentado —, era colocado no odre com este propósito: o odre, uma espécie de bolsa de couro, por possibilitar a vedação do conteúdo e limitar a exposição ao oxigênio, ajudava no controle do processo natural de fermentação que transforma o vinho *novo* em *velho*. O vinho novo ilustra a obra nova que Deus, em Cristo e por meio do evangelho, oferece aos homens. O odre, por sua vez, fala da estrutura humana, seu estilo de vida e comportamento. Ou seja, novamente, Jesus sustenta que a obra nova de Deus não pode ser recebida numa estrutura velha.

Cabe notar, ainda, que a insistência em desprezar a orientação de Cristo leva ao prejuízo. Os odres velhos, por terem o couro já ressecado, não suportavam a pressão da fermentação do vinho e se rompiam. O resultado? Perdia-se tanto o vinho quanto o odre. É preciso entender que a tentativa de receber o vinho novo em odres velhos acaba estabelecendo um "prazo de validade" para esse tipo de evangelho (que sugere ser possível adequar a proposta divina de vida cristã em um estilo de vida antigo). Paulo, escrevendo aos efésios, foi taxativo sobre a necessidade da "troca de vestes" ao invés de adaptações:

EFEITOS DO JEJUM 127

Quanto à *maneira antiga de viver*, vocês foram instruídos a *deixar de lado a velha natureza*, que se corrompe segundo desejos enganosos, a se deixar renovar no espírito do entendimento de vocês, e a se *revestir da nova natureza*, criada segundo Deus, em justiça e retidão procedentes da verdade (Efésios 4:22-24).

Despir-se da velha natureza, ou do velho homem, tem a ver com comportamento: "a antiga maneira de viver", ou "trato passado", como traduzido pela versão *Almeida Revista e Atualizada*. A expressão grega utilizada nos manuscritos originais é *anastrophe* (αναστροφη) e significa: "modo de vida, conduta, comportamento, postura".[3] Foi traduzida em 1Pedro 1:15 como *procedimento*: "segundo é santo aquele que vos chamou, tornai-vos santos também vós mesmos em todo o vosso procedimento" (ARA). A santificação exige, inquestionavelmente, mudança de comportamento. É claro que não mudamos o comportamento para *sermos* salvos, e sim porque *fomos* salvos.

Embora Jesus tenha feito apenas uma *menção*, e não uma *descrição* do efeito do jejum em nossas vidas, é evidente que se refere a essa *adequação* necessária para poder receber a obra nova de Deus sem, posteriormente, desperdiçá-la. A salvação em Cristo deve ser recebida em uma estrutura nova de comportamento:

> Portanto, *façam morrer tudo o que pertence à natureza terrena*: imoralidade sexual, impureza, paixões, maus desejos e a avareza, que é idolatria; por causa destas coisas é que vem a ira de Deus sobre os filhos da desobediência. Vocês também andaram nessas mesmas coisas, no passado, quando viviam nelas. Agora, porém, abandonem igualmente todas estas coisas: ira, indignação, maldade, blasfêmia, linguagem obscena no falar. Não mintam uns aos outros, uma vez que vocês se despiram da velha natureza com as suas práticas e se revestiram da nova natureza que se

....
[3] STRONG, James. *New Strong's Exhaustive Concordance of the Bible.*

renova para o pleno conhecimento, segundo a imagem daquele que a criou (Colossenses 3:5-10).

A mudança de comportamento, por sua vez, está relacionada *à mortificação da carne*: "façam morrer tudo o que pertence à natureza terrena". Ouvi, na adolescência, outra afirmação da irmã Valnice Milhomens (como se nota, fui muito influenciado por seus ensinos porque frequentava eventos em que ela ministrava, assistia a seu programa "Palavra da Fé", na televisão, além de que a ouvia por meio de gravações em fitas cassete): "a carne não converte; tem de ir para a cruz".

A Escritura nos responsabiliza pela mortificação da carne e as consequentes transformações que advém desse processo:

> Portanto, irmãos, pelas misericórdias de Deus, peço que *ofereçam o seu corpo como sacrifício vivo*, santo e agradável a Deus. Este é o *culto racional* de vocês. E não vivam conforme os padrões deste mundo, mas deixem que Deus os transforme pela renovação da mente, para que possam experimentar qual é a boa, agradável e perfeita vontade de Deus (Romanos 12:1,2).

A expressão "sacrifício vivo" é um paradoxo. Sacrificar é matar. Logo, como pode o sacrifício ser vivo? Paulo não falava, em termos literais, de matar o corpo. Ele destacava, simbolicamente, a necessidade de fazer morrer a *carnalidade*.

O apóstolo ainda o classificou como um culto racional. O conceito de sacrifício no Antigo Testamento, depois empregado por Paulo, tanto aponta para a ideia de mortificação como também remete ao conceito de culto, afinal, o sacrifício era parte do culto dos hebreus. Mortificar a carne, então, é um culto que oferecemos a Deus. E a definição de culto, nas Escrituras, nunca tratou de algo ocasional e espontâneo, mas frequente e requerido.

Em sua primeira epístola aos Coríntios, Paulo exorta os cristãos a fugirem da imoralidade. Argumenta que, por direito de redenção, o

EFEITOS DO JEJUM 129

dono de nossos corpos é Deus, e não nós mesmos, convocando-nos a *glorificar* a Deus com nossos corpos (1Coríntios 6:18-20). Nosso Senhor é cultuado quando não deixamos a carne fazer o que quer e exercemos domínio próprio, adequando nosso comportamento à nova natureza que recebemos em Cristo.

E como o jejum está relacionado a essa "troca de vestes" ou aos "odres novos"? A mudança de estrutura necessária, que é, em essência, mudança de comportamento, requer um ato contínuo de domínio próprio, e a prática do jejum nada mais é que um *exercício* de domínio próprio.

O jejum afeta nosso corpo de várias formas, como já vimos: há desintoxicação, perda de peso, efeitos que devem ser vistos como *colaterais*, como meras *consequências*. Entretanto, o *propósito precisa ser essencialmente espiritual*.

O jejum é um ato de disciplina, um exercício de domínio próprio a partir do qual há mortificação da carne. O que ocorre a partir de disciplina, domínio próprio e mortificação da carne? Uma adequação do comportamento: as velhas práticas carnais (vestes velhas e odre velho) dão lugar ao fruto do Espírito (vestes novas e odre novo). Isso é santificação.

Permita-me ampliar a abrangência dos efeitos do jejum em nossa vida pela perspectiva da santificação completa, em cada parte do nosso ser.

Ser completo

O jejum afeta a integralidade do ser humano, em seus aspectos espiritual, emocional e físico. Sua esfera de ação abrange o ser completo, o homem por inteiro. E o que, exatamente, é o homem completo? Observe o que Paulo escreveu aos tessalonicenses:

> O mesmo Deus da paz os santifique *em tudo*. E que o *espírito*, a *alma* e o *corpo* de vocês sejam conservados íntegros e irrepreensíveis na vinda de nosso Senhor Jesus Cristo (1Tessalonicenses 5:23).

A palavra grega que Paulo empregou nesse versículo, traduzida dos manuscritos originais como "em tudo", é *holoteles*. De acordo com o *Léxico de Strong*, significa "perfeito, completo em todos os aspectos".[4] O conceito é de uma santificação completa, o que se confirma em outras traduções: "Que o próprio Deus da paz os santifique *inteiramente*" (NVI) ou "vos santifique *completamente*" (*Bíblia Bilíngue, Nova Almeida Atualizada – ARA e ESV*).

Mas o que compõe um homem inteiro? Quais são as partes do todo? O apóstolo declarou que o ser humano completo, integral, é composto por espírito, alma e corpo — temos aqui o que na teologia é classificado como *tricotomia*. Por conseguinte, entende-se do recado aos tessalonicenses: santificação total implica afetar as três partes que integram o homem.

Para entender melhor o quadro, voltemos ao início:

> Então, formou o Senhor Deus ao homem do pó da terra e lhe soprou nas narinas o fôlego de vida, e o homem passou a ser alma vivente (Gênesis 2:7, ARA).

O relato bíblico da criação revela a partição do ser humano. Deus fez um boneco de barro (*corpo*), soprou nele o fôlego de vida (*espírito*) e, então, da combinação destes, resultou aquilo que define o homem: *alma* vivente.

Já no início de tudo, constata-se uma constituição humana *tripla*. Há os que defendem a dicotomia, contudo quero mostrar, pelas Escrituras, a veracidade da tricotomia humana.

> Por isso, não desanimamos; pelo contrário, mesmo que o nosso *homem exterior* se corrompa, contudo, o nosso *homem interior* se renova de dia em dia (2Coríntios 4:16, ARA).

---

[4] STRONG, James. *New Strong's Exhaustive Concordance of the Bible*.

EFEITOS DO JEJUM 131

Nesse trecho da carta aos coríntios, Paulo destaca somente duas partes, homem *interior* e *exterior*. No entanto a aparente dicotomia se dissolve quando olhamos para o restante da Palavra de Deus, que nos mostra uma *subdivisão* do homem interior em espírito e alma. Ou seja, temos, sim, homem *exterior* e *interior*, mas não apenas isso, porque o lado de dentro também é subdividido em outras duas partes. Observe outros versículos:

> Com *minha alma* suspiro de noite por ti e, com o *meu espírito* dentro de mim, eu te busco ansiosamente... (Isaías 26:9).

> Então Maria disse: A *minha alma* engrandece ao Senhor, e o *meu espírito* se alegrou em Deus, meu Salvador (Lucas 1:46,47).

> Porque a palavra de Deus é viva e eficaz, e mais cortante do que qualquer espada de dois gumes, e penetra até o ponto de *dividir alma e espírito*, juntas e medulas, e é apta para julgar os pensamentos e propósitos do coração (Hebreus 4:12).

Hebreus ilustra bem a distinção entre as partes. Juntas e medulas estão próximas, mas são coisas distintas. O mesmo é verdadeiro quanto a espírito e alma: estão juntos — compondo o homem interior —, mas são diferentes um do outro e, ainda, podem ser separados.

A subdivisão do homem interior também pode ser vista na tipologia do Tabernáculo de Moisés. Considerado o lugar da habitação de Deus, ele possuía duas partes *visíveis*: a parte coberta (Tenda da Congregação) e a descoberta (Átrio Exterior). Contudo, seria equivocado chamá-lo de bipartido, visto que a Tenda da Congregação, por sua vez, era composta por dois ambientes: Lugar Santo e Santo dos Santos, separados apenas por um véu. Hoje o homem é chamado nas Escrituras de "morada de Deus" (Efésios 2:19) e "santuário do Espírito Santo" (1Coríntios 3:16). O homem é o atual tabernáculo divino. Assim como o interior do Tabernáculo de Moisés, o interior do tabernáculo humano também é subdividido em duas partes: espírito e alma.

Em suma, o que as Escrituras ensinam é que somos homem exterior (corpo) e homem interior (alma e espírito). Somos seres tripartidos, divididos em três partes distintas — e os benefícios do jejum alcançam cada uma delas.

Atente-se a um detalhe importante: a Escritura apresenta uma ordem de relevância: espírito, alma e corpo. Há uma distinção entre as partes, e é preciso enxergá-la antes de fazer a aplicação prática dos efeitos do jejum a cada uma delas.

Espírito

> Porquanto, para mim, o viver é Cristo, e o morrer é lucro. Entretanto, se o viver na carne traz fruto para o meu trabalho, já não sei o que hei de escolher. Ora, de um e outro lado, estou constrangido, tendo o desejo de partir e estar com Cristo, o que é incomparavelmente melhor. Mas, por vossa causa, é mais necessário permanecer na carne. E, convencido disto, estou certo de que ficarei e permanecerei com todos vós, para o vosso progresso e gozo da fé (Filipenses 1:21-25).

Qual a definição de Paulo acerca de si mesmo, ou melhor, acerca do centro de seu ser? Para entender, localize o sujeito oculto "eu" nos versículos acima: "[eu] estou constrangido", "tendo [eu] o desejo de partir e estar com Cristo", "é mais necessário [eu] permanecer na carne" e "[eu] ficarei e permanecerei". É esse "eu" quem fala sobre partir e estar com Cristo.

Quem é que parte na morte? Quando falece, o homem interior é que vai estar com o Senhor, já o homem exterior, o corpo, é sepultado, se corrompe e permanece aqui na terra, aguardando o bendito dia da ressurreição. O apóstolo está chamando de "eu" a parte interior do ser, a que partiria para estar com Cristo. Ou seja, Paulo está afirmando que o seu verdadeiro "eu" é o homem interior.

EFEITOS DO JEJUM 133

Quem permanece na carne? Obviamente, não é do próprio corpo que ele está falando, porque seria redundante dizer que o *corpo* permanece na *carne*. Ele está falando do homem interior. Como vimos, homem interior é composto de alma e espírito. Então vamos mais a fundo: dentre essas duas partes, qual é o centro de quem somos? Qual delas podemos dizer que realmente é o "eu"?

Somos retratados na Bíblia como seres espirituais. O espírito é o lugar no qual temos *consciência* de Deus — que também é espírito — e das coisas espirituais. Uma prova está no relato da criação, abordado há pouco, que mostra o espírito do homem passando a existir a partir do sopro de Deus. O espírito humano proveio do íntimo do Criador, de sua própria essência. Em vista disso, é o ambiente propício à conexão com as realidades divina e espiritual. Observe:

> Mas aquele que se une ao Senhor é um só *espírito* com ele (1Coríntios 6:17).

> Deus é espírito, e é necessário que os seus adoradores o adorem *em espírito* e em verdade (João 4:24).

Alma

Se o espírito traz a semelhança de Deus, o que nos diferencia um do outro — além da aparência física — é a alma. Ela é considerada a sede da personalidade que, como dizia meu pai, possui "um tripé de apoio": *razão*, *emoção* e *vontade*. Ou seja, a alma é o lugar dos sentimentos, pensamentos e também a sede das decisões. Acerca disso, Lewis Sperry Chafer, em sua conhecida obra *Teologia Sistemática*, afirma:

> Os elementos que combinam para formar a personalidade são: intelecto, sensibilidade e vontade; mas todos esses agem juntos, a fim de exigir uma liberdade tanto da ação externa quanto da escolha dos fins para

os quais a ação for direcionada. O intelecto deve dirigir, a sensibilidade deve desejar, e a vontade deve determinar a direção dos fins racionais. Não pode haver personalidade, seja humana, angelical ou divina, à parte desse complexo de essenciais.[5]

Já vimos antes, no relato da criação, que o homem foi feito alma vivente (Paulo enfatiza o conceito em 1Coríntios 15:45) no exato momento em que o espírito encontrou o corpo, o que sugere que, de alguma forma, a alma está em contato com ambos — ou seja, ela interfere e é interferida pelas outras duas partes. Porém, trata-se de um componente do homem interior, juntamente com o espírito.

Vale ressaltar que a alma é eterna e acompanha o espírito após a morte. Aliás, as expressões "alma" e "vida" são, recorrentemente, apresentadas como sinônimos: "Ao *sair-lhe a alma* (porque morreu), deu ao filho o nome de Benoni. Mas seu pai lhe chamou Benjamim" (Gênesis 35:18). Outros textos que sustentam essa verdade são: Jó 27:8, Mateus 10:28 e Lucas 12:20.

Enquanto o espírito nos dá consciência de Deus, a alma é onde temos consciência de nós mesmos e daquilo que nos toca. Percebemos nas Escrituras que essa consciência permanece mesmo depois de deixarmos o corpo, como vemos no ensino de Cristo acerca do rico e de Lázaro (Lucas 16:19-31). Há uma discussão teológica sobre a classificação do texto como sendo ou não uma parábola. Os que creem não se tratar de uma parábola alegam que, normalmente, Jesus iniciava a alegoria dizendo "o reino de Deus é semelhante a". Aqui, porém, Cristo diz "havia certo homem rico" e "havia também certo mendigo, chamado Lázaro" — por citar pessoas específicas, uma delas pelo nome, Ele estaria descrevendo um acontecimento.

Os que acreditam ser uma parábola também apresentam bons argumentos, e essa é uma boa discussão, que não pretendo esgotar aqui.

. . . .

[5] CHAFER, Lewis Sperry. *Teologia Sistemática*, vol. 1., p. 211.

Dentre os integrantes desse segundo grupo, há os que defendem ser mera alegoria, sem nenhum traço de realidade, mas com um intuito: invalidar a consciência pós-morte apresentada no relato de Cristo. Entretanto, mesmo que se tratasse de uma parábola, não creio que Jesus usaria uma alegoria contraditória ao restante das Escrituras. Aliás, há uma diferença entre alegoria e fantasia. Jesus usava sempre o primeiro, nunca o segundo.

A consciência pós-morte do corpo, incluindo a recordação de acontecimentos da própria vida e da vida de outros, também pode ser vista em outros textos bíblicos. Vejamos o que diz Apocalipse:

> Quando o Cordeiro quebrou o quinto selo, vi, debaixo do altar, *as almas* daqueles que tinham sido mortos por causa da palavra de Deus e por causa do testemunho que deram. Clamaram com voz forte, dizendo:
> — Até quando, ó Soberano Senhor, santo e verdadeiro, não julgas, nem vingas o nosso sangue dos que habitam sobre a terra?
> Então a cada um deles foi dada uma veste branca, e lhes foi pedido que repousassem ainda por pouco tempo, até que também se completasse o número dos seus conservos e seus irmãos que iam ser mortos como eles tinham sido (Apocalipse 6:9-11).

Esses mártires sabiam exatamente o que havia acontecido com eles. Possuíam não somente a consciência do que lhes ocorrera como também da justiça que ainda lhes seria feita, assim como no caso citado anteriormente do rico e de Lázaro.

Resumindo, a alma — que acompanha o espírito em sua partida — é a personalidade. Nela estão ou se manifestam nossos pensamentos, sentimentos e a vontade, com tudo que lhes é natural como intelecto, memória, temperamento, alegria e tristeza, além de ser a importante sede das decisões e, portanto, do livre-arbítrio.

Corpo

O corpo é chamado, nas Escrituras, de casa ou tabernáculo onde o espírito habita. Isso evidencia que *somos* seres espirituais que *habitam* num corpo. Os apóstolos Paulo e Pedro usaram esse tipo de ilustração:

> Sabemos que, se a nossa *casa terrestre* deste *tabernáculo* se desfizer, temos da parte de Deus um edifício, casa não feita por mãos, eterna, nos céus (2Coríntios 5:1).

> Também considero justo, enquanto estou neste *tabernáculo*, despertar-vos com essas lembranças, certo de que estou prestes a deixar o meu *tabernáculo*, como efetivamente nosso Senhor Jesus Cristo me revelou. Mas, de minha parte, esforçar-me-ei, diligentemente, por fazer que, a todo tempo, mesmo depois da minha partida, conserveis lembrança de tudo (2Pedro 1:13-15).

Isso não significa que o corpo não seja parte integral de nosso ser, pois, ainda que possamos defini-lo como a casa em que habitamos, não deixa de ser uma extensão de quem nós somos. As tentações e inclinações ao pecado se manifestam nele e, a partir dele, nos afetam. Nesse sentido, temos a responsabilidade de subjugá-lo por meio do domínio próprio — ou, utilizando outra designação bíblica, refreando a *carne*.

> Mas esmurro o meu corpo e o reduzo à escravidão, para que, tendo pregado a outros, não venha eu mesmo a ser desqualificado (1Coríntios 9:27).

O que os textos bíblicos enfatizam é o corpo como habitação do homem interior e, à semelhança de espírito e alma, também como um meio de consciência e comunicação — nesse caso, com o mundo natural, por meio dos sentidos. A Palavra de Deus garante que, no futuro, haverá a ressurreição do corpo, ou seja, não seremos completos sem ele. Hoje ele é a nossa casa terrena e, após a glorificação, teremos como casa um corpo espiritual (1Coríntios 15:44).

O jejum afeta cada parte

Recapitulando, diria que cada parte do homem tripartido é consciente de algo. O espírito tem consciência das *coisas espirituais*. Na alma, o homem tem consciência de *si mesmo*. Por último, o corpo nos dá consciência *das coisas naturais*, sendo a parte de nós que viabiliza o contato do homem interior com o mundo exterior. Veja que a Palavra de Deus decreta que o corpo sem o espírito está morto: "Porque, assim como *o corpo sem espírito é morto*, assim também a fé sem obras é morta" (Tiago 2:26). É importante entender que, apesar da distinção, há também uma conexão vital entre as partes. O corpo sem o espírito não possui vida. Por outro lado, o espírito sem o corpo não pode fazer nada nesta terra. Precisamos, portanto, entender o ser completo.

Martyn Lloyd-Jones comenta acerca da ação abrangente do jejum na totalidade humana:

> O homem se compõe de corpo, mente e espírito, e esses elementos estão intimamente relacionados entre si, interagindo uns sobre os outros, bem de perto. Distinguimos entre esses elementos que constituem o ser humano porque são diferentes, mas não devemos separá-los, porquanto há entre eles inter-relação e interação. Não se pode duvidar que os estados e condições corporais exercem influência sobre as atividades da mente e do espírito, pelo que também essa questão do jejum deve ser levada em conta dentro dessa peculiar relação entre corpo, mente e espírito.[6]

[6] LLOYD-JONES, Martyn. *Estudos no Sermão do Monte*, p. 324-325.

O nosso ser integral é afetado pelo jejum. Antes de apresentar alguns fatos sobre como se dá esse processo, porém, é necessário esclarecer um pouco mais sobre o ser humano tríplice.

Nosso *espírito* foi regenerado por meio do novo nascimento e tornou-se participante da natureza divina (2Pedro 1:4); entretanto, à semelhança de uma criança recém-nascida, necessita de crescimento (1Pedro 2:2).

Nossa *alma* encontra-se em um processo de restauração (Salmos 19:7; Tiago 1:21), e isso tem a ver com desprender-se de todo o acúmulo de maldade e passar à prática da Palavra (Tiago 1:22-25). Paulo falou aos romanos: "E não vivam conforme os padrões deste mundo, mas deixem que Deus os *transforme* pela *renovação da mente*, para que possam experimentar qual é a boa, agradável e perfeita vontade de Deus" (Romanos 12:2).

Nossa *carne* ainda carrega a natureza pecaminosa (Gálatas 5:17) e precisa ser freada por meio do domínio próprio (1Coríntios 9:27). Ela não se converte, tem de ser mortificada (Colossenses 3:5).

Diante disso, os efeitos do jejum em nós podem ser classificados pelo que fazem em cada parte de nosso ser completo. O jejum:

- fortalece o espírito;
- aflige a alma;
- subjuga o corpo.

Impacto no espírito

Nosso espírito é despertado na busca a Deus, razão pela qual comumente a *oração* está associada ao jejum. Lucas registrou que a profetiza Ana, que estava no templo na ocasião da apresentação do menino Jesus a Deus, "não deixava o templo, mas adorava noite e dia, com *jejuns e orações*" (Lucas 2:37); Lucas também dá destaque aos profetas e mestres da igreja de Antioquia "*jejuando* e *orando*" (Atos 13:3); Paulo e Barnabé

EFEITOS DO JEJUM 139

ao estabelecer os presbíteros nas igrejas que fundaram, fizeram-no "depois de *orar com jejuns*" (Atos 14:23).

Todo o nosso relacionamento com Deus se dá na dimensão espiritual. Jesus declarou: "Deus é espírito, e é necessário que os seus adoradores o adorem em espírito e em verdade" (João 4:24). Paulo também afirmou: "aquele que se une ao Senhor é um só espírito com ele" (1Coríntios 6:17). Logo, tanto nossa união por meio da comunhão como nossa adoração são de ordem *espiritual*. No jardim do Getsêmani, nosso Senhor asseverou: "Vigiem e orem, para que não caiam em tentação; o espírito, na verdade, está pronto, mas a carne é fraca" (Mateus 26:41). O espírito está pronto para quê? Para orar! Esse era o contexto da conversa. Assim como quando Cristo falou que "a carne é fraca", falou sobre orar, e não sobre pecar; para pecar, a carne é forte!

Ou seja, nosso espírito renascido quer buscar a Deus, enquanto a carne se indispõe. Como o jejum pode ajudar o espírito humano? Começando por remover o "entulho" da carne que o sufoca. O anseio de buscar a Deus, de cultuá-lo ou mesmo de obedecê-lo é liberado — e eu diria até mesmo amplificado — por meio do jejum.

A Palavra de Deus é *espiritual*; Cristo disse: "O ser humano não viverá só de pão, mas de toda palavra que procede da boca de Deus" (Mateus 4:4) e "As palavras que eu lhes tenho falado são espírito e são vida" (João 6:33). Logo, devem ser recebidas em nosso espírito, e não somente em nossa razão. Paulo afirmou: "Ora, a pessoa natural não aceita as coisas do Espírito de Deus, porque lhe são loucura. E ela não pode entendê-las, porque elas se discernem espiritualmente" (1Coríntios 2:14). O adjetivo "natural", usado em relação ao homem, retrata sua razão, sua capacidade intelectual. Mas, quando o apóstolo fala que as coisas do Espírito de Deus se discernem espiritualmente, quer dizer que a compreensão se dá, de fato, em nosso espírito.

Outra razão pela qual precisamos de *sensibilidade espiritual*, ou seja, em nosso espírito, é para desfrutarmos a liderança do Espírito Santo. Depois de afirmar que "os que são guiados pelo Espírito de Deus são filhos de Deus" (Romanos 8:14), Paulo informa como se dá essa orientação: "O próprio Espírito confirma ao nosso espírito que somos filhos de Deus" (Romanos 8:16). Não precisamos de uma visão espetacular ou de ouvir uma voz audível, extraordinária, para saber que somos filhos de Deus, porque isso se dá pelo *testemunho interior*. O Espírito Santo testemunha *em nosso espírito* que somos salvos. Como foi dito: "O espírito do ser humano é a lâmpada do Senhor" (Provérbios 20:27). Apesar de haver distinção entre espírito, o lugar onde o Espírito de Deus fala, e alma, sede das nossas emoções (Hebreus 4:12), muitos, na prática, não percebem a liderança suave do Espírito em seu próprio espírito. O jejum, ao afligir a alma e o corpo, torna-nos mais sensíveis espiritualmente para ouvir o Espírito.

Por exemplo, sabemos que a fé é do *espírito*, não da *alma*, já que não depende dos sentimentos e da lógica; a fé também não procede do *corpo*, que é dependente dos sentidos. Paulo afirmou que "o fruto do Espírito é *fidelidade*" (Gálatas 5:22). A palavra empregada no original grego é *pistis*, cujo significado mais comum é "fé, confiança", embora algumas poucas vezes tenha sido traduzida como "fidelidade" (caso de Romanos 3:3). Na versão King James, foi traduzida como *fé*. Em outro lugar, Paulo também disse que "com o coração se crê" (Romanos 10:10), enquanto Jesus falou sobre "não duvidar no seu coração" (Marcos 11:23). Tenho atestado isso *pela prática*: o jejum possui o poder de remover o entulho carnal de nossa incredulidade e auxiliar no *exercício da fé* — evidentemente, a experiência não determina a doutrina, apenas a atesta.

O ponto aqui é o quanto o jejum libera nosso espírito a interpretar e vivenciar as coisas espirituais pelo fato de tirar do caminho o que atrapalha — a carnalidade.

Impacto na alma

Nossa alma é afetada de forma interessante pelo jejum, pois ele a *aflige*. Inicialmente, pode não parecer positivo, mas é. Nossa vida cristã deve afetar nossa vontade, razão e sentimentos, e não o contrário. Ou seja, as capacidades de escolher, sentir e pensar devem ser controladas, não devemos ser controlados por elas.

Como vimos, só a Palavra de Deus possui o poder de restaurar a alma. Nesse sentido, o jejum — que, além da abstinência, conta com oração e leitura da Palavra — tira a alma do controle, bem como expõe suas intenções e motivações.

Vamos retomar um conceito: o único dia de jejum compulsório na antiga aliança era o dia da expiação, cuja convocação citava a necessária aflição da alma: "Mas, aos dez deste mês sétimo, será o Dia da Expiação; tereis santa convocação e *afligireis a vossa alma*; trareis oferta queimada ao Senhor" (Levítico 23:27, ARA). Como o ato de afligir a alma era obrigatório, quem não o fizesse seria morto (Levítico 23:29), então "afligir a alma" não poderia referir-se apenas a algum tipo de sentimento interior, subjetivo demais para ser julgado e levar alguém à execução — tratava-se da aflição da alma *por meio do jejum*. A expressão foi utilizada não apenas para referir-se ao jejum, mas a outros tipos de abstinências, por exemplo, os votos (Números 30:13).

Davi afirmou: "eu *afligia a minha alma* com jejum" (Salmos 35:13). O homem segundo o coração de Deus ainda declarou: "em jejum está a minha alma" (Salmos 69:10, ARA). A *Tradução Brasileira* optou por "castiguei a minha alma com jejum". Outro sinônimo para "jejuar" é "humilhar-se": "Por que *jejuamos*, se tu nem notas? Por que nos *humilhamos*, se tu não levas isso em conta?" (Isaías 58:3). O jejum de Daniel (Daniel 10:3), mesmo que parcial, também pode ser adicionado à lista de registros em que há relação entre a expressão "humilhar-se" e o ato de jejuar. O anjo que apareceu ao profeta declarou: "você dispôs o coração... a se *humilhar* na presença do seu Deus" (Daniel 10:12).

Essa humilhação que aflige a alma consiste, especialmente, no reconhecimento de nossa incapacidade e insuficiência — ainda que não se trate de um jejum de arrependimento, qualquer jejum carrega consigo tal capacidade de dobrar-nos. Jejuar tem a ver com esvaziarmo-nos de nós mesmos para que nos enchamos de Deus. Tem a ver com reconhecer nossa limitação e fraqueza para conseguir depender da graça e da capacitação divina. Paulo declarou aos coríntios: "Não que, por nós mesmos, sejamos capazes [...] como se partisse de nós; pelo contrário, a nossa capacidade vem de Deus, o qual nos capacitou [...]" (2Coríntios 3:5,6).

Aqueles que jejuam com frequência, especialmente por períodos prolongados, sabem que o jejum traz à tona o pior que se encontra "escondido" em nós, e isso é, por certo, uma aflição à alma, com efeitos sobre nossa mente, nossos sentimentos e, graças a Deus, sobre nossas decisões. Contudo, é a partir dessa contrição, dessa aflição de nossa alma, que nós nos permitimos ser tratados pelo Senhor — ou melhor, é quando aceitamos que ele troque nossas vestes velhas por novas, é quando nos permitimos ser odres novos para receber o vinho novo que envelhecerá bem.

Entenda: a alma é a sede das decisões, então tê-la afligida por uma disciplina que visa a propósitos espirituais significa que *decidiremos melhor*, baseados no que é do alto, no que é espiritual. Se a alma toca tanto o espírito quanto o corpo, é certo que, tendo liberado o espírito e mortificado o corpo pelo jejum, a alma conseguirá ser mais influenciada pelo espírito recriado e cheio das coisas de Deus do que pela carne, condenada por natureza.

Na prática, o jejum afetará os momentos em que temos de decidir. Por exemplo, quando surge um pensamento de rejeição, ou um pensamento impuro, ou um sentimento de amargura, temos de assassiná-lo. Milhomens diz que devemos ser assassinos de pensamentos maus. Como seremos capazes de ganhar essa guerra na mente? Com disciplina e domínio próprio, *virtudes fortalecidas por jejuns*. Na guerra entre carne e espírito, quem decide é a alma, mas ela é influenciada por quem está mais forte nessa história — é só dar mais comida ao espírito e, literalmente, dar menos ao corpo, em jejuns.

Impacto no corpo

Afirmei, anteriormente, que o jejum é um ato de disciplina, exercício do domínio próprio, e também é mortificação da carne. Trata-se de um conceito antigo, enfatizado pelos pais da Igreja. Clemente, bispo de Roma, referindo-se ao jejum de Moisés, comenta que ele passou aquele período "jejuando e se mortificando".[7] Orígenes comenta o jejum de Jesus no deserto, dizendo: "pois mortificava o desejo da carne com um jejum assíduo".[8]

Clemente de Alexandria, afirmou: "O jejum, como o próprio termo indica, significa abstinência de alimento, mas não é o alimento que nos torna mais ou menos justos ou injustos. O jejum tem uma significação profunda: assim como o alimento é o símbolo da vida, e a abstinência de alimentos é o símbolo da morte, do mesmo modo nós, os seres humanos, devemos jejuar no sentido de morrermos para este mundo e, depois disto, tendo recebido o alimento divino, viver em Deus".[9]

Martinho Lutero, o grande reformador, afirmou: "A respeito do jejum eu digo o seguinte: é correto jejuar com frequência com a finalidade de subjugar e controlar o corpo".[10]

O que quero ressaltar com todas as citações é a mortificação da carnalidade, possível mediante jejuns. É preciso ressaltar que a disciplina na vida do cristão, bem como a mortificação da carne, não se dão *apenas* enquanto jejuamos — embora o jejum seja de grande auxílio, ele possui começo e fim. O domínio próprio e a mortificação intencional de nossa natureza carnal devem continuar nos intervalos entre os jejuns que realizamos.

Resumindo, devemos distinguir entre o jejum excepcional e a disciplina regular na vida cristã. Martyn Lloyd-Jones, conhecido ministro anglicano, fez uma interessante observação acerca disso:

· · · · · · · ·

[7] *Pais Apostólicos*, p. 43.

[8] ORÍGENES. *Homilias sobre o Evangelho de Lucas*, p. 204.

[9] *Eclogae*, PG 9,704D705A. Citado em "A importância do jejum e sua observância hoje". Disponível em https://ortodoxia.pt/data/creta-jejum.pdf. Acesso em 6 de abril de 2022.

[10] PLASS, Ewald M. *What Luter Says*, vol:1, p. 506.

Recentemente, eu estava lendo um artigo que abordava esse assunto e onde o autor se referia àquela declaração do apóstolo Paulo, em 1Coríntios 9:27, onde se lê: "Mas esmurro o meu corpo". O apóstolo diz que ele fazia isso a fim de que pudesse realizar a sua obra com maior eficiência. O escritor dizia ali que isso ilustra a prática do jejum. Ora, sugiro que necessariamente esse texto nada tem a ver com o jejum. Isso é o que eu chamaria de disciplina geral do ser humano. Sempre deveríamos esmurrar o próprio corpo, mas isso não quer dizer que sempre deveríamos jejuar. O jejum, pelo contrário, é algo incomum, excepcional, algo que um homem põe em prática apenas ocasionalmente, com uma finalidade especial, ao passo que a disciplina pessoal deveria ser algo perpétuo e permanente. Por conseguinte, não posso aceitar textos como "Esmurro o meu corpo" e "Fazei, pois, morrer a vossa natureza terrena" (1Coríntios 9:27 e Colossenses 3:5), como se eles fizessem parte do ensino do jejum. Em outras palavras, a moderação ao comer não equivale a jejuar. A moderação ao comer faz parte da disciplina pessoal no tocante ao corpo, sendo uma excelente maneira de esmurrá-lo; mas isso não é a mesma coisa que jejuar. Jejuar é abster-se completamente de alimentos, na busca de certos alvos especiais, como a oração, a meditação ou a busca do Senhor, devido a alguma razão peculiar, ou sob circunstâncias especiais.[11]

Concordo com Lloyd-Jones que a *disciplina regular da vida cristã* não é sinônimo apenas de jejum, tampouco se pode dizer que jejuar é a única maneira de praticar o *domínio próprio* ao qual se referem os textos bíblicos citados pelo autor. Em contrapartida, não há como negar nem deixar de enfatizar que a prática regular do jejum é um exercício que *nos ajuda a intensificar tais virtudes*, tanto a disciplina quanto o domínio próprio.

· · · · · · · ·
[11] LLOYD-JONES, Martyn. *Estudos no Sermão do Monte*, p. 325.

Também não penso que deva ser tão ocasional quanto alguns crentes acreditam. Embora Cristo não tenha definido a periodicidade do jejum, não é razoável saltar disso para a conclusão de que é algo a ser feito uma vez na vida ou a cada década. Não seria estranho um cristão, ao final da vida, admitir que deu uma única *esmola* em toda a sua carreira cristã? Não soaria para lá de esquisito se um crente testemunhasse que fez duas ou três *orações* em toda a sua vida? Elas são disciplinas a serem praticadas regularmente, não esporadicamente. Porém, quando se trata de jejum, aplicamos uma lógica diferente, fazendo dele uma eventualidade. Penso que já passa da hora de revermos esse tipo de conceito e avançarmos para uma *cultura de jejum*, na qual sua prática é tanto regular quanto frequente — e os próprios efeitos no espírito, na alma e no corpo gritarão alto demais para serem ignorados.

8

PROPÓSITOS DO JEJUM

> 66 Quase em todos os lugares e em todos os tempos, o jejum sempre ocupou um lugar de grande importância visto que ele se encontra estreitamente relacionado com o profundo senso religioso. Talvez isso explique a negligência do jejum no nosso tempo. Quando o significado de Deus diminui, o jejum desaparece. 99

EDWARD FARRELL[1]

O jejum deve ter o que classifico de um propósito *principal*, que lhe é inerente: buscar a Deus — o que abrange adoração, oração e meditação bíblica. No entanto, também é possível detectar, nas Escrituras, propósitos *secundários*. Estes não devem ser vistos como *divergentes* do propósito principal, e sim como *desdobramentos*.

A Palavra registra pessoas buscando a Deus (propósito principal) com diferentes propósitos secundários como consagração, arrependimento,

[1] Citado por: PIPER, John. *Fome por Deus*, p. 8.

além de outras finalidades distintas: livramento, cura, proteção, intercessão pela restauração do povo. Richard Foster diz: "Assim que o propósito principal do jejum estiver bem estabelecido no coração, ficamos livres para compreender que também há propósitos secundários no jejum".[2]

Há que se distinguir, ainda, um propósito que me parece ser, para os israelitas do Antigo Testamento, de ordem *cultural*. Trata-se do jejum por *luto*; sabe-se que "prantear, gemer e lamentar fazia parte dos ritos fúnebres da maioria das pessoas do antigo Oriente Próximo. Jejuar, rasgar as vestes e deixar de usar roupas comuns eram meios de expressar pesar".[3]

Davi jejuou em expressão de dor pela morte de Saul e Jônatas; depois, pela morte de Abner (2Samuel 1:12 e 3:35). Embora não se possa garantir que o elemento "buscar a Deus" não estivesse presente — um clamor por conforto, por exemplo —, também não há nenhum indício que nos permita afirmar o contrário. Trata-se de uma possibilidade. Como uma *possibilidade* não serve de argumento para a interpretação da doutrina bíblica, penso ser melhor não classificar esse tipo específico jejum, cultural e relacionado ao luto, entre os jejuns espirituais que devemos praticar atualmente — da mesma forma como não fazemos com jejuns *involuntários* ou aqueles feitos por questões *ideológicas*, caso dos homens que conspiraram para a morte de Paulo (Atos 23:12,13).

Propósito principal

O profeta Daniel afirmou: "Voltei o rosto ao Senhor Deus, *para o buscar com oração e súplicas, com jejum* [...]" (Daniel 9:3). Buscar a Deus! Esse deveria ser sempre o principal objetivo do jejum. É mais que o ponto de partida, é o trilho e também o alvo. A essência de todo jejum

---

[2] FOSTER, Richard. *Celebração da disciplina*, p. 93.

[3] WALTON, John H., MATTHEWS, Victor H. & CHAVALAS, Mark W. *Comentário histórico-cultural da Bíblia, Antigo Testamento*, p. 419.

PROPÓSITOS DO JEJUM 149

precisa resumir-se a buscá-lo. Essa é a razão de encontramos o jejum quase sempre associado a oração, adoração, arrependimento e humilhação — o foco é voltar-se ao Pai Celeste.

Deus confrontou seu povo por meio do profeta Zacarias: "Quando vocês jejuaram e prantearam, no quinto e no sétimo mês, durante estes setenta anos, será que foi realmente para mim que vocês jejuaram?" (Zacarias 7:5). Tal asseveração revela que uma atividade religiosa não é, necessariamente, dirigida a Deus. O Senhor Jesus, ao falar do fariseu e do publicano que foram ao templo orar, disse: "O fariseu ficou em pé e orava de si para si mesmo, desta forma: 'Ó Deus, graças te dou...'" (Lucas 18:11). Ainda que suas palavras fossem direcionadas a Deus, Cristo sentenciou que o fariseu *orava de si para si mesmo*! Portanto, assim como nos dias de Zacarias, também é possível hoje alguém jejuar de si para si mesmo, e não para Deus.

Muitos jejuam no mundo; não se trata de exclusividade dos cristãos. Fazem-no pelos mais variados motivos: religiosos, ideológicos, de saúde. Qual a diferença entre o jejum bíblico e o deles? Ressalte-se que, mesmo que muitos jejuem por motivos religiosos, boa parte dos que professam outras confissões religiosas não possui como propósito principal o voltar-se a Deus. Até entre os que assim classificam o foco de seu jejum, ainda encontramos muitas distorções. Sendo assim, é fundamental destacar o propósito primário do jejum bíblico, baseado no qual nós devemos jejuar: buscar o Senhor.

Ao refletir sobre a motivação do jejum, entende-se que o foco deve ser *o anseio por mais de Deus*. Mais de sua presença, mais de intimidade com Ele, mais de seus recursos para nosso crescimento e transformação. Aliás, o que nos *motiva* a jejuar deve estar sempre sob avaliação. Certa ocasião, alguém me questionou: "Você jejua para chamar a atenção de Deus?". Respondi de pronto: "Claro que não! Eu jejuo porque Deus é quem chama a minha atenção".

Foi de um profundo anseio por Ele, enquanto eu escrevia meu livro *Até que nada mais importe* (Hagnos, 2018), que firmei a decisão de fazer meu primeiro jejum de 40 dias, só com ingestão de água. Eu queria buscar e desfrutar mais intensamente da presença do Senhor. Decidi colocá-lo acima do mais básico instinto do ser humano, o apetite, e declarar, não apenas com palavras, a importância que Ele tem para mim.

Eu sabia, igualmente, da importância do jejum em relação a outras áreas de minha vida e meu ministério. Um tempo depois de jejuar, o Espírito Santo me fez entender, com mais clareza, qual foi a repercussão do tempo de consagração para aquelas áreas. De qualquer forma, classifico esse impacto como desdobramento, mas não como a razão do meu jejum.

Mahesh Chavda, um ministro de Cristo que tem vivido intensamente tanto a cultura do jejum como as manifestações sobrenaturais decorrentes dele, compartilhou:

> Certa vez, estava participando de um jejum em grupo quando alguém que ouvira a respeito do jejum, correu até mim e disse: "Pelo que você está jejuando?". Confesso que fiquei irritado com a maneira com que a pergunta foi feita. Implicitamente, ela dizia que nossa atitude no jejum era a de "exigir algo" de Deus. "Me dê isso, me dê aquilo e aquilo outro." Essa não era a nossa atitude nem deveria ser.
>
> Quando nos humilhamos diante de Deus, nosso primeiro anseio deve ser *por ele*. Deveríamos nos humilhar para buscar sua face, não meramente seu favor. "Queremos o *Senhor*, acima de tudo, queremos o Senhor. Queremos sua glória e sua presença."[4]

Já destaquei, no capítulo 2, como a profetiza Ana, que estava no templo por ocasião da apresentação de Jesus, agia em relação ao jejum: "*adorava* noite e dia, com jejuns e orações" (Lucas 2:37). A palavra traduzida como "adorava", utilizada no original grego, é *latreuo*

---

4 CHAVDA, Mahesh. *O poder secreto da oração e do jejum*, p. 82.

PROPÓSITOS DO JEJUM   151

(λατρευω), cujo significado, de acordo com o *Léxico de James Strong*, é "servir por salário; servir, ministrar, aos deuses ou aos seres humanos. Usado tanto para escravos como para homens livres; no Novo Testamento, prestar serviço religioso ou reverência, adorar, desempenhar serviços religiosos".[5] É traduzida, na Bíblia, com o sentido de adorar, servir ou ministrar. É interessante observar que qualquer um desses possíveis significados apontam para o que ela foi *oferecer* a Deus, e não *obter* dele.

Cenário semelhante é constatado no relato sobre o jejum dos líderes da igreja em Antioquia: "Enquanto eles estavam adorando o Senhor e jejuando..." (Atos 13:2). Aqui, a palavra grega traduzida como "adorando" (que também é traduzida, em outras versões, como "servindo" e "ministrando") é *leitourgeo* (λειτουργεω). Strong aponta como possíveis significados: "servir ao estado ou cumprir um ofício público as próprias custas; cumprir as próprias custas; prestar serviço público ao estado; fazer um serviço, realizar um trabalho; de sacerdotes e Levitas que se ocupavam dos ritos sagrados no tabernáculo ou templo; de cristãos servindo a Cristo, seja pela oração, ou instruindo outros no caminho da salvação, ou de alguma outra forma; daqueles que ajudam outros com seus recursos, dando-lhes assistência em sua pobreza". Novamente, o destaque, independentemente da exatidão da tradução, é o que os jejuadores foram *oferecer* a Deus, e não *obter* dele.

Não estou dizendo que os jejuns narrados nas Escrituras não retratam a busca por bênçãos e intervenções divinas. Como veremos, há abundância de registros sobre esse aspecto. Enfatizo apenas que devem ser vistos como propósitos *secundários*, não como o objetivo primário.

Tome-se como exemplo a oração de nosso Senhor, no Getsêmani; Cristo orou para que Deus o livrasse da morte: "Ele, Jesus, nos dias da sua carne, tendo oferecido, com forte clamor e lágrimas, orações e

· · · · · · · · ·
[5] STRONG, James. *New Strong's Exhaustive Concordance of the Bible.*

súplicas a quem o podia livrar da morte" (Hebreus 5:7). A Bíblia, no entanto, desdobra dois momentos bem distintos de sua oração. No primeiro, ele ora: "Meu Pai, se é possível, que passe de mim este cálice!"; no segundo, ele clama: "Contudo, não seja como eu quero, e sim como tu queres" (Mateus 26:39).

Esse acontecimento, mesmo não contendo menção a jejum, destaca o coração correto que quem teme a Deus deve manifestar quando ora ou associa jejum à oração: *qualquer resultado será aceitável* àquele que busca o Senhor e a sua vontade. O mesmo, porém, não se pode dizer de alguém que apenas deseja a intervenção divina naquilo que ele próprio escolheu, com foco em sua própria vontade. Um jejum, portanto, cujo propósito secundário, seja qual for, atropela o primário, que é tanto buscar a Deus quanto buscar sua vontade — independentemente se for diferente da nossa —, está equivocado em sua essência. Trata-se de fazer a coisa certa, que é praticar o jejum, do jeito errado: com a motivação imprópria.

Resumindo, faço uso das palavras de Valnice Milhomens: "Não jejuamos pelo simples fato de jejuar, mas para buscar a Deus".[6] E essa busca por Ele não pode excluir o anseio por conhecer — e, acima de tudo, aceitar — qual é a sua vontade, acima de nossos próprios anseios.

Vontade de Deus

Consideremos dois relatos bíblicos: um jejum bem-sucedido e outro que não alcançou aquilo que buscava. Eles nos ajudarão a entender melhor o jejum. Em nenhuma hipótese, o jejum deve ser uma tentativa de coagir Deus. Não deve ser feito para impor nossa vontade, mas sim para que nos sujeitemos à vontade do Pai.

Esdras jejuou e orou por uma viagem de mudança de cidade, clamando a proteção divina:

. . . .
6 COELHO, Valnice Milhomens. *O jejum e a redenção do Brasil.* 5ª ed., p. 227.

PROPÓSITOS DO JEJUM 153

Então ali, junto ao rio Aava, proclamei um jejum, para nos humilhar-mos diante do nosso Deus, *para lhe pedirmos uma boa viagem* para nós, para os nossos filhos e para tudo o que era nosso. Porque tive vergonha de pedir ao rei exército e cavaleiros para nos defenderem do inimigo no caminho, porque já lhe havíamos dito: "A mão do nosso Deus está sobre todos os que o buscam, para o bem deles; mas a sua força e a sua ira são contra todos os que o abandonam." *Assim nós jejuamos e pedimos isto ao nosso Deus, e ele nos atendeu* (Esdras 8:21-23).

O resultado do jejum de Esdras é bíblico e indiscutível, mas não significa que, a partir desse relato, possamos interpretar o jejum como uma forma de convencer Deus a dar-nos tudo aquilo que desejamos. O sacerdote estava envolvido em uma empreitada divina, e não em um plano propriamente seu. Era clara a sinalização divina de que os israeli-tas deveriam voltar a Jerusalém para restaurá-la, bem como havia reco-nhecimento de que aquela era a vontade do Senhor (Esdras 7:27,28). Entender isso muda completamente a perspectiva das coisas. Fortale-cendo o entendimento, observe o que Tiago afirmou:

Escutem, agora, vocês que dizem: "Hoje ou amanhã, *iremos para a cida-de tal*, e lá passaremos um ano, e faremos negócios, e teremos lucros." Vocês não sabem o que acontecerá amanhã. O que é a vida de vocês? Vocês não passam de neblina que aparece por um instante e logo se dissipa. Em vez disso, *deveriam dizer: "Se Deus quiser*, não só viveremos, como também faremos isto ou aquilo" (Tiago 4:13-15).

Corremos o risco de olhar ao jejum de Esdras e à consequente bênção divina sobre a mudança para Jerusalém e, simplesmente, deduzir que, todas as vezes que jejuarmos por uma mudança, a bênção divina será liberada. Tiago exorta-nos a, antes, *submetermo-nos à vontade divina*. Isso vem antes. Depois, se confirmada a direção de Deus para uma mudança, então que se ore — e até jejue — pela bênção sobre as etapas seguintes.

Digo isso porque buscar a Deus é diferente de buscar o que queremos de Deus. Muitas pessoas decidem, por si mesmas, o que querem — sem buscar o entendimento do propósito divino. Depois, acham que o Senhor possui a obrigação de sair correndo atrás delas, para abençoar escolhas e decisões puramente humanas.

Não estou dizendo que não oro — nem sugerindo o mesmo a outros — por intervenções divinas. Entretanto, prefiro concentrar minhas forças naquilo que já sei ser, de fato, a vontade de Deus. Como, então, conhecer a vontade divina? Primeiramente, pela sua Palavra; aquilo que a Bíblia afirma e promete com clareza, de forma objetiva, não requer uma consulta. Eu não preciso orar, por exemplo, para saber *se* devo pagar impostos. Jesus já ordenou que o façamos: "Deem, pois, a César o que é de César e a Deus o que é de Deus" (Mateus 22:21). Outras questões, no entanto, são de ordem subjetiva: com quem casar, onde os filhos devem estudar, em qual cidade e por quanto tempo concentrar os negócios etc.

Casos como esses devem levar-nos a buscar a *direção* de Deus. Ele prometeu guiar-nos: "Pois todos os que são guiados pelo Espírito de Deus são filhos de Deus" (Romanos 8:14). Assim como em Antioquia, enquanto os líderes jejuavam e ministravam ao Senhor, houve direcionamento do Espírito Santo, creio — e confirmo pela experiência — que também podemos receber direcionamentos específicos. Todavia, orar e jejuar alinhado à vontade de Deus é tiro certeiro, ou seja, tem resultado garantido:

> E esta é a confiança que temos para com ele: que, se pedirmos alguma coisa *segundo a sua vontade*, ele nos ouve. E, se sabemos que ele nos ouve quanto ao que lhe pedimos, *estamos certos de que obtemos os pedidos* que lhe temos feito (1João 5:14,15).

Permita-me exemplificar. Antes de nascer meu filho primogênito, Israel, o Espírito Santo me trouxe uma forte convicção interior de que

PROPÓSITOS DO JEJUM 155

eu deveria jejuar e lutar em oração por ele. Entendi que haveria grande batalha na hora do parto; portanto, eu deveria antecipar-me e sair à frente nessa guerra. A partir do momento que recebi o direcionamento, não comi mais nada, jejuei e orei por vários dias; no sexto dia, enquanto ainda orava pela mesma questão, recebi um forte testemunho interior de que tinha alcançado a vitória e poderia entregar o jejum.

Quando chegou a hora do parto, houve, de fato, uma grande complicação. Mas também houve intervenção divina! Meu filho passou a ser chamado de "milagrinho" pelo médico que fez o parto. A enfermeira que estava na sala de parto garantiu que nunca vira nada semelhante: nem o milagre nem o fato de a equipe médica admiti-lo. Agora, veja, eu não jejuei para convencer Deus a ajudar-me; Ele me garantiu, desde o início, que iria fazê-lo. Contudo, o Senhor me orientou a agir daquela maneira porque o jejum, associado às orações, leva-nos a um rompimento espiritual — foi por isso que Ele me orientou a jejuar e buscá-lo daquela forma.

Há outras questões sobre as quais não necessito consultar a vontade de Deus. Nunca pergunto ao Senhor se devo orar por um enfermo; a Bíblia nos comissiona a fazê-lo! Entretanto, mesmo num assunto como esse, de cura — que creio ser, genericamente falando, a vontade de Deus para nós —, devo admitir que há momentos em que não adianta jejuar e orar.

Deixe-me explicar melhor, considerando um segundo exemplo, dessa vez de um jejum aparentemente *sem resultados*: o caso de Davi.

O rei de Israel pecou contra o Senhor e cometeu tanto um adultério, com Bate-Seba, como também um assassinato, contra Urias. Para agravar, aproveitou-se da morte de Urias para tomar a viúva como sua esposa (2Samuel 11:1-27). Deus enviou o profeta Natã para repreender Davi pelos três atos (2Samuel 12:1-10) e anunciou, antecipadamente, que — entre outras expressões de juízo — a criança iria morrer (2Samuel 12:14). E foi o que aconteceu, apesar de Davi ter jejuado e orado por uma semana:

Então Natã foi para a sua casa.

E o Senhor feriu a criança que a mulher de Urias teve com Davi; e a criança adoeceu gravemente. Davi suplicou a Deus pela criança. Davi jejuava e, entrando em casa, passava a noite deitado no chão. Então os anciãos do seu palácio se aproximaram dele, para o levantar do chão; porém ele não quis e não comeu com eles. No sétimo dia, a criança morreu. E os servos de Davi ficaram com medo de informá-lo de que a criança estava morta, porque diziam:

— Quando a criança ainda estava viva, falávamos com ele, mas ele não dava ouvidos à nossa voz. Como, então, vamos dizer a ele que a criança morreu? Poderá fazer alguma loucura!

Mas Davi notou que os seus servos cochichavam uns com os outros e entendeu que a criança havia morrido. Então perguntou:

— A criança morreu?

Eles responderam:

— Morreu.

Então Davi se levantou do chão, lavou-se, ungiu-se, trocou de roupa, entrou na Casa do Senhor e adorou. Depois, voltou para o palácio e pediu comida; puseram-na diante dele, e ele comeu (2Samuel 12:15-20).

O que podemos aprender aqui? Em primeiro lugar, o jejum não muda a *vontade* de Deus já *revelada* (embora, nesse caso, tratava-se de uma consequência de pecado, e não do que classificamos como o plano perfeito de Deus). Em segundo lugar, volto a destacar o conceito de que *buscar a Deus* é diferente de apenas *buscar o que queremos que Ele faça*. Tem a ver com ansiar por sua vontade em todas as áreas de nossa vida. O jejum de Davi não foi inútil, apesar de não ter alcançado aquilo que buscava; ajudou-o, seguramente, no processo de arrependimento e sujeição ao Altíssimo — basta ler o salmo 51, que expressa seu arrependimento pelo pecado cometido naquela ocasião.

PROPÓSITOS DO JEJUM 157

Sua atitude de ir a Casa do Senhor e adorá-lo logo depois de saber da morte da criança é digna de nota. Revela o que Davi entendeu: prevalecera a vontade divina. A adoração após a morte do filho foi uma declaração de Davi de que havia decidido sujeitar-se à vontade divina — naquele momento, diferente da sua.

Em outras palavras, sem negar que possa levar-nos a uma dimensão maior do sobrenatural e do mover de Deus, o jejum não é, em absoluto, uma *garantia* de que alguém vá conseguir tudo o que intencionar. Sempre afirmo que há uma realidade acerca da oração, que também creio aplicar-se ao jejum: "Oração não é apenas o meio pelo qual conseguimos de Deus aquilo que queremos; ela também deveria ser, em contrapartida, o meio pelo qual Deus consegue de nós aquilo que Ele quer".

Passemos, agora, a avaliar os propósitos secundários, ou seja, os que podem ser classificados como *complementares* ou *desdobramentos* da busca a Deus. Vamos ao novo tópico já tendo entendido, no contexto do jejum, tanto a existência de um propósito primário e superior quanto a importância de buscar, reconhecer e aceitar a vontade de Deus, acima da nossa.

Propósitos secundários

Uma vez que tratamos, neste livro, do tipo de jejum primordialmente *espiritual*, voltado para buscar a Deus, excluímos, por consequência, os demais que não atendem a esses parâmetros: jejuns ideológicos, involuntários e por questões de saúde — nenhum deles se relaciona com buscar a Deus. Diante disso, qual é, exatamente, a definição de um propósito secundário para o jejum?

É possível encontrar o propósito secundário dentro do primário. Um jejum para *arrependimento* não era igual a um para *consagração*, por exemplo; um dizia respeito a afastar-se de um pecado já *cometido*, enquanto o outro, a afastar-se de um pecado *não cometido*. Não se pode

A CULTURA DO JEJUM

negar, no entanto, que ambos eram parte de um suspiro por santidade e conexão com Deus. Define-se, então, o propósito final e maior — santidade e conexão com Deus — como sendo primário; para efeitos didáticos, arrependimento e consagração se enquadram na categoria "propósitos secundários".

O mesmo Daniel que se dispôs *a buscar o Senhor* também acrescentou ao seu jejum orações intercessórias em prol do povo:

> Ó Senhor, segundo todas as tuas justiças, afasta a tua ira e o teu furor da tua cidade de Jerusalém, do teu santo monte, porque, por causa dos nossos pecados e por causa das iniquidades de nossos pais, Jerusalém e o teu povo se tornaram objeto de deboche para todos os que estão ao redor de nós. E agora, ó nosso Deus, ouve a oração e as súplicas do teu servo. Por amor do Senhor, faze resplandecer o teu rosto sobre o teu santuário, que está abandonado. Inclina, ó Deus meu, os ouvidos e ouve! Abre os olhos e olha para a nossa desolação e para a cidade que é chamada pelo teu nome! Lançamos as nossas súplicas diante de ti não porque confiamos em nossas justiças, mas porque confiamos em tuas muitas misericórdias. Ó Senhor, ouve! Ó Senhor, perdoa! Ó Senhor, atende-nos e age! Não te demores, por amor de ti mesmo, ó meu Deus, porque a tua cidade e o teu povo são chamados pelo teu nome (Daniel 9:16-19).

Alguns buscam a Deus em âmbito *pessoal*, mas não incluem a intercessão *por outros* (indivíduos próximos ou o povo de Deus em geral). Muitos me perguntam se podem *jejuar* em favor de outras pessoas, e a resposta é que, assim como oramos por outros, podemos igualmente combinar o jejum a tais orações. O jejum feito por Daniel é outro exemplo de como propósitos secundários podem ser distinguidos do primário, embora haja sempre, no jejum cristão, a disposição de cumprir o propósito principal.

PROPÓSITOS DO JEJUM 159

Somando propósitos

Tal qual, para fins de estudo, classificamos aspectos secundários que se distinguem do propósito principal, também devemos observar que é possível haver uma combinação de vários propósitos secundários em um mesmo jejum. Observe o exemplo registrado no livro de Neemias:

> No dia vinte e quatro deste sétimo mês, *os filhos de Israel se reuniram para um jejum*. Vestiam pano de saco e traziam terra sobre a cabeça. Os da linhagem de Israel separaram-se de todos os estrangeiros, puseram-se em pé e fizeram confissão dos seus pecados e das iniquidades de seus pais. Levantando-se no seu lugar, *leram no Livro da Lei do* SENHOR, *seu Deus*, durante uma quarta parte do dia; e durante outra quarta parte do dia *fizeram confissão* e *adoraram o* SENHOR, *seu Deus* (Neemias 9:1-3).

A metade do dia, dividido nas doze horas de sol, foi subdividida em outras duas partes de seis horas; em cada uma delas, embora o propósito principal fosse buscar a Deus, os filhos de Israel se dedicaram a propósitos secundários distintos: 1) *leitura bíblica*; 2) *arrependimento e adoração*.

Devemos considerar, ainda, que a segunda metade do dia se subdividiu novamente, em dois períodos de três horas, para atender a aspectos diferentes: 1) *confissão* (era um ato de arrependimento, de confissão de pecados; os versículos 16-37 do mesmo capítulo falam disso) e 2) *adoração*.

Cada um desses três elementos, a leitura bíblica, a confissão e a adoração, distinguem-se entre si enquanto propósitos secundários. Entretanto, o que todos possuem em comum é o propósito primário: buscar a Deus.

Identificando os propósitos secundários

Para facilitar o entendimento, é possível classificar diferentes aspectos secundários associados à prática do jejum, de acordo com a ordem em que aparecem ao longo das Escrituras. Consideremos alguns que constam nos registros do Antigo Testamento:

Consagração

O voto do nazireado envolvia, entre outras coisas, a abstinência de determinados tipos de alimentos como os provenientes da uva (Números 6:3,4). Foi regulamentado pelo próprio Deus, então se presume que Ele *esperava* que pessoas *escolhessem* fazê-lo, embora também tenham existido aquele de quem o Senhor requereu o voto desde o nascimento, caso de Sansão (Juízes 13:3-5) e João Batista (Lucas 1:15).

A relação entre *consagração* e o voto do *nazireado* começa pelo significado da palavra:

> O termo Nazireu deriva da palavra (nazar) que significa "consagrar" ou "apartar". Os nazireus demonstravam sua devoção a Deus por meio de comportamentos distintos como a observação de proibições contra cortar o cabelo, beber vinho ou bebidas fermentadas, e tocar em mortos. Os nazireus eram chamados por Deus, ou dedicados por seus pais desde uma tenra idade. Além de Sansão (Juízes 13-16) e Samuel, homens e mulheres poderiam fazer o voto e tornarem-se nazireus temporários por um tempo designado. O livro de Números fornece a legislação pertinente aos termos e obrigações do voto nazireu (Números 6:1-21).[7]

---

[7] MELLISH, Kevin J. *Novo comentário bíblico Beacon: 1 e 2Samuel*, p. 59.

PROPÓSITOS DO JEJUM 161

Há divergência de pensamento entre os estudiosos acerca de incluir ou não o profeta Samuel entre os nazireus. A Bíblia revela que Ana, sua mãe, ao entregá-lo no templo, afirmou: "Por todos os dias que viver, será *dedicado* ao Senhor" (1Samuel 1:28).

Contudo, para alguns, a palavra "dedicado", sozinha, não indica o voto do nazireado, pois não foi definida a natureza da consagração. Além disso, a palavra traduzida como "dedicado" possui, no original hebraico, vários possíveis significados: "pedido, buscado, dado, concedido, emprestado, transferido",[8] tendo sido também traduzida como "devolvido" (ARA).

Para alguns, pode-se, no máximo, admitir uma probabilidade, baseado na promessa de Ana de que navalha alguma seria passada na cabeça de Samuel (1Samuel 1:11). Estes não creem que se possa afirmar *com certeza*, uma vez que não cortar os cabelos não cumpre tudo aquilo de que um nazireu deveria abster-se, mas apenas uma parte.

Por outro lado, a tradição judaica parece adicionar outro elemento; Flavio Josefo, maior fonte histórica dos hebreus depois da Bíblia, falando de Samuel, afirma: "Deixaram crescer-lhe o cabelo e ele só bebia água".[9] No entanto, por tratar-se de uma fonte extrabíblica, prefiro ficar com o ditado que aprendi na adolescência: "O que a Bíblia não diz com *clareza*, não podemos afirmar com *certeza*".

De qualquer forma, o voto do nazireado era um estilo de vida com privações específicas. O tipo de jejum praticado era parcial e incluía outras abstinências — a partir do que se entende, somado a Números 30, que é, por certo, viável dedicar ao Senhor outras formas de abstinências, além do jejum de alimentos. Seu foco era, essencialmente, *consagração*, primeiro propósito secundário que quero destacar

....
[8] STRONG, James. *New Strong's Exhaustive Concordance of the Bible*.
[9] JOSEFO, Flávio. *História dos Hebreus*, vol. 1, p. 123 (Livro V, 214).

biblicamente. A grande questão é que consagração não envolve apenas deixar de lado o que é errado, mas também *abrir mão de coisas lícitas* a fim de deleitar-se em Deus, assim como faziam os nazireus ao deixar de cortar o cabelo, por exemplo, que não é pecado nem contraindicado.

Penso ser relevante que o nazireado seja um dos primeiros exemplos práticos de consagração que surge na Bíblia, depois da instituição divina do dia anual de jejum, no *Yom Kippur*, o Dia da Expiação (Levítico 23:26-30). O voto tinha como objetivo *entregar-se* a Deus, e não meramente *buscar algo* dele.

Arrependimento de pecados

Além do Dia da Expiação, no qual o arrependimento de pecados aparece de forma implícita no ato de afligir (ou humilhar) as almas — justamente no dia de sacrifício pelos pecados —, a Bíblia também registra o ato de Samuel e do povo jejuando em Mispa em sinal de arrependimento: "Congregaram-se em Mispa, tiraram água e a derramaram diante do Senhor, jejuaram aquele dia e ali disseram: — Pecamos contra o Senhor. E Samuel julgou os filhos de Israel em Mispa" (1Samuel 7:6).

Já vimos que o mesmo foi feito nos dias de Neemias (Neemias 9:1-3), além de que Joel também conclamou o povo a um jejum que incluía arrependimento (Joel 2:15).

Diferente da consagração, que envolvia apartar-se de pecados não praticados, o arrependimento focava em tristeza, vergonha e humilhação *pelos pecados cometidos*.

Os cristãos de hoje fariam bem em adicionar o jejum aos momentos de arrependimento. Ter o arrependimento como propósito secundário do jejum é não apenas um meio de expressar tristeza pelo pecado cometido, mas também de dar início ao processo de restauração.

PROPÓSITOS DO JEJUM 163

Aflições

Josafá apregoou um jejum em todo Judá quando estava sob o risco de ser vencido por moabitas e amonitas:

> Então Josafá teve medo e decidiu buscar o SENHOR; e *proclamou um jejum* em todo o Judá. Judá se congregou *para pedir socorro ao SENHOR*. Também de todas as cidades de Judá veio gente *para buscar o SENHOR* (2Crônicas 20:3,4).

O texto revela tanto o propósito primário, "para buscar ao Senhor", quanto o secundário: "para pedir socorro ao Senhor". Acredito que, em quaisquer circunstâncias de dificuldade, a exemplo de Josafá, o jejum é uma ferramenta a ser usada para que nos humilhemos diante do Senhor. Veja a declaração do rei de Judá: "Ó nosso Deus, acaso não executarás o teu juízo contra eles? Porque *em nós não há força* para resistirmos a essa grande multidão que vem contra nós. *Não sabemos o que fazer*, mas os *nossos olhos estão postos em ti*" (2Crônicas 20:12). Ele estava expressando, por meio do jejum, o reconhecimento da insuficiência humana, da dependência de Deus e da suficiência dele diante de qualquer situação.

O ato de jejuar se configurou como uma clara expressão de fé e confiança em Deus perante uma situação de aflição. Além disso, o jejum de Josafá e o consequente livramento recebido também estão ligados ao próximo propósito secundário: buscar proteção divina.

Buscando proteção

Mencionei, anteriormente, o jejum em que Esdras clama a Deus por proteção sobre ele e toda a caravana que se deslocava para Jerusalém (Esdras 8:21-23).

Outro exemplo de jejum associado a esse tipo de clamor também é registrado nas Escrituras: Ester pediu que seu povo jejuasse por ela,

164 A CULTURA DO JEJUM

para proteção (dela e do destino de seu povo) quando fosse encontrar com o rei:

> Então Ester pediu que levassem a Mordecai a seguinte resposta: "Vá e reúna todos os judeus que estiverem em Susã, e jejuem por mim. Não comam nem bebam nada durante três dias, nem de noite nem de dia. Eu e as minhas servas também jejuaremos. Depois, irei falar com o rei, ainda que seja contra a lei; se eu tiver de morrer, morrerei."
>
> Então Mordecai foi e fez tudo o que Ester lhe havia ordenado (Ester 4:15-17).

O resultado? Todos conhecemos. Ainda que, curiosamente, o livro de Ester não contenha uma única menção do nome de Deus, seu agir é evidente em toda a história.

Em situações de enfermidade

Davi mencionou jejuar e orar por outros que estavam enfermos: "Quanto a mim, porém, estando eles enfermos, as minhas roupas eram pano de saco; eu afligia a minha alma com jejum e em oração me reclinava sobre o peito" (Salmos 35:13).

Já conferimos que ele também jejuou em favor da criança que nascera de Bate-Seba, que estava doente, à beira da morte (2Samuel 12:16-23). Davi fez, naquela ocasião, o que parecia já ser de seu costume em circunstâncias semelhantes.

Apesar de ser uma intercessão específica, direcionada a um tipo também específico de problema, a atitude do rei de Israel mostra a possibilidade de um jejum, associado à oração intercessória, em casos de doenças.

Intercessão

Há, ainda, o exemplo de Daniel, que jejuou e intercedeu por Jerusalém e por seu povo (Daniel 9:3; 10:2,3). A convocação do Senhor aos israelitas, por meio do profeta Joel, dizia: "proclamem um santo *jejum*" (Joel 2:15); na sequência, orienta: "e *orem*: Poupa o teu povo, ó Senhor, e não faças da tua herança um objeto de deboche e de zombaria entre as nações. Por que hão de dizer entre os povos: 'Onde está o Deus deles?'" (Joel 2:17).

Sabemos que o jejum sempre aparece relacionado à oração, mas vale distinguir as orações nas quais clamamos por *nossas* necessidades daquelas em que intercedemos por *outras* pessoas. Ressalto: sim, nós podemos e devemos jejuar em favor de outras pessoas. Oração intercessória e jejum são excelentes aliados.

* * *

Todas as classificações e exemplos de propósitos secundários do jejum que listamos até agora, ainda que extraídas do Antigo Testamento, ensinam os crentes do nosso tempo, da nova aliança. É sempre bom lembrar o que Paulo disse acerca dos registros antigos: "Estas coisas aconteceram com eles para servir de exemplo e foram escritas como advertência a nós, para quem o fim dos tempos tem chegado" (1Coríntios 10:11).

No Novo Testamento, também há exemplos que nos ajudam a entender os propósitos secundários do jejum. Passemos a eles.

Situações de batalha espiritual

No primeiro capítulo, citei o texto em que Jesus diz que determinadas castas de demônios só sairiam por meio de oração e jejum (Mateus 17:21), texto que não consta nos manuscritos superiores, ou seja, os mais antigos. Some-se a esse fato a ausência de outras instruções semelhantes. Por fim, conclui-se que a frase de Jesus, isolada, não serve para estabelecer uma doutrina acerca de algo que, *na prática*, parece sim estar muito associado: a importância do jejum aos que ministram libertação.

No entanto, mesmo não tratando diretamente da questão da libertação ou do exorcismo, há outros registros que sugerem a importância do jejum no contexto da *batalha espiritual*, realidade enfrentada por todo cristão (Efésios 6:12) e que se dá por meio da oração (Efésios 6:18).

Além de Jesus, que jejuou ao partir para um confronto direto com o diabo (Mateus 4:1,2), temos também Daniel. O profeta, que já jejuava e orava há três semanas (Daniel 10:3), recebeu a visita de um anjo, que revelou algo importante:

> Então ele me disse:
>
> — Não tenha medo, Daniel, porque as suas palavras foram ouvidas, *desde o primeiro dia* em que você dispôs o coração a compreender e a se humilhar na presença do seu Deus. Foi por causa dessas suas palavras que eu vim. Mas *o príncipe do reino da Pérsia me resistiu durante vinte e um dias.* Porém *Miguel, um dos príncipes mais importantes, veio me ajudar, e eu fiquei ali com os reis da Pérsia.*

Para o "atraso", compreendido entre as palavras ouvidas "desde o primeiro dia" e a chegada do anjo no 21º dia, existe uma explicação: guerra espiritual. Ao mencionar o "príncipe da Pérsia", o anjo não se referia a um ser humano — que, obviamente, não poderia resistir a um anjo. A necessidade de Miguel, "um dos primeiros príncipes" entre os anjos eleitos, ser convocado para auxiliar na batalha aponta para a proporção dela. A perseverança de Daniel em jejum e oração, entretanto, conduziu-o à resposta divina.

Embora o texto, em si, não conecte diretamente jejum e oração com a chegada da resposta, isso me parece implícito. Caso contrário, não haveria necessidade sequer de dar ênfase ao jejum, como o anjo fez (Daniel 10:12).

Compartilhei, anteriormente, como o Senhor me dirigiu a jejuar para estar preparado para a batalha que ocorreria na hora do parto do meu filho. Situações semelhantes têm sido recorrentes não apenas em minha

PROPÓSITOS DO JEJUM 167

caminhada com Deus, mas também na vida de muitos que se dedicam ao jejum e à oração. Não significa, contudo, que o jejum aumenta a nossa autoridade — ela provém do nome de Jesus. Entretanto, o jejum nos ajuda a discernir, de modo intenso e profundo, a autoridade que recebemos de Deus, bem como nos auxilia a ter sensibilidade e sabedoria para usar essa autoridade nos momentos de batalha espiritual.

Preparar-se para o ministério

Jesus só começou seu ministério depois de duas particularidades: 1) ter sido cheio do Espírito Santo e 2) preparar-se em jejum, no deserto (Lucas 4:1,2). Ou seja, antes de dar início à sua obra, Cristo fez uso de dois recursos que atestam nossa insuficiência e total dependência de Deus. A maior parte das incidências de jejum no Novo Testamento está ligada ao começo do ministério ou ao início de uma nova etapa ministerial.

Não é de admirar que encontremos o jejum sendo praticado na hora de enviar ministros ao campo missionário (Atos 13:3). Não deveria causar espanto, igualmente, o fato de os mesmos ministros, que tiveram o jejum precedendo seu envio, terem repetido a prática na hora de estabelecer presbíteros nas cidades onde plantaram igrejas (Atos 14:23).

Ou seja, além de jejuarem antes do envio, faziam-no também antes de delegar autoridade de governo aos líderes das igrejas locais. A recorrência revela que o jejum era um princípio praticado em ordenações e envio de ministros.

Esses dois registros de jejuns, o de Jesus e os da igreja apostólica, confirmam a importância, na nova aliança, de jejuar na preparação de ministros.

Adorar a Deus

É muito belo observar que Ana "*adorava* noite e dia, com jejuns e orações" (Lucas 2:37). A relação entre adoração e jejum também é encontrada em Atos, no relato já muito citado de líderes da igreja em Antioquia jejuando: "Enquanto eles estavam *adorando* o Senhor e jejuando" (Atos 13:2).

O jejum também era praticado para buscar intimidade e proximidade *por meio da adoração*. Não deve ser aplicado, portanto, apenas quando ansiamos alcançar ou *receber* algo de Deus, mas também quando queremos *oferecer* algo a Ele: amor, devoção e gratidão.

Especialmente nessa prática, penso que devamos crescer. Assim, jejuaremos não somente ao enfrentar lutas ou adversidades, mas em anseio e admiração pelo Senhor dos Exércitos, adorando ao General que governa sobre qualquer uma de nossas batalhas.

9

FORMAS E TIPOS DE JEJUM E SUA DURAÇÃO

"Ele não fixa um tempo determinado, por quanto tempo jejuar... mas deixa ao indivíduo decidir como fazê-lo."

MARTINHO LUTERO[1]

Há uma grande liberdade pessoal para que cada um pratique o jejum como bem entender. A instrução bíblica se limita ao fato de que temos de fazê-lo; desse modo, é focada em "quê", e não "como", "quando" ou "de que forma". Alguém pode jejuar um dia por semana, por mês ou com qualquer outra periodicidade. Pode escolher o tipo de jejum e qual duração. Não há, portanto, regras pré-definidas. Há, inclusive, diferentes formas, tipos e tempos de duração dessa abstinência alimentar seguida de oração. Cada um gerencia como melhor entender ou conforme a direção que receber do Espírito Santo.

. . . .
[1] PLASS, Ewald M. *What Luter Says*, vol. 1, p. 507.

Sobre o assunto, Valnice Milhomens aponta que "assim como há diversos tipos de jejum, há também diferentes modos de se jejuar na Bíblia. Temos exemplos de jejuns regulares, privados e convocados ou coletivos".[2] Vamos observar cada caso não apenas para conhecimento, mas para sermos inspirados em nossas próprias escolhas.

Formas de jejum

Na Bíblia, encontram-se algumas formas de jejuns: *regulares* e *ocasionais*, *pessoais* e *públicos*, *voluntários* e *involuntários*, por *escolha própria* ou *direção de Deus*. Decidi agrupá-los em pares, cada um com seu contraste.

Regulares e ocasionais

Um exemplo de jejum regular é o já citado Dia da Expiação (Levítico 23:27). Além dele, no período pós-exílio da Babilônia, havia outros quatro jejuns regulares instituídos entre os judeus: "O jejum do quarto mês, o do quinto, o do sétimo e o do décimo serão para a casa de Judá um dia de júbilo, alegria e festividades solenes" (Zacarias 8:19). Embora não aparentem ter sido instituição divina, Deus não falou contra eles, apenas fez uma promessa: trocar a tristeza por alegria. Russel Champlin comenta sobre a origem dos jejuns daquela época específica:

> Esses jejuns autoimpostos eram celebrados em memória de eventos recentes. Eles lamentavam a captura de Jerusalém (quarto mês, 2Rs 25:3; Jr 39:2; 52:6,7); a ruína do templo (quinto mês, 2Rs 25:8); o assassinato de Gedalias (sétimo mês, Jr 51:1-7); e o cerco de Jerusalém (décimo mês, com o subsequente cativeiro, 2Rs 25:1; Jr 52:4,28; Ez 24:1,2). Esses jejuns eram feitos por pessoas de coração entristecido,

. . . .
[2] COELHO, Valnice Milhomens. *O jejum e a redenção do Brasil*, p. 227.

FORMAS E TIPOS DE JEJUM E SUA DURAÇÃO **171**

que não podiam esquecer o passado nem apreciar a vida, embora já houvesse chegado um dia melhor.[3]

Ou seja, além do dia da Expiação, jejum regular que fora *determinado* por Deus, também poderia haver jejuns regulares *autoimpostos*, como os que Zacarias mencionou; estes seriam observados por escolha própria, e não porque houve uma orientação divina específica. Já vimos que os fariseus jejuavam dessa forma, por decisão pessoal, duas vezes por semana (Lucas 18:12), também de forma regular. Os discípulos de João Batista jejuavam com frequência (Lucas 5:33). Em suma, eram feitos jejuns regulares, sistemática e periodicamente, que poderiam originar-se ou de uma orientação divina ou de escolha pessoal.

Por outro lado, também vemos biblicamente a prática de jejuns *ocasionais*, não regulares, determinados conforme o coração ou as circunstâncias requerem. Como bons exemplos, podemos citar as convocações de Josafá (2Crônicas 20:1-4) e de Esdras (Esdras 8:21-23). Nas duas situações, o objetivo era clamar a Deus por proteção. A diferença é que, no primeiro caso, o inimigo era conhecido; no segundo, desconhecido — tratava-se apenas de um risco generalizado ao longo da viagem.

Essa forma de jejuar normalmente não é planejada. Ela surge de situações inesperadas ou, ainda, de direcionamentos específicos do Espírito Santo.

Pessoais e públicos

Também podemos subdividir os jejuns em *pessoais* e *públicos*. Jesus falou sobre "jejuar em secreto" indicando a existência de um aspecto pessoal na prática de jejuar (Mateus 6:18). Quando Paulo se converteu, foi essa forma de jejum que praticou (Atos 9:9).

....
[3] CHAMPLIN, Russel Norman. *O Antigo Testamento interpretado versículo por versículo*, vol. 5, p. 1026.

Entretanto, assim como no Antigo Testamento havia proclamações de jejuns em âmbito coletivo, no Novo Testamento também há jejuns públicos sendo praticados pela igreja. Profetas e mestres de Antioquia jejuaram juntos (Atos 13:2,3); nas ordenações ao ministério, jejuaram tanto os que impuseram as mãos como os que foram estabelecidos (Atos 14:23).

No Antigo Testamento, notadamente, os jejuns públicos eram convocados por líderes civis ou religiosos. Foi acerca de um jejum desse gênero que Deus levou o profeta Joel a declarar: "proclamem um santo jejum, convoquem uma reunião solene" (Joel 2:15). Outros exemplos são a convocação feita pelo rei de Nínive (Jonas 3:6-9) e o que se deu nos dias de Neemias (Neemias 9:1). No Novo Testamento, entretanto, os jejuns públicos parecem ter sido convocados apenas por líderes espirituais.

Voluntários e involuntários

Apontei, anteriormente, que há uma distinção, nas palavras de Paulo, entre jejuar e passar fome: "passei fome e sede, e muitas vezes fiquei em jejum" (2Coríntios 11:27, NVI). Também foi feita uma distinção entre não comer por opção, mesmo quando se tem alimento (jejum), e não comer por falta de opção e alimento (fome). Estamos trabalhando o assunto do jejum intencional, com propósitos espirituais, e não o acidental. Isso não significa, no entanto, que em circunstâncias de jejum involuntário — como quando há perda de apetite, por exemplo —, não se possa associá-lo à oração e às atitudes corretas que regem um jejum voluntário.

O rei Dario, medo-persa, praticou um jejum involuntário: "Então o rei se dirigiu para o seu palácio, passou a noite em jejum e não deixou trazer à sua presença instrumentos de música; e o sono fugiu dele" (Daniel 6:18). Paulo e outros passageiros, no navio que acabou naufragando próximo a Malta, também: "Havendo todos estado muito tempo sem comer" (Atos 27:21). Jejuadores involuntários não necessariamente aproveitam o momento de abstinência para propósitos espirituais, mas *podem* fazê-lo.

Já jejuei por falta de opção, por não ter tempo de comer devido à correria do ministério, como se deu com Jesus: "E outra vez se ajuntou uma multidão, de tal modo que nem podiam comer" (Marcos 3:20). O mesmo ocorreu com os discípulos de Cristo: "eles não tinham tempo nem para comer, visto serem muitos os que iam e vinham" (Marcos 6:31). Em outras ocasiões, jejuei por falta de recursos, tal qual Paulo: "Sei o que é passar necessidade e sei também o que é ter em abundância; aprendi o segredo de toda e qualquer circunstância, tanto de estar alimentado como de ter fome, tanto de ter em abundância como de passar necessidade" (Filipenses 4:12). Em momentos assim, procurei conservar a atitude correta de não murmurar e dedicar a Deus aquele tempo de abstinência, enquanto esperava e aguardava pela provisão divina. Apesar de não terem sido jejuns *programados*, digo que foram bem *aproveitados*.

Escolha própria ou direção de Deus

Muitas pessoas me indagam se devemos jejuar apenas quando Deus nos dirige, ou se podemos fazê-lo simplesmente porque desejamos. Minha resposta é: os dois. Ou seja, tanto uma quanto outra forma. Segue a transcrição de uma excelente observação de Valnice Milhomens sobre o assunto:

> Se Jesus espera que jejuemos regularmente, não vamos esperar qualquer ordem do Espírito para jejuar. Você espera uma ordem do Espírito para poder orar? É claro que não. A ordem já foi dada: "Orai sem cessar" (1Tessalonicenses 5:17). Você espera alguma ordem do Espírito para poder fazer boas obras? Não, porque isso já é um princípio estabelecido. Fomos "criados em Cristo Jesus para as boas obras, as quais Deus antes preparou para que andássemos nelas" (Efésios 2:10). Jejuar também deve ser uma prática normal.
>
> Costumamos dizer que se você intenta fazer jejuns prolongados, deve ter uma direção específica do Espírito de Deus; mas para jejuar ocasionalmente, um dia, uma refeição ou outra, não precisamos de nenhuma ordem de Deus; trata-se de uma necessidade; é questão de disciplina na vida cristã, como a oração e o dar esmolas. Não precisamos

de uma direção extra para fazer o que a Bíblia já deixou claro como um princípio ou norma de vida.[4]

O tema não necessita ser tão mistificado como alguns querem torná-lo. Podemos simplificá-lo tomando a decisão de fazer do jejum uma disciplina recorrente, enquanto também cultivamos uma vida de sensibilidade aos direcionamentos do Espírito Santo.

Tipos de jejum

A Bíblia apresenta, basicamente, três tipos de jejum. Apesar de não os adjetivar, ela nos conduz a uma dedução simples que, por sua vez, permite estabelecermos rótulos, na pura intenção de distingui-los. Não sei quem começou, ao longo da história, a usar as nomenclaturas a seguir, no entanto, posso afirmar que a maioria dos que ensinam acerca do jejum classificam-no assim:

1. jejum *total*;
2. jejum *normal*;
3. jejum *parcial*.

Adicionarei uma quarta categoria, que muitos reconhecem, mas normalmente não inserem na lista: jejum *sobrenatural*. Muitos o tratam apenas como uma forma de realizar um dos outros três tipos, mas eu prefiro diferenciá-lo. Minha lista, portanto, ficará assim:

- jejum *total*;
- jejum *normal*;
- jejum *parcial*;
- jejum *sobrenatural*.

[4] COELHO, Valnice Milhomens. *O jejum e a redenção do Brasil*, p. 199.

FORMAS E TIPOS DE JEJUM E SUA DURAÇÃO 175

Passemos à definição de cada um deles e aos exemplos bíblicos que nos ajudam a entendê-los.

Jejum total

O jejum total — ou absoluto como alguns preferem denominar — caracteriza-se pela *abstinência completa*. Ou seja, não se trata apenas da abstinência de alimentos, mas também *de água*. É um dos mais *austeros* tipos de jejum. Penso que um dos motivos de ser mais árduo que os demais é justamente a abstenção de água, e não me refiro apenas à sede: a ingestão de água durante o período de jejum torna o processo de desintoxicação mais ameno; em contrapartida, a não ingestão de água gera um incômodo de ordem fisiológica maior.

No Antigo Testamento, houve um jejum total requisitado por Ester: "Vá e reúna todos os judeus que estiverem em Susã, e jejuem por mim. Não comam nem bebam nada durante três dias, nem de noite nem de dia. Eu e as minhas servas também jejuaremos. Depois, irei falar com o rei, ainda que seja contra a lei; se eu tiver de morrer, morrerei" (Ester 4:16). Nos mesmos termos, vemos o decreto do rei de Nínive: "Por mandado do rei e dos seus nobres, ninguém — nem mesmo os animais, bois e ovelhas — pode comer coisa alguma; não lhes deem pasto, nem deixem que bebam água" (Jonas 3:7). Ainda temos o exemplo de um profeta, enviado por Deus a Betel: "assim me ordenou o Senhor Deus pela sua palavra, dizendo: Não coma *nem beba nada* naquele lugar" (1Reis 13:9). Já no Novo Testamento, constatamos que o jejum de Paulo, em sua conversão, também foi absoluto: "Esteve três dias sem ver, durante os quais nada comeu, nem bebeu" (Atos 9:9).

Não costumamos encontrar, nem nos relatos bíblicos nem entre os que praticam jejum total, períodos maiores do que três dias. O corpo humano, composto em grande parte de água, necessita dela para a sobrevivência, por isso uma desidratação intensa e prolongada pode gerar sérios danos físicos.

Há, no entanto, exceções tanto bíblicas quanto históricas que enquadro como *jejum sobrenatural*, sobre as quais tratarei separadamente.

Jejum normal

A Palavra de Deus, ao falar do jejum de Jesus, revela que *"nada comeu naqueles dias, ao fim dos quais teve fome"* (Lucas 4:2). Observe as expressões "nada comeu" e "teve fome". Diferentemente dos relatos bíblicos de jejum absoluto, não há menção de que Cristo "não bebeu", tampouco de que Ele "teve sede".

A maneira de distinguir, na Bíblia, se o jejum é total, sem água, ou normal, com água, é observando a própria descrição. Quando, de fato, não houve ingestão de água, os escritos *mencionam* tal nível de abstinência; veja o exemplo de Esdras: "Esdras se retirou de onde estava, diante da Casa de Deus, e foi para a câmara de Joanã, filho de Eliasibe. Ao entrar ali, não comeu pão *nem bebeu água*, porque pranteava por causa da infidelidade dos que tinham voltado do exílio" (Esdras 10:6).

Contudo, quando a Bíblia não detalha essa especificidade, é porque houve ingestão de água. O juramento de Saul, na batalha contra os filisteus, é uma prova disso:

> Naquele dia os homens de Israel estavam angustiados, porque Saul havia levado o povo a fazer um juramento, dizendo:
> — Maldito o homem que *comer* algo antes de anoitecer, antes de eu me vingar dos meus inimigos.
> Por isso todo o povo *se absteve de comer* naquele dia (1Samuel 14:24).

Em resumo, o jejum normal é a abstinência de todo tipo de alimento, contudo sem privação de água, diferenciando-o, assim, do jejum total.

Jejum parcial

O jejum parcial, por sua vez, é a abstinência de determinados *tipos de alimentos*, porém não de todos. Admite a ingestão de líquidos, e não

FORMAS E TIPOS DE JEJUM E SUA DURAÇÃO **177**

só água, além de alimentos dos quais o jejuador não tenha se proposto a privar-se.

O exemplo mais claro desse tipo de jejum foi feito por Daniel, o que tem levado muitos a usarem as expressões "jejum de Daniel" e "jejum segundo Daniel" como referência ao jejum parcial.

> Naqueles dias, eu, Daniel, fiquei de luto *por três semanas*. Não comi *nada que fosse saboroso, não provei carne nem vinho*, e não me ungi com óleo algum, até que passaram as três semanas (Daniel 10:2,3).

Obviamente, Daniel não estava fazendo uma dieta — sim, às vezes percebo alguns banalizarem dessa forma o jejum do profeta. Jejuns são feitos com *propósitos espirituais*, inclusive os parciais. Um anjo de Deus falou com Daniel ao final daquele jejum e disse que o profeta "dispôs o coração a compreender e a se humilhar na presença do seu Deus" (Daniel 10:12), uma clara aprovação do ato.

Que Daniel tinha o hábito de jejuar, fica atestado no capítulo anterior: "Voltei o rosto ao Senhor Deus, para o buscar com oração e súplicas, com jejum, vestido de pano de saco e sentado na cinza" (Daniel 9:3). Este jejum se deu "no primeiro ano do reinado de Dario" (Daniel 9:1), enquanto aquele registrado do capítulo dez, que citamos há pouco, é referente ao "terceiro ano de Ciro" (Daniel 10:1). Fato é que Daniel fazia jejuns e, ao que tudo indica, não apenas na modalidade parcial, apesar de ser um ícone dessa forma específica de jejuar.

Alguns, ao tentarem definir o jejum de Daniel, misturam os relatos do primeiro capítulo com os do décimo — este retrata um jejum parcial, enquanto aquele, uma restrição alimentar contínua que também carregava propósitos espirituais. Explicando melhor, o capítulo dez narra e especifica um episódio de jejum parcial feito por Daniel, em que ele não comeu nada saboroso nem provou carne e vinho por três semanas. Já o primeiro capítulo conta outra história, com importantes lições a considerar:

Daniel *resolveu não se contaminar com as finas iguarias do rei*, nem com o vinho que ele bebia; por isso, pediu ao chefe dos eunucos que lhe permitisse não se contaminar. E Deus concedeu a Daniel misericórdia e compreensão da parte do chefe dos eunucos. Porém o chefe dos eunucos disse a Daniel:

— Tenho medo do meu senhor, o rei, que determinou o que vocês devem comer e beber. E se ele perceber que o rosto de vocês está mais abatido do que o rosto dos outros jovens da mesma idade? Se isto viesse a acontecer, vocês poriam a minha cabeça em perigo diante do rei.

Então Daniel foi falar com o cozinheiro-chefe, a quem o chefe dos eunucos havia encarregado de cuidar de Daniel, Hananias, Misael e Azarias. Daniel disse a ele:

— Por favor, faça uma experiência com estes seus servos durante dez dias. *Dê-nos legumes para comer e água para beber*. Depois, compare a nossa aparência com a dos jovens que comem das finas iguarias do rei. Dependendo do que enxergar, o senhor decidirá o que fazer com estes seus servos.

O cozinheiro-chefe concordou e fez a experiência durante dez dias. No fim dos dez dias, a aparência dos quatro jovens era melhor, e eles estavam mais robustos do que todos os jovens que comiam das finas iguarias do rei. Com isto, *o cozinheiro-chefe tirou deles as finas iguarias e o vinho que deviam beber e lhes dava legumes* (Daniel 1:2,3).

Os judeus tinham de observar, por determinação da lei mosaica, restrições a vários tipos de alimento (Levítico 11:1-47). A decisão de Daniel, de "não se contaminar" com as iguarias do rei, era, portanto, *mais* que uma opção por alimentação saudável, como alguns alegam. Vale lembrar que, naquela época, eles não tinham alimentos processados ou industrializados aos quais evitar. A escolha do profeta era baseada em valores *espirituais*, apesar de não se tratar de um jejum propriamente dito.

Que lições encontramos, então? Se almejamos a cultura do jejum, devemos ter a prática de *jejuar com regularidade* como Daniel, mas também podemos viver uma *"vida jejuada"* como a dele. Uma vida jejuada é

FORMAS E TIPOS DE JEJUM E SUA DURAÇÃO   179

um estilo a adotar na rotina, com abstenções intencionais: pode incluir um padrão de controle sobre a quantidade e a qualidade dos alimentos que ingerimos, por exemplo, além de determinados tipos de dietas ou restrições a realizar por períodos específicos e, até mesmo, mais prolongados. João Batista, além das restrições de seu nazireado, possuía um padrão alimentar diferenciado:

> Naqueles dias, apareceu João Batista pregando *no deserto da Judeia*. Ele dizia:
> — Arrependam-se, porque está próximo o Reino dos Céus.
> Pois é a João que se refere o que foi dito por meio do profeta Isaías: "Voz do que clama no deserto: Preparem o caminho do Senhor, endireitem as suas veredas".
> João usava uma roupa feita de pelos de camelo e um cinto de couro. *O seu alimento eram gafanhotos e mel silvestre*. Então os moradores de Jerusalém, de toda a Judeia e de toda a região em volta do Jordão *iam até onde ele estava*. E, confessando os seus pecados, eram batizados por ele no rio Jordão (Mateus 3:1-6).

Já vi pessoas tentando explicar a dieta de João Batista[5] como se, no deserto da Judeia, não houvesse opção de alimentação diferente. Isso não é verdade. João estava próximo ao restante da civilização. Prova disso é que "os moradores de Jerusalém, de toda a Judeia e de toda a região em volta do Jordão *iam até onde ele estava*". Se o acesso das pessoas da região até João era fácil, o inverso também é verdadeiro.

· · · · · · · · ·

[5] Russel Champlin comenta: "Diversos escritores antigos concordam em que o povo pobre comia gafanhotos, e assim não se pode aceitar a interpretação de que eram gafanhotos simbólicos, como dizem alguns, alegando que a referência é a um tipo de planta ou a outra coisa com nome semelhante. (Ver Levítico 11:22; Plínio ii.29, vi.30.) A referência em Levítico mostra que diversos tipos, talvez três ou quatro, eram usados como alimento. Lemos, também, que os gafanhotos eram vendidos nos mercados de países como a Arábia" (*O Novo Testamento interpretado versículo por versículo*, vol. 1, p. 281).

A Bíblia diz que ele se vestia de forma diferente, mas não relaciona isso com falta de opção de roupa. Semelhantemente, não há outra razão para a dieta de João Batista que não seja sua própria escolha — ele decidiu alimentar-se daquela forma.

De todos os tipos de jejum, o *parcial* é o que possibilita a maior diversidade. Alguém pode permanecer dias em um jejum intermitente, por exemplo, pulando certa quantidade de refeições. Outro pode não diminuir a quantidade de refeições, mas incluir privação de determinados alimentos. É possível passar dias apenas com sucos de frutas e caldos de legumes. Como tenho afirmado com recorrência, cada um determina seu próprio tipo de jejum — ou segue uma direção *personalizada* do Espírito Santo. Ademais, é possível somar a jejuns regulares também uma *vida jejuada*, a exemplo de Daniel e João Batista — trata-se de uma rotina de abstenção alimentar parcial com benefícios patentes ao corpo e ao espírito.

O jejum parcial é, provavelmente, a melhor forma de iniciação aos jejuns. Também pode servir, como veremos depois, de preparação para votos prolongados.

Jejum sobrenatural

O jejum sobrenatural, que pincelamos há pouco, não é apenas uma sugestão minha à lista de diferentes formas de jejuar, mas uma constatação bíblica. Moisés, por exemplo, absteve-se também de água por 40 dias:

> E Moisés esteve ali com o Senhor *quarenta dias e quarenta noites*. Não comeu pão *nem bebeu água*. E escreveu nas tábuas as palavras da aliança, as dez palavras (Êxodo 34:28).

O corpo humano não pode suportar, em condições naturais, tanto tempo sem água. Vimos que, via de regra, jejuns bíblicos com abstinência de água possuem duração máxima de três dias, como nos casos de Jonas, Ester e Paulo em sua conversão. Já com Moisés foi diferente: ele realmente não bebeu nada durante seu jejum prolongado. Esteve imerso na presença e na glória divina por 40 dias. Infere-se, portanto, um evento milagroso, *sobrenatural*.

Não é o caso de Jesus que, embora tenha jejuado o mesmo tempo, "*nada comeu* naqueles dias, ao fim dos quais *teve fome*" (Lucas 4:2). Como já observamos, diferentemente de todos os outros relatos bíblicos, não há menção de "não bebeu" nem de "teve sede". Quanto ao jejum de Jesus ter incluído a ingestão de água, o seguinte argumento é apresentado na *Bíblia de Estudo Pentecostal*:

> "Pode indicar que Cristo absteve-se de alimento, mas não de água. Abster-se de água por 40 dias requer um milagre. Uma vez que Cristo teve que enfrentar a tentação, como representante do homem ele não poderia empregar nenhum outro meio para vencê-la além do de um homem cheio do Espírito Santo".[6]

Além disso, não podemos dizer que Cristo jejuou por 40 dias *como Deus* — Ele o fez *como homem*. Jesus disse: "aquele que crê em mim fará também as obras que eu faço e outras maiores fará" (João 14:12), e isso inclui tanto seus milagres quanto seu jejum.

Convém citar ainda a experiência de Elias, que muitos não consideram ter sido um jejum. Entretanto, ainda que não tenha sido um jejum convencional, havemos de concordar que se trata de mais um exemplo de alguém que, de modo sobrenatural, não comeu por 40 dias. Examinemos a narrativa bíblica:

> Deitou-se e dormiu debaixo de um zimbro. E eis que um anjo tocou nele e lhe disse:
> — Levante-se e coma.
> Elias olhou e viu, perto da sua cabeça, um pão assado sobre pedras em brasa e um jarro de água. Comeu, bebeu e tornou a dormir. O anjo do Senhor voltou, tocou nele e lhe disse:

· · · · · · · ·
[6] *Bíblia de Estudo Pentecostal*, p. 1390.

182 A CULTURA DO JEJUM

— Levante-se e coma, porque a viagem será longa.

Então Elias se levantou, comeu e bebeu. E, com a força daquela comida, caminhou quarenta dias e quarenta noites até Horebe, o monte de Deus (1Reis 19:5-8).

Elias foi sobrenaturalmente alimentado. O anjo que o serviu — e ordenou que comesse de novo — apresentou o *motivo*: "Levante-se e coma, porque a viagem será longa". A informação seguinte enfatiza o *resultado* daquela refeição: "com a força daquela comida, caminhou quarenta dias e quarenta noites até Horebe, o monte de Deus". Alguns podem argumentar que a comida foi um tônico, mas que o profeta pode ter comido outras vezes pelo caminho. A Escritura, contudo, pontua que a jornada de 40 dias e noites foi feita com a força *daquela* comida, não de outras. Não acredito que se tratava de um alimento natural, e sim espiritual.

Mencionei, anteriormente, a experiência de Robert Thom, que foi sobrenaturalmente alimentado de modo a que conseguisse concluir o jejum que o Senhor orientou que ele fizesse. Tenho um amigo, o pastor Gustavo Bessa, que se propôs a jejuar 40 dias ingerindo apenas água. Ele sonhou, no 38º dia do jejum, que um anjo lhe servia comida. Acordou sentindo-se extraordinariamente fortalecido e, diferentemente do que houve com Robert Thom, teve profunda convicção de que o tempo do jejum já havia se encerrado. Outro fator serviu de sinal de que aquela refeição havia sido mais do que um simples sonho: ele foi ao banheiro e evacuou. Qualquer pessoa que faz um jejum prolongado sabe que, depois de determinado período, não há mais nada no intestino a ser expelido até que se consuma algo novamente.

Um exemplo contemporâneo de jejum sobrenatural foi experimentado pelo Irmão Yun, conhecido pregador chinês com extraordinários testemunhos de intervenção divina. Tive o privilégio de encontrar-me com ele algumas vezes, tanto na Alemanha, onde ele mora, como também no Brasil, onde o recebi pessoalmente. Ele exala paixão pelo

FORMAS E TIPOS DE JEJUM E SUA DURAÇÃO   183

Senhor de forma impressionante e difícil de descrever. O Irmão Yun compartilha em seu livro *O homem do céu* que, certa ocasião, enquanto prisioneiro na China por pregar o evangelho, fez um jejum de 74 dias — sem comer nem beber. Não há outra explicação para esse jejum, que durou de 25 de janeiro a 7 de Abril de 1984, senão que houve uma intervenção sobrenatural.[7] O corpo humano simplesmente não possui condições de sobreviver tanto tempo sem ingestão de água; só Deus é capaz de alterar esse curso natural. Os resultados também se mostraram sobrenaturais: houve conversão de muitos presos, resultado de terem testemunhado o sustento divino ao corpo de Yun.

Duração

Quanto tempo deve durar um jejum? Mais uma vez, a Bíblia não determina regras quanto a isso. Cada um é livre para escolher quando, como e quanto jejua. É possível, contudo, encontrar exemplos de jejuns com duração distinta nas Escrituras. Eles não necessariamente determinam a duração do nosso jejum, mas ampliam nossa perspectiva, principalmente acerca da possibilidade de jejuar por períodos maiores.

- **Um período do dia**. Josué se prostrou, com o rosto em terra, diante do Senhor, depois da derrota em Ai, até a tarde (expressão que indicava o fim do dia). Apesar de o texto não explicitar o jejum, o ter ficado com o rosto em terra, sem nenhuma outra atividade, sugere que houve jejum (Josué 7:6). Outro exemplo diz respeito aos israelitas, quando entraram em guerra civil com os benjamitas: "Então todos os filhos de Israel, todo o povo, foram a Betel, choraram, estiveram ali diante do Senhor e jejuaram aquele dia até a tarde" (Juízes 20:26). Um terceiro exemplo é Davi lamentando a morte de Saul e Jônatas: "Então Davi rasgou as suas próprias roupas,

[7] YUN, Irmão & HATTAWAY, Paul. *O homem do céu*, p. 120.

e todos os homens que estavam com ele fizeram o mesmo. Prantearam, choraram e jejuaram até a tarde por Saul, por Jônatas, seu filho, pelo povo do SENHOR e pela casa de Israel, porque tinham caído à espada" (2Samuel 1:12). Alguns especulam que a expressão "até a tarde" signifique o ciclo do dia completo dos hebreus e não se trate de apenas uma parte do dia, entretanto, tanto no caso de Josué como no de Davi, o jejum foi decidido de improviso, *ao longo do dia*, depois da notícia recebida — isso implica um jejum inferior a 24 horas.

- **1 dia**. O jejum do Dia da Expiação, como já vimos, acontecia em um dia consagrado ao Senhor e era observado por 24 horas (Levítico 16:29-31).
- **3 dias**. Tanto o jejum de Ester (Ester 4:16) como o de Paulo (Atos 9:9) tiveram essa duração.
- **7 dias**. Entre os exemplos de jejuns com uma semana de duração estão o dos moradores de Jabes-Gileade, por luto, por ocasião da morte de Saul (1Samuel 31:13), e o de Davi, quando intercedia pela criança gerada por Bate-Seba (2Samuel 12:15-18).
- **14 dias**. O jejum involuntário de Paulo e dos que com ele estavam no navio durou duas semanas, em meio a uma grande tormenta (Atos 27:33).
- **21 dias**. O jejum de Daniel, em favor de Jerusalém, durou três semanas inteiras (Daniel 10:3).
- **40 dias**. Exemplos de jejum com duração de 40 dias, maior prazo encontrado na Bíblia, são o de Moisés (Êxodo 34:28) e o do Senhor Jesus, no deserto (Lucas 4:1,2).

Acerca dos votos

Quero enfatizar o quanto pessoas erram ao cravar votos ligados à duração do jejum. Salvo jejuns menores, não aconselho ninguém a fazer votos quanto ao tempo de duração do jejum. Dessa forma, não se fica preso ao voto no caso de algo fugir ao controle. Depois dos primeiros dias de desintoxicação, em jejuns prolongados, a sensação de bem-estar

FORMAS E TIPOS DE JEJUM E SUA DURAÇÃO 185

é impressionante; no entanto, se alguém passar mal, é aconselhável interromper o jejum. Não se trata de desistência, e sim de incapacidade de prosseguir. Isso é diferente, é claro, de comer só porque sentiu vontade de fazê-lo.

Quando se faz um voto, no entanto, siga o conselho bíblico: "Quando a Deus fizeres algum voto, não tardes em cumpri-lo; porque não se agrada de tolos. Cumpre o voto que fazes. Melhor é que não votes do que votes e não cumpras" (Eclesiastes 5:4,5).

É importante que haja, no coração, uma *intenção* e um *alvo* quanto à duração do jejum, mas ninguém precisa, necessariamente, transformar isso em voto. Já intentei jejuns prolongados e, no meio do caminho, fui forçado a interrompê-los. Por outro lado, também já comecei jejum sem a intenção de prolongá-lo, porém acabou acontecendo, mesmo sem ter feito planos para tal. Ressalto que estou colocando em foco jejuns maiores, prolongados, de uma semana ou mais. Em jejuns menores, ou parciais, creio ser diferente — há mais possibilidade de ir até o final sem intercorrências.

Insisto: acima de tudo, o critério é pessoal. Fazer ou não fazer um voto de duração do jejum é escolha de cada um. Ainda assim, é sempre bom ser cuidadoso com relação aos votos, já que o conselho bíblico é que eles jamais sejam quebrados.

10

O JEJUM PROLONGADO

> 66A promessa da chegada do avivamento traz com ela uma condição [...] os milhões de cristãos precisam, antes de tudo, humilhar-se e buscar a face de Deus com jejum e oração. 99
>
> BILL BRIGHT[1]

"Qual a diferença entre os jejuns curtos e os prolongados?" — alguém me indagou. Respondi sorrindo: *"a duração deles"*. Referia-me ao fato de que, para alguém que vive uma *cultura de jejum*, frequentemente praticando-o, mesmo que em períodos menores, não haverá prejuízo nos resultados — não deixará de experimentá-los caso nunca faça um jejum prolongado. Essa cultura era presente na vida de Ana, a profetiza. A Escritura atesta: "Ela não deixava o templo, mas adorava noite e dia, com jejuns e orações" (Lucas 2:37).

Por outro lado, é justo ampliar minha resposta, incluindo outro aspecto: *"intensidade"*. Os jejuns prolongados parecem ser, na prática, uma medida de choque, algo tão extremo que o corpo e a alma

---

[1] Citado por: ENGLE, Lou; BRIGGS, Dean. *O jejum de Jesus*, p. 21.

do jejuador também sentem a diferença, e não só seu espírito. Fiquei impressionado quando, em 2009, visitei a Montanha de Oração da Igreja do Evangelho Pleno (Assembleia de Deus) em Yoido, na Coreia do Sul. O falecido pastor David Young Cho, responsável pelo projeto, foi um dos grandes promotores de uma cultura de oração e jejum em nosso tempo. O que me chamou a atenção naquele lugar, além da intensidade das orações que presenciei, foram as placas de advertência espalhadas por todo o lugar: "Proibido jejuar mais do que 40 dias".

Minha reação foi pensar: "O quê? Como assim?!" Eu havia feito um jejum de 21 dias e, até então, não conhecia tantas pessoas que fizessem jejuns prolongados. De repente, deparo-me com um lugar onde a cultura do jejum era tão forte que os crentes eram proibidos de exceder o limite de duração do jejum praticado por Jesus. Uau! Aquilo realmente mexeu comigo. Evidentemente, não estou sugerindo que *todos* deveriam fazer jejuns prolongados, mas estou certo de que *mais* pessoas deveriam fazê-lo!

Penso que não seja ideal começar pelos períodos maiores, salvo sob direção divina. A prática nos ensina bastante acerca das reações do nosso corpo, dos nossos limites. O maior tempo de jejum — sem ingestão de quaisquer tipos de alimentos — mencionado nas Escrituras é de 40 dias. Isso não significa, no entanto, que seja uma restrição bíblica de tempo. Para pessoas com uma vida normal, saudável, parece ser uma espécie de limite para as reservas de gordura, o que provavelmente foi o caso de Jesus ao ter fome (Mateus 4:2): seu corpo atingira tal limite. Devemos considerar, contudo, que nosso Senhor mantinha uma alimentação saudável (a dieta mediterrânea é assim considerada, além de que não comia nada processado ou industrializado) e caminhava muito a pé; muito mesmo. A soma dos fatores nos dá a impressão de que era um homem magro.

Ao final de meu primeiro jejum de 40 dias ingerindo apenas água, não senti fome. Encerrei nesse prazo porque foi o direcionamento que recebi do Senhor, mas tive a sensação de que poderia ter ido mais longe, sem nenhum problema. A diferença entre a reação do meu corpo e a do de Jesus é simples: a reserva de gordura. Iniciei o jejum com uns "pneuzinhos" na cintura que nosso Senhor seguramente não tinha.

Há, inclusive, um caso que é considerado o recorde mundial, registrado no Guiness Book de 1971: foram 382 dias sem comida.[2] Angus Barbieri, um escocês de 27 anos, pesando mais de 200 quilos, sujeitou-se a um jejum prolongado, com acompanhamento médico pelo Departamento de Medicina da Universidade da Royal Infirmary de Dundee, na Escócia. Os médicos submeteram-no a 40 dias de jejum, com a intenção de ajudá-lo a perder peso. Porém, não esperavam que ele seria capaz de manter o jejum por muito mais tempo que isso. Determinado a alcançar seu peso ideal, Barbieri continuou o jejum, assumindo os riscos já conhecidos sobre não se alimentar por tanto tempo. Para a surpresa dos médicos, ele seguiu sua vida normalmente, indo ao hospital para exames periódicos. Testes regulares de sangue mostravam que o jovem estava com hipoglicemia, nível muito baixo de açúcar no sangue, prova de que não estava mentindo e continuava em jejum. Semanas viraram meses. Barbieri tomava vitaminas e outros suplementos em várias ocasiões. Ele foi autorizado também a beber café, chá e água gaseificada. No final de 382 dias, o escocês havia alcançado sua meta de peso, em torno de 80 quilos. Cinco anos mais tarde, foi constatado que ele conseguiu manter o peso, ainda pesando menos de 90 quilos.[3]

Não apresento esse relato como forma de apoio a um tipo extremo de "dieta de fome" (essa é a classificação dada a tal tratamento e nada tem a ver com o jejum bíblico que abordamos). A razão de mencioná-lo — ainda que não se trate de um jejum com propósitos espirituais — é para mostrar que jejuns prolongados, para pessoas saudáveis, em especial as que já vivem uma prática regular desse tipo de abstinência, não são tão inalcançáveis assim.

. . . .

[2] STEWART, W. K.; FLEMING, L. W. "Features of successful therapeutic fast of 382 day's duration". *Postgraduate Medical Journal*. 1973 mar; 49 (569):203-09.

[3] Disponível em: https://conhecimentocientifico.com/historia-verdadeira-de-um-homem-que-sobreviveu-382-dias-sem-qualquer-alimento/. Acesso em abril de 2022.

Não é impossível

Tenho *muitos* amigos que já jejuaram 40 dias apenas com água. Há consenso: não é tão assustador ou complicado quanto parece.

O meu primeiro jejum desse tipo me deixou apreensivo; apesar da confiança de ter recebido uma direção divina e, ainda, de já haver praticado muitos jejuns prolongados — de duas e três semanas —, havia a indagação: "Como meu corpo responderá a 40 dias sem alimento?". Minha esposa intercedeu firmemente por mim, como nunca antes, durante todo o período! Já na segunda vez, nem eu nem ela ficamos receosos. Algo havia mudado, o assunto fora desmistificado em nossa mente. É possível!

Você, que ainda não possui o hábito de jejuar, não capte da minha história uma ordem ou incentivo a que você, a partir de amanhã, jejue por 40 dias. Serei repetitivo ao expressar esse cuidado. O ideal é começar devagar e cautelosamente, experimentando um avanço progressivo, aprendendo, assim, acerca dos limites de seu próprio corpo. Por outro lado, pensando em construir uma visão de longo prazo, sinto que devo ajudá-lo a compreender e a aceitar que não se trata de algo *impossível* — na verdade, também não é *muito difícil*.

Mahesh Chavda, pastor em Charlotte, Carolina do Norte, nos Estados Unidos, é um dos maiores jejuadores de que já tomei conhecimento. Ele compartilha algumas verdades que julgo importantes à prática de jejuns por períodos maiores. A primeira lição tem a ver com a *liderança do Espírito Santo*; seguir a direção divina é melhor — e mais seguro — do que apenas imitar os outros. O segundo princípio se refere à *progressividade*; ou seja, aumentar a duração com o tempo, à medida que pratica mais jejuns e jejuns cada vez maiores. Isso permite você conhecer melhor seu corpo e entender as respostas a diferentes períodos de abstinência. A terceira verdade destaca um elemento que vejo poucos falando a respeito: entender a *manifestação da graça* para essa prática. Observe seu testemunho:

> Em 1971, comecei a fazer jejuns de um dia. Em 1972, comecei a fazer de três dias por diversas semanas e depois fiz alguns jejuns de sete e

O JEJUM PROLONGADO 191

catorze dias. Em 1973, fiz vários jejuns de sete, catorze e vinte e um dias, conforme a instrução do Senhor. Durante essa época, o Senhor estava me ensinando "o ritmo cadenciado da graça", que acontece quando nos submetemos à sua liderança. Jejuar é uma capacitação significativa que aumenta os efeitos de "descansar" no Senhor. Não deveria ser um jugo pesado. Ao entrar nessa jornada, encorajo você a encontrar a "cadência da graça" equilibrada com a humildade da sua alma, sabedoria e obediência. Se você estiver grávida, amamentando ou passando por um tratamento médico, recomendo que consulte o seu médico antes de começar a jejuar.

Em 1974, estava pastoreando uma igreja em Levelland, Texas, quando o Senhor falou comigo: "Comece a fazer jejuns de quarenta dias". Fiz um jejum de quarenta dias e, na maior parte do tempo, encontrei graça. No ano seguinte, novamente, fui levado a fazer um jejum de quarenta dias e diversos jejuns de quatorze e vinte e um dias. Bonnie e eu nos casamos em 1976, e foi nesse ano que o Senhor me disse: "Agora comece a fazer dois jejuns de quarenta dias". Depois disso, por muitos anos fiz *dois* jejuns de quarenta dias por ano e, no mínimo, dois jejuns de vinte e um dias.

Segui esse padrão de dois jejuns de quarenta dias por ano até 1988, com jejuns adicionais de duração diferente conforme a direção do Espírito. Em 1989, fui levado a fazer apenas um jejum de quarenta dias. No total, fui levado pelo Espírito Santo a fazer 30 jejuns de quarenta dias separadamente. Nos primeiros 19 jejuns, eu me permitia beber apenas água. Depois, o Senhor permitiu que eu começasse a tomar sucos. No total, durante aquele período fundamental da minha vida e ministério, jejuei cento e vinte dias por ano.[4]

Chavda entende a natureza particular do chamado ao jejum que recebeu, especialmente com relação à intensidade; o Senhor o preparou, por

· · · · · · · ·
[4] CHAVDA, Mahesh. *O poder secreto da oração e do jejum*, p. 16-18.

muitos anos, para trilhar um caminho de prática intensa dessa disciplina espiritual, de modo que pudesse também ensinar sobre o assunto com autoridade. Sabiamente, entretanto, ele não impõe o padrão a ninguém. Embora tenha se tornado referência e inspiração a muitos, pontua:

> Talvez Deus nunca peça para você jejuar por quarenta dias; mas, se ele lhe pedir, você será capaz de fazê-lo, pela sua graça. Uma coisa é certa e indubitável: como membros em particular da Igreja de Jesus Cristo, Deus deseja que cada um de nós observe determinado número de jejuns disciplinados em nossa vida. Ele é parte indispensável da nossa vida como membros da vinha frutífera e noiva gloriosa do Senhor, e o estilo de vida do nosso maior modelo: Jesus Cristo.[5]

Um pouco adiante, em seu livro, Mahesh volta a abordar o assunto:

> Você não tem que fazer jejuns longos demais, de forma dramática, para obter os benefícios do jejum e da batalha espiritual. O ponto principal não é a extensão do jejum, mas sua submissão à sua [de Deus] liderança.[6]

Ele ainda explica a natureza de seu chamado pessoal para tantos jejuns prolongados:

> Percebi que Deus sempre levanta determinados homens e mulheres para experimentar certas verdades ao extremo, para que possam falar e ministrar a outros com autoridade comprovada. Foi isso que aconteceu comigo. Deus me liberou para ministrar com autoridade a respeito do jejum e da oração, mas somente depois de ter passado silenciosamente por muitos e longos jejuns durante duas décadas e com certo custo para mim e para toda a minha família. Deus não está interessado em ensinar

....
[5] CHAVDA, Mahesh. *O poder secreto da oração e do jejum*, p. 19.
[6] Ibidem, p. 28.

O JEJUM PROLONGADO 193

"teoria", mas sim em comunicar verdades espirituais fundamentadas em uma *experiência pessoal sólida e em uma aplicação* da sua Palavra.[7]

Outra pessoa que me inspirou muito com seus jejuns prolongados, antes mesmo de conhecer a literatura de Chavda, foi Valnice Milhomens — tanto pelo seu ensino como pelo seu exemplo de muitos jejuns prolongados. Tive a honra também de ter outras pessoas próximas como inspiração, entre os quais está o pastor Francisco Gonçalves, que foi um mentor no início do meu ministério e, posteriormente, por um pouco mais de uma década, serviu como parte da equipe pastoral que liderei em nossa igreja, em Curitiba (PR). Ele serviu conosco até ser recolhido ao lar celestial em dezembro de 2020. Eu o ouvi contar a respeito e, em alguns casos, também testemunhei jejuns de 30 e 40 dias que ele fez, e foram muitos ao longo de sua caminhada com Deus. Ele era um grande homem de oração e jejum. Dele, recebi muitos conselhos práticos, principalmente em relação à preparação para o jejum que abordarei no próximo capítulo.

Todas essas pessoas tiveram um papel importante em inspirar-me quanto ao jejum prolongado. Duas outras pessoas, no entanto, foram usadas por Deus para levarem-me a crer que esse tipo de jejum prolongado não era algo tão distante. Penso que isso se deu por se tratarem de amigos, de pessoas próximas, para as quais eu olhava sem a fantasia que, muitas vezes, criamos acerca de outros homens e mulheres de Deus, como se fossem dotados de uma capacidade para buscar ao Senhor que a maioria de nós não possui. O primeiro foi o pastor Alberto Macedo, que fez 40 dias de jejum ingerindo apenas água e um pouco de suco de laranja. O segundo foi o pastor Marcelo Toschi, que me encorajou muito compartilhando como foram seus primeiros jejuns prolongados. Pedi ao Marcelo que escrevesse uma versão resumida de sua experiência; segue seu testemunho:

. . . .
[7] Ibidem, p. 28.

Eu tinha ouvido de um pastor muito próximo sobre o jejum de 40 dias só na água e que um integrante de sua equipe pastoral havia feito. Confesso que pequei, pois duvidei que fosse possível. Naquela época, eu era muito fechado em minha religiosidade e tradicionalismo. Acreditava que só Jesus possuía condições para fazer esse tipo de jejum.

Em 2012, visitei a Coreia do Sul e pude conhecer as maiores igrejas de Seul. O que mais me impactou foi observar a vida de oração e a prática do jejum das igrejas. Naquela época, eu já estava em uma busca fervorosa por avivamento pessoal. Quando retornei ao Brasil, comecei, com mais fervor, a buscar ao Senhor nas orações das madrugadas. No entanto, até então, nunca havia feito qualquer tipo de jejum. Um pensamento, porém, passou a inundar minha mente: "40 dias na água, jejum de 40 dias...". Era tão forte que comecei a achar que estava com algum problema.

Em uma manhã de oração com minha equipe pastoral, ouvi o Espírito de Deus dizendo que eu deveria começar o jejum naquele momento. Eu me assustei, mas, por ter sido tão claro, não tive dúvidas, embora tenha questionado se não havia enlouquecido. Tive até medo de falar para minha esposa quanto tempo iria jejuar. Quando ela me chamava às refeições, eu apenas dizia que estava de jejum, até que, no terceiro dia, ela me perguntou quantos dias seriam. Tentei disfarçar, mas não teve jeito; com muito receio, admiti que seriam 40 dias. Para o meu espanto, ela somente disse: "Ok". Quando ela me respondeu daquela forma, pensei: "Pronto, agora minha esposa e eu estamos malucos".

Poderia estender-me por páginas e mais páginas compartilhando o que aconteceu comigo naqueles 40 dias, mas simplifico atestando que foi uma experiência que transformou minha vida, meu ministério e minha família.

Posteriormente, fui levado pelo Espírito Santo a fazer outros três jejuns de 40 dias, ingerindo somente água, e reconheço que todos foram únicos, com propósitos específicos e cheios de experiências sobrenaturais e extraordinárias.

O JEJUM PROLONGADO 195

Quando fui entregar meu terceiro jejum, comecei a chorar, pois não queria comer. Das quatro vezes que fiz jejuns prolongados, a terceira foi a que mais tive experiências de intimidade com o amado Espírito Santo. Liguei para o pastor Domingos Jardim, que me discipula, e disse que faria 60 dias; mas ele me obrigou a entregar e comer — o que, de fato, era o indicado –, mas fiz isso em lágrimas...

Estimulados por minha experiência, muitos pastores de minha equipe e membros de minha igreja também fizeram jejuns prolongados. Hoje, entendo a importância e a necessidade de uma vida de jejum e oração. Afirmo: fazer um jejum de 40 dias é possível!

Quero esclarecer que o propósito deste capítulo não é convencer ninguém a lançar-se em jejuns prolongados; meu objetivo é apenas quebrar o paradigma de que se trata de algo impossível para ajudar aqueles que serão chamados por Deus a períodos maiores de jejum.

Apesar de querer estimular mais pessoas — especialmente os *ministros do evangelho* — a jejuarem com frequência e também a aderirem a jejuns prolongados, é evidente que isso não se aplica a todos nem que possa ser considerado um atestado de espiritualidade. Se alguém precisasse desse selo autenticador, poucas pessoas, desde os dias de Jesus, seriam consideradas "espirituais" — afirma Chavda.[8]

A iniciação na disciplina deve ser moderada e, à medida que nos sentimos bem com a prática, deve haver cuidadosa progressividade no que diz respeito a jejuns maiores. O *jejum comum* mais recorrente na Escritura tem *um dia* de duração. Para os hebreus, a virada do dia, que marcava o final de uma jornada diária e o início da outra, acontecia ao anoitecer. Particularmente, gosto desse formato, e é o que mais recomendo aos que começam. Quando vão dormir, a sensação de fome ainda não é tão grande; quando acordam, o pior já parece ter passado. Não exige tanto de nós. Jejuns maiores que esse nos farão sentir mais

[8] CHAVDA, Mahesh. *O poder secreto da oração e do jejum*, p. 126.

A CULTURA DO JEJUM

intensamente o processo de desintoxicação, então podem ficar para um segundo momento. Por ora, meu objetivo é encorajá-lo e afirmar: "Você pode jejuar!", basta começar e avançar gradualmente.

Fisiologicamente falando, também não foge ao nosso alcance. Como o corpo reage em jejuns prolongados? Já mencionei isso antes, mas registro uma breve explicação do Dr. Jason Fung para relembrar:

> O corpo humano desenvolveu mecanismos para lidar com jejuns prolongados sem alimentos. Na ausência destes, o corpo queima gordura para obter energia, e os níveis de açúcar no sangue permanecem no intervalo normal, mesmo no jejum prolongado, em razão da gliconeogênese.[9]

A clareza mental e criatividade experimentadas por aqueles que praticam jejuns prolongados é impressionante. Jason Fung comenta o aspecto fisiológico por trás desse fenômeno:

> Os gregos antigos acreditavam que o jejum melhorava suas habilidades cognitivas. Pense na última vez que você fez uma grande ceia de Natal. Você se sentiu cheio de energia e mentalmente alerta depois? Ou sentiu sono e um pouco atordoado? A segunda opção parece mais provável. O sangue é desviado para o seu sistema digestivo para lidar com o grande influxo de comida, deixando menos sangue disponível para o funcionamento cerebral. O jejum faz o oposto, deixando mais sangue para seu cérebro.[10]

Princípios importantes

Ao contar as experiências do Mahesh Chavda, citei três lições importantes que podemos extrair. Acrescentarei mais uma à lista (a de número quatro):

· · · · · · · ·
[9] FUNG, Jason. *O código da obesidade*, p. 115.
[10] Ibidem, p. 219-220.

O JEJUM PROLONGADO 197

1. Seguir a *liderança do Espírito Santo*.
2. Avançar de *forma progressiva* nos períodos de jejum.
3. Entender a *manifestação da graça* para essa prática.
4. Checar a *motivação* do coração.

A compreensão desses princípios é, a meu ver, essencial aos que se dedicarão à prática de jejuns prolongados.

Liderança do Espírito Santo

A direção do Espírito Santo é extremamente importante e necessária na vida do cristão: "Pois todos os que são guiados pelo Espírito de Deus são filhos de Deus" (Romanos 8:14). Há determinados assuntos em que não teremos outra fonte de orientação senão o Espírito de Deus. Por exemplo, há ordem generalizada nas Escrituras para que preguemos o evangelho a toda criatura (Marcos 16:15) e que façamos discípulos de todas as nações (Mateus 28:19). Trata-se, evidentemente, de uma ordem *coletiva* — a todo o Corpo de Cristo. Não significa, em absoluto, que cada um de nós irá a todas as nações ou que teremos acesso a toda criatura. Então, em um sentido *pessoal*, não temos uma diretriz bíblica de onde devemos concentrar, geograficamente, a nossa pregação.

Sabemos, também, que ninguém deveria fazer planos de escolher mudar de cidade sem buscar a vontade de Deus (Tiago 4:13-15). Isso indica que o Senhor possui planos *personalizados* para cada um de nós. Encontramos exemplos bíblicos desse nível de direcionamento vindo do Espírito Santo, em caráter pessoal. Por que Pedro foi pregar em Cesareia, na casa de Cornélio? Por uma direção do Espírito de Deus: "Enquanto Pedro meditava a respeito da visão, o Espírito lhe disse: Estão aí três homens à sua procura. Portanto, levante-se, desça e vá com eles, sem hesitar; porque eu os enviei" (Atos 10:19,20). Por que Paulo, em vez de pregar na Ásia, foi pregar em Trôade? Pelo mesmo motivo:

E percorreram a região frígio-gálata, tendo sido *impedidos pelo Espírito Santo* de pregar a palavra na província da Ásia. Chegando perto de Mísia, tentaram ir para Bitínia, mas o *Espírito de Jesus não o permitiu*. E, tendo contornado Mísia, foram a Trôade. À noite, *Paulo teve uma visão* na qual um homem da Macedônia estava em pé e lhe rogava, dizendo:

— Passe à Macedônia e ajude-nos.

Assim que Paulo teve a visão, imediatamente procuramos partir para aquele destino, concluindo que Deus nos havia chamado para lhes anunciar o evangelho (Atos 16:6-10).

Com o jejum, não é diferente. A Bíblia não diz quanto tempo ou com que frequência devemos jejuar, mas é de suma importância ser sensível à liderança do Espírito Santo. Foi assim com Jesus: "A seguir, Jesus foi levado pelo Espírito ao deserto, para ser tentado pelo diabo. E, depois de jejuar quarenta dias e quarenta noites, teve fome" (Mateus 4:1,2). É verdade que o texto afirma que a liderança do Espírito tinha o foco de levar Cristo ao deserto para ser tentado, e não necessariamente para jejuar. Por outro lado, por que presumir que nosso Senhor, como homem, faria uma coisa debaixo da liderança do Espírito Santo, e não outra?

Já jejuei por períodos maiores sob direção do Espírito Santo, mas também já fiz simplesmente porque eu quis me consagrar mais — sem nenhuma convocação divina para isso. No entanto, nunca passei de 21 dias em jejuns por escolha própria.

Fiz meu primeiro jejum de 40 dias apenas aos 45 anos de idade, apesar de ter a cultura do jejum desde a adolescência. Aos 46, no ano seguinte, em 2019, o Espírito Santo me guiou a outro jejum com essa duração. Depois, gostei da experiência a ponto de desejar fazer um todo ano. Mas, para a minha surpresa, nos anos de 2020 e 2021, embora desejasse muito repetir, não senti a permissão divina em meu espírito — que é o lugar onde o Espírito de Deus manifesta sua direção: "O próprio Espírito *confirma ao nosso espírito* que somos filhos de Deus" (Romanos 8:16). Já no início de 2022, enquanto escrevo este livro, recebi um forte comissionamento de dedicar-me a outro jejum prolongado, além de estudar e escrever sobre o assunto como nunca havia feito.

Creio firmemente que, embora necessitemos da liderança do Espírito Santo para todas as áreas de nossas vidas, quando falamos de jejuns prolongados, trata-se de um requisito. É primordial, por isso está liderando esta breve lista de princípios.

Progressividade

Tenho sido um pouco repetitivo acerca desse assunto, porque sei que há pessoas que, empolgadas com experiências de jejuns prolongados de outros, podem acabar fazendo a coisa certa do jeito errado. Preparar a entrada para um jejum de longa duração é recomendável, mas ter cuidado na volta também é um assunto que merece a nossa atenção. Estou adentrando no terreno do próximo capítulo, "A Forma Correta de Jejuar", mas adianto aqui o que reforçarei depois: é mais provável que alguém passe mal, ou que tenha um problema sério, na *volta* do jejum prolongado do que *durante* ele.

Comecei jejuando por um dia, depois, dois, três, quatro, cinco, seis e finalmente ampliei a duração para sete dias. Por muitos anos, não passei de jejuns (só com ingestão de água) de uma semana. Cheguei a encerrar um com uma única refeição e, imediatamente após, iniciar outro de mais uma semana. Com o tempo, subi a duração dos jejuns para oito, nove, dez, até chegar a 14 dias. Somente em 2008, 20 anos depois de uma cultura de jejuns, foi que fiz um de 21 dias. Então, em 2018, depois de três décadas exercitando-me na prática, é que passei aos de 40 dias — e nesses maiores, como já dito, *sempre* dependendo da liderança do Espírito Santo.

Não estou dizendo que você precisa respeitar essa mesma sequência. Mahesh Chavda compartilha que fez a progressão de 1 a 40 dias em apenas 5 anos, não em 30 como eu. A questão não é determinar um *prazo* para a progressão, apenas enfatizar a *necessidade de que ela aconteça.*

No meu terceiro jejum de 40 dias, enquanto escrevo este livro, decidi fazer um experimento de ordem pessoal: exercitar-me fisicamente. Sempre ouvi dizerem ser aconselhável preservar energia em jejuns prolongados e evitar o desgaste de atividades físicas. Estudando, entretanto, a parte fisiológica do jejum, deparei-me com uma afirmação completamente inédita (e, até então, estranha) para mim. Dr. Jason Fung — respondendo à pergunta "posso me exercitar durante o jejum?", afirma:

> Com certeza. Não há motivo para parar sua rotina de exercícios. Todos os tipos de exercício, incluindo os de resistência (levantamento de pesos) e cardio, são encorajados. Há uma percepção errônea, porém, comum de que é necessário comer antes de se exercitar para ter "energia" no corpo. Isso não é verdade. O fígado nos fornece energia via gliconeogênese. Durante jejuns mais longos, os músculos são capazes de usar ácidos graxos diretamente para obter energia.
>
> Uma vez que seus níveis de adrenalina estão altos, o jejum é o momento ideal para se exercitar. O aumento do hormônio do crescimento que vem com o jejum também pode promover o crescimento muscular. Essas vantagens levam muitos, a deliberadamente se exercitarem enquanto estão fazendo jejum. Os diabéticos que tomam medicamento, no entanto, devem tomar precauções especiais, porque podem ter níveis de açúcar baixos no sangue ao fazer exercícios durante o jejum.[11]

Fung também assegura, comentando a fase, em um jejum maior de três dias, na qual o organismo já entrou em *cetose* (a queima de gordura como fonte de energia):

> O corpo humano é bem adaptado para lidar com a ausência de comida. O que estamos descrevendo aqui é o processo pelo qual o corpo é submetido para passar da queima de glicose (em curto prazo) para queima

· · · · · · · ·
[11] FUNG, Jason. *O código da obesidade*, p. 237-238.

O JEJUM PROLONGADO 201

de gordura (em longo prazo). A gordura é, simplesmente, a energia de alimento armazenado no organismo. Em tempos de escassez de comida, o alimento armazenado (gordura) é naturalmente queimado para preencher esse vácuo. O corpo não "queima músculo" para se alimentar até que todos os depósitos de gordura sejam usados.[12]

Aliás, o médico canadense ainda aborda, numa seção específica de *mitos sobre o jejum*, a questão da "queima de músculo" com as seguintes palavras:

> Se esses mitos fossem verdade, nenhum de nós estaria vivo hoje. Pense sobre as consequências da queima de músculo para obter energia. Durante invernos prolongados, houve muitos dias em que não havia comida disponível. Depois do primeiro episódio, você estaria muito fraco. Depois de vários episódios repetidos, você estaria tão fraco que não conseguiria caçar ou coletar comida. Os seres humanos nunca teriam sobrevivido como espécie. Uma pergunta melhor seria: por que o corpo humano armazenaria energia como gordura se planejou queimar proteína em seu lugar? Evidentemente, a resposta é que ele não queima músculo na ausência de comida. Trata-se apenas de um mito.
>
> O modo de regime de fome, como é popularmente conhecido, é um monstro misterioso que aparece para nos amedrontar, mesmo quando pulamos uma única refeição. Isso é simplesmente absurdo. A degradação do tecido muscular acontece em níveis extremamente baixos de gordura corporal — aproximadamente 4% — o que não é preocupante para a maioria das pessoas. Nesse ponto, não existe mais gordura no corpo para ser mobilizada para obtenção de energia, e o tecido magro é consumido. [...] A gordura é queimada antes. Essa situação é semelhante a guardar uma grande quantidade de lenha, mas, em vez de

• • • • • • • •
[12] Ibidem, p. 221.

usá-la, decidir queimar seu sofá. Não faz sentido. Por que supomos que nosso corpo é tão burro? O corpo preserva massa muscular até que os depósitos de gordura baixem de forma que não haja escolha.[13]

Decidi e senti paz orando sobre isso que faria um "laboratório" acerca do assunto do exercício físico em jejum prolongado. Tinha feito musculação e *cardio* (modalidade de treino aeróbica, que aumenta frequência cardíaca e respiratória) no segundo e no terceiro dia do jejum — quando o corpo ainda não havia entrado em cetose — com a intenção de ajudar na desintoxicação por meio da transpiração e senti-me muito bem. Dei uma pausa de poucos dias e voltei a treinar a partir do nono dia, quando li a afirmação do Dr. Fung. Entre os dias 13 de janeiro e 13 de fevereiro de 2022, treinei 28 vezes. Segui sentindo-me extraordinariamente bem — com energia e disposição física (antes, durante e depois do treino) como *nunca* senti antes, nem quando treinava alimentado com os devidos alimentos pré e pós-treino!

Não estou recomendando isso a ninguém, nem dizendo que, entre outras pausas feitas durante o jejum, o exercício físico não possa ser uma delas. Esses são assuntos a serem discernidos por cada um e, sugiro, discutidos com um médico que possa acompanhar o processo (como eu sempre faço em jejuns prolongados).

Nosso foco aqui é a importância de conhecer tanto as respostas como os limites do corpo. Ou seja, o ponto em questão é que a *experiência*, de forma progressiva, é o meio adequado de perceber limites e capacidades pessoais dentro do jejum. Não senti o mesmo nível de disposição física em nenhum de meus jejuns anteriores como senti nesse, exercitando-me intensamente, do nono ao quadragésimo dia, e só cheguei a essa conclusão a partir da prática progressiva e de testes pessoais que submeti ao meu próprio corpo.

· · · · · · · ·
[13] Ibidem, p. 224-225.

O espaçamento entre cada avanço para períodos maiores de jejum é decisão pessoal. Respeitá-lo, no entanto, ainda que sem periodicidade ou prazos padrão, a meu ver, é essencial para progredir sem colocar a saúde em risco.

Graça para jejuar

Eu fui avançando em minha experiência de forma progressiva e também responsiva aos impulsos do Espírito Santo. Em todos os jejuns prolongados que tenho feito, sinto algo que, pela incapacidade de explicar, denomino como uma "graça para jejuar".

Sou *convidado* pelo Espírito, e não *arrastado* à prática do jejum, mas sempre sinto que há força e disposição incomuns, além do normal. Quando tento jejuar por vontade própria e não sinto essa graça sendo comunicada, permito-me questionar se devo ou não avançar no jejum.

Fato é que o Senhor deseja que jejuemos e disponibiliza seu favor para que nos seja possível avançar nessa prática. Foi essa graça que experimentaram aqueles que experenciaram os jejuns sobrenaturais, abordados no capítulo anterior: Moisés, Elias (se considerarmos os 40 dias em trânsito como um jejum), além de Robert Thom, Gustavo Bessa e o Irmão Yun. É dessa mesma fonte que nós podemos beber, cada um de nós, na empreitada de viver uma cultura de jejum.

Motivações

Apesar de, naturalmente falando, o jejum não ser atrativo, podemos ser movidos por tamanha fome por Deus que ele acaba tornando-se convidativo.

O coração do homem, no entanto, é enganoso (Jeremias 17:9). Aprofundarei considerações sobre esse cuidado com as motivações no próximo capítulo, mas saiba que aquilo que está por trás do jejum é tão importante quanto o próprio jejum, senão mais — e Deus vê o lado de dentro, não apenas nossa *performance*.

Advertência necessária

Ao mesmo tempo que preciso estimular quem não tem o hábito de jejuar a começar a fazê-lo, bem como encorajar os que já o fazem a intensificarem ainda mais a prática, necessito, por outro lado, *conter* alguns que se empolgam demais — a nível emocional, e não espiritual. Creio que é meu dever promover cuidado e cautela, para que não haja a interpretação de um incentivo inconsequente.

Jejuns por longos períodos requerem, além da direção de Deus, cuidados específicos, especialmente no retorno à alimentação. Diante disso, encerro com mais um alerta de Valnice Milhomens: "Deus não nos quer destruir. Daí insistirmos em que todo jejum mais prolongado só seja feito quando se tem absoluta convicção de que Deus mesmo está nos conduzindo a tanto".[14]

E acrescento: e com os devidos cuidados de uma boa preparação e cautelosa volta à alimentação.

· · · · · · · ·
[14] COELHO, Valnice Milhomens. *O jejum e a redenção do Brasil*, p. 333.

11

A FORMA DE JEJUAR

" Devote-se ao jejum e à oração, mas não além da conta, para não se destruir por meio disso. **"**

(INÁCIO)[1]

O jejum possui *formas apropriadas* de ser praticado. Quais são elas? Penso que podemos agrupá-las em dois grupos: internas e externas. As formas *internas* envolvem tanto as *motivações* que estão por trás da nossa decisão de jejuar como também as *atitudes* corretas a manter durante o exercício dessa disciplina espiritual. As formas *externas* são de ordem prática e estão relacionadas com questões fisiológicas; abrangem a maneira como nos preparamos para entrar no jejum, como o conduzimos e também como o finalizamos. Abordarei primeiramente as formas internas e, depois, tratarei das externas.

Já ouvi muita gente afirmando que o jejum pode produzir resultados extraordinários. Em uma perspectiva bíblica e, também, por minha própria experiência, concordo com tal declaração. É necessário

[1] Citado por: PIPER, John. *Fome por Deus*, p. 141.

considerar, contudo, "o outro lado da moeda", pois é possível jejuar *sem* alcançar resultados.

A coisa certa do jeito certo

Repito com frequência em meus ensinos que não basta fazer a coisa certa; é preciso fazê-la do jeito certo. Consideremos algumas instruções bíblicas que comprovam essa verdade.

Observe que, se afirmamos que Deus responde às *orações*, enfatizamos algo que é bíblico e, portanto, verdadeiro. Porém, a Escritura Sagrada não nos ensina somente sobre a necessidade de orar, mas também sobre *como* orar. Em Tiago, lemos: "pedem e não recebem, porque *pedem mal*, para esbanjarem em seus prazeres" (Tiago 4:3). Se existe um "pedir mal" que faz a oração não ser respondida, logo, não basta pedir — temos de aprender a forma correta de fazê-lo.

Fato semelhante se dá quanto à *Ceia do Senhor*. Paulo se refere ao cálice como "o cálice da bênção" (1Coríntios 10:16), dando a entender que há bênçãos à nossa disposição quando ceamos. Ninguém nega que comungar com o corpo e com o sangue de nosso Senhor proporciona bênçãos. Entretanto, o apóstolo orienta os irmãos de Corinto a procederem uma autoanálise antes de comer do pão e beber do cálice. O motivo? É que "aquele que comer o pão ou beber o cálice do Senhor indignamente será réu do corpo e do sangue do Senhor" (1Coríntios 11:27). Ele ainda explica: "Pois quem come e bebe sem discernir o corpo, come e bebe juízo para si" (1Coríntios 11:29). Portanto, embora participar da Ceia do Senhor seja a coisa certa a fazer para sermos abençoados, é necessário fazer a coisa certa do jeito certo. Se fizermos do jeito errado, o propósito — que é sermos abençoados — não se concretizará.

O mesmo vale para nossas *ofertas*. Foi por isso que Paulo deu a seguinte instrução aos irmãos de Corinto: "Cada um contribua segundo tiver proposto no coração, não com tristeza ou por necessidade, porque Deus ama quem dá com alegria" (2Coríntios 9:7). O apóstolo esperava que os crentes contribuíssem, mas do jeito certo: com alegria. Apesar de, atualmente, muitos pregadores e ensinadores da Palavra não serem tão enfáticos quanto a esse aspecto do ofertar, as Escrituras são. A Bíblia mostra pessoas, como Caim e Ananias, que ofertaram ao Senhor sem, contudo, serem aceitas, uma vez que havia algo errado com a atitude delas.

Se é possível fazer a coisa certa do jeito errado na oração, ao tomar a Ceia do Senhor e também ao ofertar, pergunto: e quanto ao *jejum*? Embora, pela lógica, seja fácil responder que o padrão é o mesmo, deixemos a Escritura falar por si. Os judeus, nos dias de Isaías, faziam o seguinte questionamento ao Senhor: "Por que jejuamos, se tu nem notas? Por que nos humilhamos, se tu não levas isso em conta?" (Isaías 58:3). Ou seja, a Bíblia está mostrando que é possível jejuar sem alcançar resultados. Isso normalmente acontece quando se faz a coisa certa do jeito errado, ou seja, quando se jejua de forma inadequada.

E qual foi a resposta divina ao questionamento sobre a ausência de resultados no jejum? Observe:

Acontece que, no dia em que jejuam, vocês cuidam dos seus próprios interesses e oprimem os seus trabalhadores. Eis que vocês jejuam apenas para discutir, brigar e bater uns nos outros; jejuando assim como hoje, o clamor de vocês não será ouvido lá no alto.

Seria este o jejum que escolhi: que num só dia a pessoa se humilhe, incline a sua cabeça como o junco e estenda debaixo de si pano de saco e cinza? É isso o que vocês chamam de jejum e dia aceitável ao SENHOR?

Será que não é este o jejum que escolhi: que vocês quebrem as correntes da injustiça, desfaçam as ataduras da servidão, deixem livres os oprimidos e acabem com todo tipo de servidão?

Será que não é também que vocês repartam o seu pão com os famintos, recolham em casa os pobres desabrigados, vistam os que encontrarem nus e não voltem as costas ao seu semelhante?

Então a luz de vocês romperá como a luz do alvorecer, e a sua cura brotará sem demora; a justiça irá adiante de vocês, e a glória do SENHOR será a sua retaguarda. Então vocês pedirão ajuda, e o SENHOR responderá; gritarão por socorro, e ele dirá: 'Eis-me aqui.'

Se tirarem do meio de vocês todo tipo de servidão, o dedo que ameaça e a linguagem ofensiva; se abrirem o seu coração aos famintos e socorrerem os aflitos, então a luz de vocês nascerá nas trevas, e a escuridão em que vocês se encontram será como a luz do meio-dia.

O SENHOR os guiará continuamente, lhes dará de comer até em lugares áridos e fortalecerá os seus ossos. Vocês serão como um jardim regado e como um manancial cujas águas nunca secam. Vocês reconstruirão as antigas ruínas, levantarão os fundamentos de muitas gerações e serão chamados de 'Reparadores de brechas' e 'Restauradores de veredas', para que o país se torne habitável."

Se vigiarem os seus pés, para não profanarem o sábado; se deixarem de cuidar dos seus próprios interesses no meu santo dia; se chamarem ao sábado de 'meu prazer' e 'santo dia do SENHOR, digno de honra'; se guardarem o sábado, não seguindo os seus próprios caminhos, não pretendendo fazer a sua própria vontade, nem falando palavras vãs, então vocês terão no SENHOR a sua fonte de alegria.

Eu os farei cavalgar sobre os altos da terra e os sustentarei com a herança de Jacó, seu pai. Porque a boca do SENHOR o disse (Isaías 58:3-14).

Já afirmei anteriormente e reforço: o jejum não é uma moeda de troca para barganhar com Deus. O Senhor não deve nada a quem jejua. O jejum é um auxílio na expressão da fé, na mortificação da carne, na humilhação perante o Altíssimo, mas não nos dá privilégios. É bom lembrar que, depois de Deus determinar juízo sobre a criança que Davi havia gerado na relação adúltera com Bate-Seba, não houve jejum que revertesse a situação.

Os judeus contemporâneos de Isaías se queixavam por acharem que Deus lhes devia algo por terem jejuado. De forma alguma! E que nenhum de nós cometa o mesmo equívoco hoje.

A FORMA DE JEJUAR 209

Quais são as lições que podemos extrair do registro de Isaías?

Em primeiro lugar, há *uma forma correta* de jejuar. Se não procedermos adequadamente, o jejum não terá eficácia alguma: "jejuando assim como hoje, o clamor de vocês não será ouvido lá no alto" — disse Deus por meio do profeta.

Em segundo lugar, não se trata de uma prática *externa*, apenas de aparência, e sim *interna*, de um coração sincero. No jejum que o Senhor afirma ter escolhido, o jejuador não apresentava o comportamento de quem apenas aprendeu um mero ritual: era contraditório humilhar-se com pano de saco, cabeça baixa e aparência de piedade, porém mantendo uma conduta pecaminosa. E é impressionante o tamanho da lista que expõe os pecados nos quais aqueles judeus andavam! Era necessário arrependimento e mudança de atitude, uma volta à obediência dos inúmeros princípios bíblicos que o povo de Deus estava, insistentemente, quebrando.

Em terceiro lugar, temos as promessas divinas de *recompensa* àqueles que jejuam corretamente, como uma extensão de sua piedade e compromisso:

> "Então a luz de vocês romperá como a luz do alvorecer, e a sua cura brotará sem demora; a justiça irá adiante de vocês, e a glória do Senhor será a sua retaguarda. Então vocês pedirão ajuda, e o Senhor responderá; gritarão por socorro, e ele dirá: 'Eis-me aqui'" (Isaías 58:8,9).

> ...então a luz de vocês nascerá nas trevas, e a escuridão em que vocês se encontram será como a luz do meio-dia. O Senhor os guiará continuamente, lhes dará de comer até em lugares áridos e fortalecerá os seus ossos. Vocês serão como um jardim regado e como um manancial cujas águas nunca secam. Vocês reconstruirão as antigas ruínas, levantarão os fundamentos de muitas gerações e serão chamados de 'Reparadores de brechas' e 'Restauradores de veredas', para que o país se torne habitável" (Isaías 58:10-12).

> [...] então vocês terão no Senhor a sua fonte de alegria. Eu os farei cavalgar sobre os altos da terra e os sustentarei com a herança de Jacó, seu pai. Porque a boca do Senhor o disse (Isaías 58:14).

Jesus deixou bem claro que há recompensa à forma correta de jejuar: "E o seu Pai, que vê em secreto, lhe dará a recompensa" (Mateus 6:18).

Além da exortação e da orientação que recebemos por meio da mensagem do profeta Isaías, há que se considerar também a questão da *motivação*, mesmo na vida dos que não estão flertando com a carne ou brincando com o pecado.

Motivações ocultas

Apresentei, no capítulo 5, a exortação de Jesus condenando o exibicionismo dos hipócritas que faziam questão de parecer contristados aos homens enquanto jejuavam, no intuito de promover uma aparente espiritualidade. Citei John Wesley e acho válido trazer novamente à reflexão: "O simples fato de sermos vistos enquanto fazemos quaisquer dessas coisas é uma circunstância puramente indiferente. Mas fazê-los com o propósito de sermos vistos e admirados, isso é o que o nosso Senhor condena".[2] Nem sempre quem age assim enxerga o erro que está cometendo. Às vezes, são motivações ocultas. É necessário manter um coração ensinável e sensível a Deus, de modo a *percebermos* o que está incoerente e, então, procedermos aos ajustes necessários.

A motivação errada pode comprometer a coisa certa que fazemos. A prática cristã não diz respeito apenas àquilo que é exterior, visível, mas ao que é interior, invisível aos homens — porém não a Deus: "Porque o Senhor não vê como o ser humano vê. O ser humano vê o exterior, porém o Senhor vê o coração" (1Samuel 16:7).

No início de 2008, separei 21 dias de jejum, apenas ingerindo água. Nomeei aquele ano como "o ano da busca", pois queria buscar a Deus

· · · · · · · ·
[2] *Bíblia de estudo John Wesley*, p. 1094.

como nunca havia feito no terreno da oração, da Palavra e do jejum. Nunca havia jejuado por mais que duas semanas; decidi, sem nenhuma convocação divina, que faria meu maior jejum. E fiz. Algumas semanas depois, tive uma experiência marcante e inesquecível, que narro no início de meu livro "Até Que Nada Mais Importe". O Senhor me corrigiu acerca de minha atitude; Ele me fez perceber que eu estava valorizando mais a performance da busca, "quebrando recordes", do que o objeto supremo da busca: *Ele*. O que estava em meu coração e, até então, eu não percebia, ficou claro como o dia. Chorei profundamente e me arrependi.

No entanto, acabei errando de novo, em outro aspecto: parei de jejuar até entender o que deveria ser consertado. A verdade é que o problema nunca fora o jejum, mas a motivação com que eu o realizava. Estava dando mais foco ao jejum que ao meu coração e minhas reais motivações. No entanto, depois daquela experiência em 2008, *por dez anos*, nunca mais fiz um jejum prolongado. Fazia apenas períodos menores, de uma semana ou menos. Não queria mais errar.

Uma década depois, em 2018, eu estava pregando sobre a experiência que tivera dez anos antes, para instigar a que buscássemos a Deus dando importância à pessoa dele, e não à performance. Compartilhei, então, como havia sido a visitação divina na reunião de liderança, momento exato no qual recebi do Senhor a repreensão acerca do que estava por trás do meu jejum. Emocionei-me só de lembrar. Naquele instante, no meio da pregação, o Espírito Santo falou comigo: "O que provocou aquela experiência foi o jejum que você fez".

Levei um susto! Resmunguei interiormente, enquanto pregava, tentando levar adiante o diálogo em um momento tão inusitado: "Achei que aquele jejum não havia tido valor algum". E o Senhor sussurrou em meu íntimo: "Eu nunca disse que ele não teve valor ou resultados; apenas corrigi sua motivação errada. O que deveria ter sido evitado era a *motivação errada*, não o jejum prolongado.". Eu joguei fora a oportunidade de seguir praticando jejuns prolongados por uma *década* inteira!

Estava em choque. Não sabia o que pensar ou dizer e ainda precisava dar atenção à exposição bíblica que fazia em nossa igreja. *Naquele exato momento*, eu simplesmente *soube*, de uma forma que não consigo explicar, que eu deveria fazer um jejum de 40 dias ingerindo somente água. Foi o que eu fiz, e minha vida nunca mais foi a mesma. Naquela nova oportunidade, eu não valorizei a *performance*, mas apenas meu Senhor, por quem minha fome era maior que o anseio por comida.

Ainda somos seres imperfeitos. A verdade é que erraremos ao longo do processo, mas não devemos desanimar nem desistir. Precisamos ter um coração ensinável. À medida que nos aproximamos do Senhor, Ele exporá o nosso coração, não para nos *repelir*. Pelo contrário, quando Deus promove conserto, ajuste e restauração, é porque Ele nos quer *atrair*. É importante, portanto, que estejamos sempre sondando o nosso coração, pois como disse Paulo: "que cada um examine a si mesmo" (1Coríntios 11:28). Além disso, também podemos pedir que Deus nos examine: "Sonda-me, ó Deus, e conhece o meu coração, prova-me e conhece os meus pensamentos; vê se há em mim algum caminho mau e guia-me pelo caminho eterno" (Salmos 139:23,24). Costumo brincar que "melhor que o autoexame é o exame do Alto".

O caso de Ananias e Safira deve servir, sempre, de advertência a todo cristão. Eles receberam uma legítima direção do Espírito Santo, mas se perderam na *motivação*. O que os levou a mentir? O que os levou a agir como se tivessem entregado tudo, quando, na verdade, não o haviam feito? Seria uma necessidade de reconhecimento dos outros, ainda que o coração não estivesse alinhado com o que aparentavam? Não podemos dizer com certeza; mas sabemos que eles falharam. Ofertar era a coisa certa, que eles fizeram do jeito errado. No entanto, o que deveria ser evitado não era a oferta, e sim a forma errada de praticá-la. Semelhantemente, o jejum não deve ser evitado; nossas motivações é que precisam ser vigiadas.

Dito isso, passemos a considerar agora a forma correta de jejuar em uma perspectiva externa, física e prática.

O aspecto físico

A abstinência alimentar gera desconforto, isso é fato. Não precisa, contudo, ser algo tão insuportável, ou um processo compulsório de sofrimento que não possa ser amenizado.

A maioria das pessoas reclama de dor de cabeça, irritação, além da falta de energia e disposição, sintomas que são comuns em jejuns menores ou no início dos maiores. Fiz uma pequena pesquisa pelas redes sociais, enquanto escrevia este livro. Perguntei sobre o que mais incomoda as pessoas no jejum, dando quatro opções de resposta (baseado naquilo que mais ouço ao longo dos anos). O resultado, de 25.893 respostas, ficou assim distribuído:

- 8.195 pessoas responderam: *dor de cabeça*;
- 7.404 pessoas responderam: *falta de energia;*
- 5.855 pessoas responderam: *irritação*;
- 4.439 pessoas responderam: *falta de atenção e senso de raciocínio lento.*

Evidentemente, o jejum é, em seu início, para a maioria das pessoas, uma experiência fisicamente desconfortável. Isso leva muitos a acreditarem que não seja sábio nem saudável jejuar. A reflexão a ser feita é: Deus nos pediria uma prática autodestrutiva? É claro que não! Elmer Towns, autor do livro "Jejum Segundo Daniel", comenta:

> Deus criou o corpo humano de uma maneira que este necessita de alimento para manter-se em movimento. Para certificar-se de que essa necessidade seja satisfeita, Deus nos criou com um desejo por alimento chamado apetite. Comer satisfaz nosso apetite e nos dá forças para realizar as nossas atividades diárias. Então, por que alguém optaria pelo jejum — por ficar sem alimento durante determinado período de tempo?
>
> Da perspectiva de Deus é simples: O jejum pode ser usado para reforçar um propósito espiritual. [...]

Muitos que nunca jejuaram ficam aflitos diante do desafio de se abs-
terem de alimentos. Imaginam que ficarão famintos e que a fome tornará o desafio grande demais. Pressupõem que essa será uma experiência
desconfortável [...]. Entretanto, é importante ter em mente que o jejum
não causará nada mais do que uma pequena perda de peso. Também não
prejudicará ninguém; de fato, alguns estudos mostram que um jejum faz
até bem ao corpo pelo fato de eliminar algumas toxinas.[3]

Quem jejua por períodos maiores sabe que, depois dos primeiros
três dias, esses sintomas costumam desaparecer. Depois do quinto dia,
já não se sente mais aquela vontade intensa de comer. Depois do sétimo
dia, o senso de bem-estar é enorme e há uma curiosa — e até assustadora — sensação de que "não é mais necessário comer".

Depois de alguns dias, como temos dito, o corpo muda sua fonte de
energia e passa a obtê-la das reservas de gordura. O médico canadense
Jason Fung comenta sobre essa transição:

Quando comemos, os carboidratos ingeridos causam um aumento
da glicose disponível a uma quantidade maior do que a necessária.
A insulina ajuda a levar essa glicose abundante pela corrente sanguínea para ser armazenada e reservada para uso posterior. Nós armaze-
namos essa glicose, transformando-a, no fígado, em glicogênio — um
processo conhecido como glicogênese ("Gênesis" quer dizer "criação
de", portanto, esse termo significa "criação de glicogênio".) As moléculas de glicose são concatenadas em cadeias longas para formar o
glicogênio. A insulina é o principal estímulo da glicogênese. Podemos converter a glicose em glicogênio e este de volta em glicose com
muita facilidade.

Mas o fígado tem um espaço limitado de armazenamento para o
glicogênio. Uma vez preenchido esse espaço, os carboidratos em excesso

· · · · · · · ·

[3] TOWNS, Elmer L. *Jejum segundo Daniel*, p. 18-20.

A FORMA DE JEJUAR 215

serão transformados em gordura — um processo chamado "lipogênese de novo". (Ou seja, "criar gordura de novo".)

Horas após uma refeição, os níveis de açúcar no sangue e insulina começam a cair. Há menos glicose disponível para ser usada nos músculos, pelo cérebro e por outros órgãos. O fígado começa a decompor o glicogênio em glicose para liberá-la na circulação geral com o objetivo de gerar energia — o processo reverso de armazenamento de glicogênio. Em geral, isso acontece de madrugada, se assumirmos que você não come nesse horário.

O glicogênio é liberado com facilidade, mas seu suprimento é limitado. Durante *um curto período de jejum* ("jejum" significa que você não come nada), seu corpo possui glicogênio disponível em quantidade suficiente para operar. Durante *um jejum prolongado*, seu corpo pode criar nova glicogênese a partir de suas reservas de gordura — um processo chamado "gliconeogênese" ("criação de novos açúcares"). A gordura é queimada para liberar energia, a qual é enviada para o corpo — o processo reverso do armazenamento de gordura.[4]

Portanto, a dor de cabeça, a falta de energia, a irritação, a falta de atenção e o senso de raciocínio lento irão passar (e podem ser amenizados ou até mesmo evitados se observado um processo prévio e preparatório de desintoxicação). Aliás, vale dizer que os dias posteriores à limpeza do organismo, que se desintoxica por meio do jejum, são de muita energia, disposição e clareza mental. Valnice Milhomens diz assim:

> Não se pode pensar no jejum como algo fácil e agradável. Ele não existe para isto. A Bíblia não sugere que o seja. É um medicamento físico e espiritual e aqui pode aplicar-se a palavra do farmacêutico quando dá um medicamento de gosto desagradável e diz: "Não é gostoso, mas faz bem".[5]

. . . .

[4] FUNG, Jason. *O código da obesidade*, p. 73-74.
[5] COELHO, Valnice Milhomens. *O jejum e a redenção do Brasil*. 5ª ed, p. 318.

Especialmente quando falamos de jejuns maiores, há muitas dicas que podem ajudar a lidar com o desconforto inicial, amenizando o incômodo. Esses conselhos são de ordem prática, extraídos da própria experiência de quem jejua e, ainda, de médicos que supervisionam jejuadores; não são orientações bíblicas. As Escrituras não falam acerca desse período de preparação.

Como se preparar para o jejum?

O preparo ideal depende do tipo de jejum. Um *parcial*, por exemplo, requer menos tempo de preparação que o *normal* e o *total*. No jejum *parcial*, o processo de desintoxicação será mais ameno porque a pessoa ainda come, apesar de diminuir a quantidade ou o tipo de alimento. No jejum *normal* e no *total*, no entanto, a interrupção brusca da alimentação — a menos que se trate de alguém com uma alimentação altamente saudável, que não é o caso da maioria que consome produtos industrializados e processados — causará desconforto do primeiro ao terceiro dia (essa é uma média genérica, podendo variar em certos casos).

Para jejuns de até 24 horas, a preparação não parece ser tão necessária quanto para os de três dias ou mais. Ainda assim, no entanto, a decisão de remover, de três a sete dias antes do início do jejum, alimentos com toxinas — carne vermelha, açucares, refrigerantes, café e determinados tipos de chá com alta quantidade de cafeína — pode aliviar as dores de cabeça. Embora nem todos reajam da mesma forma à abstinência de cafeína, a maioria parece incomodar-se com a interrupção do consumo — não é o meu caso –, por isso a preparação faz diferença.

O consumo de frutas e alimentos com fibras também ajudarão na limpeza do intestino nos dias de preparação. Algo que me tem sido um ótimo auxiliar nesse processo preparatório, há muitos anos, é o uso de carvão vegetal (que você pode adquirir nas farmácias sem necessidade de prescrição, embora seja tanto prudente quanto necessário, como eu fiz, consultar um médico sobre o seu uso).

Deve-se ingerir o máximo possível de água; de 2 a 4 litros por dia. Depois dos primeiros dias, parece ficar mais difícil tomar água; beba-a, então, aos poucos, mas ao longo de todo o dia. Exercícios que o levem a transpirar também são de grande auxílio no curso da desintoxicação, conquanto, via de regra, seja mais recomendado fazê-los na fase de preparação que após o início do jejum.

A prática de jejuns menores e recorrentes também pode servir como preparação. Antes de iniciar o jejum prolongado durante o qual escrevi este livro, fiz sete dias seguidos de jejuns de 24 horas (durante os sete dias, evitei o consumo de carne vermelha, entre outras coisas). Ao final da semana, emendei mais três dias ingerindo apenas suco *detox* e caldos de legumes. Apesar de um leve incômodo sofrido na fase de sucos e caldos, depois ficou bem mais fácil adentrar ao jejum prolongado do que se o tivesse começado de forma repentina.

Antes de meu primeiro jejum de 40 dias, eu fiz — antes de saber que jejuaria — uma dieta rígida de 40 dias, então se pode dizer que meu corpo estava bem limpo. Ainda assim, fiquei mais dois dias ingerindo apenas suco *detox* antes de começar oficialmente meu tempo de consagração. Não tive absolutamente nenhum tipo de desconforto!

No segundo jejum de 40 dias, porém, entrei sem saber qual seria o tempo de duração. Estava jantando e, de repente, o Espírito Santo falou ao meu coração: "Não coma amanhã". O direcionamento foi curto, rápido, objetivo e sem explicações, mas entendi o recado; não me alimentei no dia seguinte. Iria pregar em uma igreja de outro estado, então o pastor me ligou perguntando sobre o que eu gostaria de jantar. Prepaririam a refeição lá mesmo, no prédio em que cultuaríamos. Quando minha mente começou a planejar com que tipo de cardápio eu quebraria o jejum naquela noite, o Espírito Santo falou novamente: "Não coma ainda". Quando Ele deu a entender que eu adentraria o segundo dia de jejum, eu antevi o que estava por vir: um jejum prolongado. Naquele momento, encomendei um suco *detox*. Veio uma quantidade grande, então, no dia seguinte, ainda saí com mais duas garrafinhas de 500 ml comigo, podendo, assim, estender o consumo de suco *detox* no terceiro dia.

A cada novo dia, eu sentia que ainda não deveria quebrar o jejum. No sexto dia, fiz uma viagem de uma semana à Europa, para gravar episódios do meu programa "No Caminho da Palavra" em Malta e na Itália. De lá, segui para Israel, onde lideraria uma caravana. Minha esposa, que me acompanhava, indagou-me assim que chegamos lá (eu já estava no final do 13º dia de jejum): "Até quando você vai jejuar?" Respondi que não fazia ideia, que a cada novo dia aguardava a direção divina. Foi só depois daquela conversa com ela que o Espírito Santo sinalizou com clareza a duração. Ele me perguntou com quantos dias de jejum eu estaria ao voltar de Israel. Fiz as contas e respondi: "25". Ele me perguntou: "E quantos dias eu pedi que você ficasse em casa, na volta desta viagem?" Respondi: "15 dias". Ele havia falado comigo mais de um mês antes para reservar aquela quinzena em casa. Foi então que descobri que deveria jejuar por um período de 40 dias. Daquela vez, portanto, não houve muita preparação, a não ser o suco *detox* que improvisei nos dois primeiros dias.

Para jejuns de apenas um dia, não costumo fazer nenhuma preparação. Aqueles que estão iniciando suas primeiras experiências com jejum, no entanto, poderiam começar pulando o café da manhã, por exemplo, para, depois de alguns exercícios de jejuns desse tipo, começar a pular também o almoço. Quando forem fazer 24 horas, poderiam fazê-lo, inicialmente, ingerindo sucos naturais de frutas e caldos de legumes. Seguindo desse modo a prática de jejuar, de forma paulatina e progressiva, além de habituarmo-nos, também aprenderemos sobre as reações de nosso corpo.

Tenho amigos que preferem, ao fazer um jejum com líquidos, o suco de frutas; o sabor doce lhes apetece. Eu, ao contrário, fico levemente enjoado com sabores doces — inclusive o da pasta de dentes — e prefiro os caldos de legumes. Aliás, alguns médicos apontam parte da causa das dores de cabeça (e tontura) do início do jejum não somente à desintoxicação, mas também ao desequilíbrio eletrolítico — causado

A FORMA DE JEJUAR 219

pela quebra abrupta da ingestão de *sais*. O Dr. Fung afirma que, "durante períodos de jejuns mais longos, é possível que haja alguma carência de sal. Embora muitos tenham medo do sódio adicionado, existe um risco muito maior relacionado à sua ausência."[6]

Muitos acabam cometendo o erro de, porque vão iniciar um jejum, comer mais na última refeição, de modo a "garantir-se" no período de abstinência alimentar. Isso não ajuda; pelo contrário, só dificulta a limpeza do corpo — processo que será inevitável ao longo do jejum. O correto é ir diminuindo a ingestão de alimentos (bem como tipos específicos que já mencionei) um tempo antes de começar a jejuar.

Como se conduzir durante o jejum?

Embora às vezes sejamos pegos de surpresa por uma necessidade que requer um jejum emergencial, ou mesmo venhamos a receber um direcionamento repentino do Espírito Santo, o ideal é planejar, dentro do possível, os períodos de jejum. Se ele possui propósitos espirituais, estar com Deus é primazia. Isso não significa, entretanto, que todo o tempo do jejum deve ser devotado exclusivamente à oração. Moisés e Jesus, por exemplo, passaram 40 dias à sós com Deus; o primeiro, no cume do Sinai, o segundo, no deserto. Estavam longe de tudo e todos. Sei que a irmã Valnice Milhomens sempre se retirava em jejuns prolongados. No entanto, essa não tem sido a minha experiência até agora.

No meu primeiro jejum de 40 dias, eu havia planejado fazê-lo no fim do ano, para estar quieto e à sós com Deus, então bloqueei minha agenda naquela época. No entanto, quando terminei a dieta mencionada anteriormente — e ainda não chegara o fim do ano –, o Espírito Santo me disse: "Inicie o jejum imediatamente". Argumentei que viajaria ininterruptamente naquele período — preguei 46 vezes naqueles 40 dias —, mas o Senhor me disse: "Você precisa jejuar antes das

[6] FUNG, Jason. *O código da obesidade*, p. 236.

eleições presidenciais. Há mais em jogo em sua nação do que você pode mensurar". Fiz as contas e, se começasse o jejum naquele momento, eu terminaria exatamente na semana das eleições. Não discuti mais nem me rebelei; apenas obedeci. Na segunda vez, fui pego de surpresa e fiquei apenas os últimos 15 dias isolado. Na terceira, fiquei quase metade do tempo isolado, mas o restante do período foi gasto cumprindo uma agenda intensa de viagem e pregações — o que não me impediu de passar bastante tempo com Deus nos hotéis, nem de estudar a Palavra, nem de escrever este livro (boa parte, por sinal, foi escrita em aeroportos e dentro de aviões).

Não gosto de estabelecer regras. Só se faz jejum isolado? Só se faz com um ritmo de vida mais próximo do normal? Não há uma maneira única e exclusiva. Jesus foi guiado pelo Espírito a ter aquele tempo no deserto. Eu fui guiado a fazê-lo, todas as vezes, com parte do período em que estava em viagens.

Penso, no entanto, que o ideal é que se tenha bastante tempo com Deus. E, para isso, você precisa organizar seu tempo e prioridades; ainda que não esteja completamente isolado, essa separação para o Senhor é importantíssima: "Porém o que se dizia a respeito de Jesus se espalhava cada vez mais, e grandes multidões afluíam para o ouvir e para serem curadas de suas enfermidades. Jesus, porém, *se retirava para lugares solitários e orava*" (Lucas 5:15,16).

Mesmo depois de ter concluído seu período de jejum e dado início ao ministério, Cristo — ainda que em um ritmo intenso de serviço — sempre procurava garantir tempo à sós para a oração. Se o tempo com Deus tem de ser protegido na correria da vida normal, o que dizer do jejum? Não poderia ser diferente.

As pessoas sempre me perguntam se podem jejuar enquanto trabalham. Eu respondo que depende da direção de Deus que elas têm e de como se sentem dispostas a fazê-lo. Outros criticam: "Mas a pessoa não vai orar enquanto trabalha!" Eu respondo: "Mas, quando sair do trabalho para orar, terá mais horas acumuladas de jejum do que se tivesse deixado para iniciar o jejum só depois do horário de trabalho ou quando não estivesse trabalhando"! Além de que algumas atividades permitem que se ore em paralelo, enquanto elas são executadas. Acrescente-se a isso a orientação bíblica "Orem *em todo tempo* no Espírito" (Efésios 6:18), que deveria ser praticada também no trabalho, com ou sem jejum. Por outro lado, não posso deixar de reconhecer que o contexto do meu trabalho, no ministério em tempo integral, é mais favorável à prática do jejum do que outros tipos de trabalho.

O conselho de como se conduzir durante o tempo de abstinência alimentar, no entanto, pode mudar diante de algumas variáveis: Qual o tipo de jejum? Se é parcial, a pessoa fará algum tipo de refeição, mas, se não, pode usar o tempo das refeições para a oração. Qual a duração? Se o jejum é curto, os cuidados também são diferentes de quando se trata de um prolongado.

Como encerrar o jejum?

"Devo orar para entregar o jejum?" Eu costumo responder, rindo: "Sempre devemos orar antes de qualquer refeição. Por que não o faríamos ao entregar o jejum?"

A Bíblia aponta que Jesus, no milagre da multiplicação dos pães, "pegando os cinco pães e os dois peixes, erguendo os olhos para o céu, os abençoou" (Mateus 14:19). Posteriormente, quando nosso Senhor, já ressuscitado, encontra aqueles discípulos no caminho de Emaús e hospeda-se com eles, repete o gesto: "E aconteceu que, quando estavam à mesa, ele pegou o pão e o abençoou; depois, partiu o pão e o deu a eles" (Lucas 24:30). Também constatamos que, por ocasião da sua última ceia, "Jesus pegou um cálice e, tendo dado graças..." (Mateus 26:27).

A Escritura ainda afirma que Paulo, naquele navio que viria a naufragar em Malta, "pegando um pão, deu graças a Deus na presença de todos e, depois de o partir, começou a comer" (Atos 27:35). O apóstolo falou de pessoas "que proíbem o casamento e exigem abstinência de alimentos que Deus criou para serem recebidos com gratidão pelos que creem e conhecem a verdade" (1Timóteo 4:3). E emendou:

"Pois tudo o que Deus criou é bom, e, se recebido com gratidão, nada é recusável, porque é santificado pela palavra de Deus e pela oração" (1Timóteo 4:4,5). Escrevendo aos coríntios sobre comida, ele afirmou: "Se eu participo com gratidão, por que sou criticado por causa daquilo por que dou graças?" (1Coríntios 10:30).

Nossa conduta deveria ser de sempre dar graças pela provisão divina antes de nós nos alimentarmos. Ademais, alguns sugerem a necessidade de uma oração formal "de entrega" do jejum antes de voltar a comer. Penso ser *sábio* e *indicado* orar tanto antes de alimentar-se no dia a dia quanto ao entregar um jejum, mas *não obrigatório* — uma vez que a Escritura *não exige* isso.

Às vezes, deparo-me com preocupações exageradas: "Pastor, esqueci de orar antes de entregar o jejum, o que faço?" Eu digo: "Ore depois que já comeu." Alguns chegam a questionar se perderam o jejum por não terem orado no término; isso é tolice.

Quando encerrei meu primeiro jejum de 40 dias, estava pregando em São Gonçalo, no Rio de Janeiro. O pastor Leandro Silva, da Central do Avivamento, que me recebia, estava comigo na sala, quando fui tomar o primeiro caldo de legumes. Oramos juntos e entreguei o jejum (ele me acompanhou, em jejum, nos meus últimos três dias). Nunca esquecerei aquele momento. E nem ele! A glória de Deus se manifestou ali. Chorávamos como crianças. Falei ao Leandro: "Por que você está chorando? O jejum é meu.". Ele riu e disse: "Sei lá, a glória de Deus desceu aqui". Nem por isso, contudo, vou tentar sacralizar a entrega do jejum em nome de uma experiência.

A entrega do jejum, especialmente os prolongados, requer cuidado e paciência. Valnice adverte:

> É mais fácil começar um jejum prolongado do que sair dele. A arte de
> quebrar um jejum está no método para trazer o corpo de volta às suas

forças e o aparelho digestivo à sua normalidade, da forma mais gradual e rápida possível.[7]

A Bíblia não fala muito sobre os detalhes práticos da entrega, porém aponta um caso que, apesar de ter sido um jejum involuntário — de um servo de um amalequita que adoecera e fora abandonado no campo —, demandou certa seletividade no retorno à alimentação:

> Encontraram no campo um homem egípcio e o trouxeram a Davi. Deram-lhe pão, e ele comeu, e deram-lhe água para beber. Deram-lhe também um pedaço de pasta de figos secos e dois cachos de passas, e ele comeu. Assim, recobrou as forças, pois havia três dias e três noites que não comia pão, nem bebia água (1Samuel 30:11,12).

Quando comecei a jejuar com mais intensidade e por períodos maiores, aos 18 anos de idade, não entendia nada sobre esse cuidado necessário pós-jejum. Outros colegas e eu quebrávamos jejuns de uma semana com todo tipo de comida pesada e inadequada ao momento. Como era mais jovem, eu não sentia tanto o impacto, mas aprendi com o tempo que não devemos agir dessa forma.

Outros acabam errando na compensação. Depois de um tempo sem comer, que deveria auxiliar no exercício do domínio próprio, entregam-se descontroladamente à comida. Temos exemplo de tal conduta repudiável na Escritura. Saul impusera um jejum ao seu exército em um dia de batalha contra os filisteus (1Samuel 14:28); ao fim do dia, no entanto, na hora de quebrar o jejum, acabaram, pelo desespero da fome, comendo de forma apressada — sem respeitar a ordenança da lei mosaica de não comer carne com sangue:

· · · · · · · ·

[7] COELHO, Valnice Milhomens. *O jejum e a redenção do Brasil*, 5ª ed., p. 333.

Naquele dia derrotaram os filisteus, desde Micmás até Aijalom. O povo estava muito exausto. Então, lançando-se sobre o despojo, pegaram ovelhas, bois e bezerros, e os mataram no chão, e comeram a carne com sangue. Foram contar isto a Saul, dizendo:

— Eis que o povo está pecando contra o SENHOR, porque comem a carne com sangue.

Saul gritou:

— Traidores! Rolem para aqui uma grande pedra.

E Saul disse mais:

— Espalhem-se entre o povo e digam a eles que cada um me traga o seu boi, a sua ovelha, e que os matem aqui, e então comam. E que não pequem contra o SENHOR, comendo carne com sangue.

Então todo o povo trouxe, de noite, cada um o seu boi e o matou ali (1Samuel 14:31-34).

Resumindo, começaram jejuando e terminaram *pecando*!

Em jejuns pequenos, a volta à alimentação pode ser mais simples. Quanto maior for o período do jejum, no entanto, maior deve ser o cuidado ao entregá-lo. Recebi uma recomendação do doutor Aldrin Marshall[8] (o médico que tem me acompanhado nos jejuns prolongados) de quebrar lenta e progressivamente o jejum da seguinte forma: no primeiro dia, ingerir líquidos; no segundo dia, semipastosos (caldos de legumes levemente engrossados, batidos no liquidificador); no terceiro dia, pastosos; e, somente a partir do quarto dia, inserir alimentos sólidos, começando por verduras, legumes e vegetais. Dizem que o consumo imediato de amido (e carboidratos em geral) não é a melhor recomendação. Um pastor amigo comentou que ouviu de um pastor sul-coreano (cristãos da Coreia do Sul vivem uma cultura de jejum e

[8] O Dr. Aldrin Marshall, médico nutrólogo, lidera o *Metanoia Saúde*, que ensina sobre o padrão bíblico de cuidado do corpo associado a dicas e oferece muitas sugestões práticas para uma alimentação saudável. Conheça mais em: *www.metanoiasaude.com.br*

comumente praticam períodos de 40 dias) que muitos costumam levar outros 40 dias sem consumir carboidratos na volta do jejum.

Há, ainda, uma diferença na condução do jejum que, por certo, afeta no pós-jejum. A direção que recebi do Senhor em meu primeiro jejum de 40 dias foi de ingerir exclusivamente água. Já em meu segundo jejum, no entanto, o doutor Aldrin me perguntou se eu havia recebido o mesmo direcionamento, então aconselhou: "Se você não tiver essa direção clara de Deus, eu sugiro que você inclua a ingestão de *whey protein* (proteína do leite) na água pelas manhãs e, também, beba uma xícara de *missoshiru* (caldo feito com pasta de soja fermentada) à noite". Ele explicou: "Esse consumo não tirará você da cetose do jejum e, no final, a perda de peso será igual à do jejum apenas com água. A ingestão de uma pequena porção de proteína e sódio, no entanto, ajudará você no ritmo de atividade física que você terá ao longo da caravana que fará, por duas semanas, em Israel.". De fato, a perda de peso e as reações do corpo foram exatamente as mesmas do jejum anterior, mas percebi que seguir a instrução de meu médico, em especial a ingestão de sódio, ajudou-me muito tanto no curso do jejum quanto no posterior retorno à alimentação.

No meu terceiro jejum de 40 dias, fui novamente orientado a fazer uso de *missoshiru* (com cerca de 30 calorias) e *proteína* (usei proteína vegetal, de ervilha, com 96 calorias). Dessa vez, a sugestão também foi preservar a ingestão de *suplementos* e *multivitamínicos* (na forma de cápsulas) que normalmente uso quando não estou jejuando. "Não os ingerir não lhe fará mal, mas os ingerir estando em jejum, com o organismo limpo e com uma ótima capacidade de absorção, lhe fará bem" — garantiu doutor Aldrin. Ou seja, a maneira como me conduzi no jejum, seguindo recomendações médicas, não apenas foi essencial ao período em que estava jejuando, mas também serviu de preparação ao meu corpo, para que voltasse bem à rotina alimentar.

Esses cuidados devem ser observados não somente no ato da quebra do jejum e nos dias seguintes, mas durante um tempo. O corpo estará com hiperassimilação, procurando repor muito daquilo que perdeu. No final do meu primeiro jejum de 40 dias, eu fui bem cuidadoso. No final do segundo, o médico me pediu um cuidado ainda maior, mas não dei tanta atenção, afinal tudo tinha corrido bem na volta do anterior. O que não levei em consideração é que estava fazendo um segundo jejum de 40 dias com uma diferença de apenas 8 meses. Trata-se de algo rigoroso, um choque para o corpo. O resultado? Engordei bastante nos meses seguintes. Depois disso, aprendi a lição. Uma dieta cuidadosa se faz necessária por, pelo menos, o mesmo período em que se jejuou.

Ao final desta minha terceira experiência de jejum, quando encerro também este livro, por ter consumido *missoshiru*, somado à ingestão de suplementos e vitaminas, percebi que meu intestino se manteve ativo, ainda funcionando (o que não acontece quando ficamos só com água), então quebrei o jejum indo diretamente aos pastosos, sem passar pelas etapas anteriores de líquidos e semipastosos. No dia seguinte, já fui aos sólidos leves — em pequenas porções.

Meu ponto é: você sempre deve ser cauteloso aos finais de jejuns prolongados, e a cautela deve durar, no mínimo, pelo mesmo período de tempo que durou o jejum. Entretanto, o modo como você conduziu a abstinência, se só com água ou com a permissão de outros elementos, determinará quão lento deve ser seu retorno à alimentação regular e o quanto você pode "permitir-se", ainda com o devido cuidado, já nos primeiros dias após o encerramento do voto.

12
....

ASPECTOS COMPLEMENTARES

"Você precisa ser o mestre do seu estômago, não escravo dele."

RICHARD FOSTER[1]

O jejum, como já constatamos, é um exercício de domínio próprio. Além disso, deve ser visto como uma expressão de autocontrole em uma área delicada, que é a alimentar. A comida em si não é ruim; tanto é necessária para nossa subsistência como também é expressão da bênção e provisão divina em nossas vidas (Deuteronômio 8:10). Entretanto, mesmo aquilo que é lícito pode afetar-nos negativamente. Um exemplo claro é o dinheiro. Embora não seja errado ter dinheiro (o amor ao dinheiro é que é errado — 1Timóteo 6:10), nossa relação com ele pode, sim, ser incorreta (Salmos 62:10).

Vale, então, questionarmos: Como a comida tem afetado a humanidade? Será que percebemos a força e a influência que ela exerce sobre nós?

....
[1] FOSTER, Richard. *Celebração da disciplina*, p. 95.

Quero falar um pouco sobre esse assunto mediante exemplos bíblicos. Como o ser humano foi primeiramente tentado? Qual foi a área na qual Satanás concentrou seus esforços iniciais? Ainda que possamos acrescentar outros elementos explorados na proposta maligna, temos de admitir que a desgraça da humanidade começou com uma oferta mascarada pela atração por comida (Gênesis 3:6,7).

Quando a Bíblia registra pela primeira vez Satanás tentando diretamente Jesus — o último Adão, o nova cabeça de raça –, que área estava sendo provocada? Os Evangelhos de Mateus e Lucas mostram também se tratar da esfera alimentar, com o Diabo buscando explorar a fome que Cristo sentiu depois de 40 dias em jejum (Mateus 4:1-4).

Foi por causa da fome e do desejo por comida que Esaú vendeu seu direito de primogenitura (Hebreus 12:16). Os israelitas falaram em voltar ao Egito — de onde Deus os havia resgatado — por causa da saudade da comida (Números 11:4-6). Paulo denunciou pessoas cujo deus é o ventre (Filipenses 3:19), o que indica que elas eram orientadas, dedicadas e controladas pela comida.

Uma vida jejuada

Parte de viver a cultura do jejum é também adotar um estilo de *vida jejuada*. Quero explicar melhor o que isso significa e o porquê de adotarmos essa prática em nossas vidas. Kenneth Hagin, em seu livro "Guia Para o Jejum Equilibrado", comenta o seguinte:

> Na primeira vez em que me lancei no ministério itinerante, reservei dois dias por semana — terças e quintas-feiras, para meus dias de jejum. Não fui guiado pelo Senhor a fazer isso; apenas jejuava dois dias por semana. Eram jejuns de 24 horas, porque era assim que o povo de Israel fazia.
>
> Usava esse tempo extra, no qual deveria estar comendo, para orar. Lembre-se de que o jejum não lhe acrescentará muito se você não despender tempo em oração, esperando no Senhor.

ASPECTOS COMPLEMENTARES 229

Foi nesse período em que jejuava duas vezes semanais que alcancei as maiores conquistas espirituais em meu ministério. Eu me trancava na igreja e passava tempo orando. [...]

Após vários anos jejuando dois dias por semana, o Senhor me disse: "Eu ficaria mais feliz se você tivesse *uma vida em jejum*".

Respondi: "O que o Senhor quer dizer com *uma vida em jejum*?".

Ele me aconselhou: "Não coma tudo o que você quer. Controle seu apetite. Tudo o que o jejum vai fazer é mortificar seu corpo".

Você sabe que isso é mais difícil do que jejuar? Eu mudei. Nunca mais tive dias separados para jejum sem que o Espírito de Deus assim me dirigisse. Obtive conquistas espirituais maiores com a vida em jejum. Quando eu estava em reuniões, fazia apenas uma refeição (ainda faço isso na maior parte do tempo). Notei que as curas passaram a ocorrer mais facilmente depois da minha mudança de hábitos. Nas ocasiões em que imporia as mãos sobre as pessoas para que recebessem o Espírito de Deus, eu não comia alimento algum. Se encontrasse uma barreira, ou mesmo me faltasse força física, e as coisas não se desenrolassem como previsto, eu bebia um suco ou ingeria algo. No entanto, jamais comia tudo o que desejava. Passei a ter resultados melhores, porque tinha uma vida em jejum.[2]

Não estou sugerindo uma troca. Não é porque se preserva uma *vida jejuada* que não seja mais necessário jejuar. Utilizo como exemplo o que o Senhor falou com o irmão Hagin para acrescentar a *vida jejuada* (ou "vida em jejum", como ele denominou) aos jejuns — uma coisa não exclui a outra. Valnice Milhomens, por exemplo, tanto jejua frequentemente como adotou um estilo de vida jejuada, o que se comprova em seus livros, pregações e testemunhos.

O que, na prática, é uma vida jejuada? É uma vida em que a comida não domina. Para isso, pode-se adotar um padrão de controle sobre

. . . .
[2] HAGIN, Kenneth E. *Guia para o jejum equilibrado*, p. 29-31.

quantidade e qualidade dos alimentos ingeridos. Também é saudável determinar dietas ou restrições por períodos um pouco mais prolongados. Não se trata, portanto, de jejuar, mas viver de modo que a alimentação nos sirva, sem exercer domínio sobre nós — e já vimos que é, de fato, uma área sensível.

Embora estejamos focados no aspecto espiritual, esse estilo de vida jejuada, além de auxiliar no exercício do autocontrole, também é benéfico à saúde.

Perguntas e respostas

Tenho recebido muitas perguntas acerca do jejum, então decidi responder algumas delas neste capítulo final. Nem todas tratam de assuntos inéditos; algumas já foram respondidas ao longo do livro e entram aqui em caráter de recapitulação.

Fiz uma distinção das respostas dadas pelo doutor Aldrin Marshall, como médico, das minhas, que são aquelas nas quais não há especificação de quem respondeu.

1. Preciso estar em plena imersão na leitura bíblica e oração durante todo o tempo do jejum?

Não necessariamente. Principalmente em se tratando de um jejum que vá além de um dia, às vezes pode ser difícil aproveitar o tempo todo dessa forma. Porém, quanto maior o tempo que gastarmos nas coisas espirituais, melhor aproveitado será o jejum, uma vez que ele possui propósito espiritual. Não é à toa que alguns chamam a oração de "a irmã gêmea" do jejum.

2. Às vezes jejuo sem vontade ou desanimado. Esse jejum é válido?

O que determina a validade do jejum é a determinação de fazê-lo, não o que sentimos durante a sua prática. Vale lembrar que a caminhada cristã é baseada em fé, não em sentimentos. Lembre-se: "bom não é jejuar, é ter jejuado". A melhor parte costuma vir depois, e não durante a prática.

3. O jejum é para todo cristão? Por que alguns passam mal?

Creio que *todo* crente deveria jejuar. É verdade que nem todos possuem condições físicas de realizar um jejum *normal* ou *total*. Contudo, todos podem adequar um jejum *parcial* adequado à sua condição física, ou mesmo praticar jejuns por períodos menores. Fiz a distinção desses tipos de jejuns no capítulo 9: "Formas, Tipos e Duração do Jejum".

4. Perco meu jejum se eu me irritar?

Raramente alguém começa um jejum e não tem de lidar com a irritação, especialmente quando se trata do ciclo inicial, do primeiro ao terceiro dia, fase de desintoxicação conhecida por produzir esse tipo de reação. O problema, no entanto, não é a irritação, e sim o que fazemos com ela: se nos entregamos ao sentimento, ou se o subjugamos. Paulo revelou que é possível irar sem pecar (Efésios 4:26); ou seja, o pecado não tem a ver com aquilo que sentimos, mas com ao que fazemos com o sentimento.

5. Tenho pressão baixa e histórico de desmaios, como fazer?

O Dr. Aldrin Marshall responde: O jejum, nesse caso, não é contrain-dicado. Porém, é importante um processo de adaptação, aumentando gradualmente o período de jejum e também o consumo de líquidos (água, chá verde, chá-mate, tereré, chimarrão, café e também um caldo salgado de ossos ou de missô).

6. Posso jejuar durante a gravidez?

O Dr. Aldrin Marshall responde: É contraindicado o jejum de 24 horas ou mais. Estudos revelaram, entretanto, que jejuns menores, de 12 horas, não afetaram negativamente o peso do bebê nem tiverem influência quanto ao parto prematuro — o que está mais detalhado no apêndice deste livro, incluindo a possibilidade de utilizar o jejum intermitente como tratamento para grávidas com Diabetes Mellitus Gestacional (DMG).

Acima de tudo, a gestação é um período em que o acompanhamento médico é fundamental, então o conselho é jejuar sob orientação médica.

7. Posso jejuar enquanto amamento?

O Dr. Aldrin Marshall responde: É contraindicado o jejum, pois estudos mostram que lactantes que praticaram jejum de 12 horas apresentaram diferenças significativas em certos minerais presentes no leite materno. Além disso, o estado nutricional materno e do lactente é afetado.

8. O jejum não coloca a saúde em risco?

Não. Salvo situações específicas, de pessoas enfermas ou em tratamento médico — que deveriam consultar seu médico –, o jejum, especialmente os menores, são saudáveis. Citei, anteriormente, o Dr. Fung: "Faz mal à saúde? A resposta é não. Estudos científicos concluem que o jejum traz benefícios significativos à saúde. O metabolismo aumenta, a energia aumenta e a glicemia diminui".[3]

9. O jejum deve envolver abstinência de sono?

Não há nada na Bíblia que vincule o jejum com abstinência de sono. Lucas registrou: "Naqueles dias, Jesus se retirou para o monte, a fim de orar, e *passou a noite orando* a Deus" (Lucas 6:12). Paulo mencionou tanto vigílias (que podem ser períodos dedicados à oração como também períodos involuntários de sono) quanto jejum (2Coríntios 6:5), mas não necessariamente os conectou.

· · · · · · · ·
[3] FUNG, Jason. *O código da obesidade*, p. 230.

ASPECTOS COMPLEMENTARES 233

Escrevendo a Timóteo, o apóstolo mencionou a viúva que "espera em Deus e persevera em súplicas e orações, noite e dia" (1Timóteo 5:5) e a contrastou com a viúva "que se entrega aos prazeres, mesmo viva, está morta" (1Timóteo 5:6). Embora a última estivesse vivendo o oposto do jejum e da abstinência dos prazeres carnais, não quer dizer que a primeira obrigatoriamente tinha de incluir vigílias em seus jejuns. É claro que, normalmente, os povos antigos não comiam na madrugada. Ou seja, as vigílias provavelmente eram feitas em jejum, mas os jejuns não necessariamente exigiam vigílias.

10. As relações sexuais são permitidas durante o jejum?

Tenho repetido, ao longo do livro, que não há regras pré-determinadas acerca do jejum. Cada um decide como, quando e por quanto tempo jejuar. Paulo apontou que o único motivo para o casal cristão dar uma pausa no momento de intimidade seria para, de comum acordo, por um período de tempo, dedicar-se à oração (1Coríntios 7:5). Isso significa que a abstinência sexual é cabível — e até recomendável — em um propósito de consagração e concorda com o motivo do jejum. Não pode, contudo, ser tratada como uma obrigação durante o jejum. Por outro lado, essa pausa para dedicação à oração também poderia acontecer sem um jejum de alimentos. Ressalto, contudo, que isso é uma decisão a ser tomada em conjunto, pelo casal; não se trata de uma decisão de apenas um dos cônjuges.

11. Tenho de passar mal para o jejum ser válido?

Não. O "passar mal" pode, inclusive, ser evitado. É um efeito da desintoxicação do organismo. Os jejuns, quando planejados, podem evitá-lo ou minimizá-lo — basta incluir um processo de desintoxicação antes do jejum ou mesmo em seu início. Ofereci informações sobre esse processo no capítulo 11: "A Forma de Jejuar".

12. Posso tomar um remédio para dor de cabeça ao jejuar?

O Dr. Aldrin Marshall responde: Não há contraindicação ao uso de analgésicos, mas como a cefaleia (dor de cabeça) é um sinal de que o seu organismo está no processo de detoxificação, a sugestão é aumentar o consumo de água e ingerir 2 cápsulas de Magnésio (Di-malato, Quelado, Aspartato etc).

13. Posso falar que estou jejuando?

Tratei disso no capítulo 5. Segue a resenha: "Jesus condenou o *exibicionismo* dos fariseus que faziam questão de parecer contristados aos homens para promover uma aparente espiritualidade. Entretanto, Ele não proibiu de comentar sobre a prática de jejuar — isso seria contraditório ao fato de existir registro bíblico do jejum feito pelo próprio Jesus. Como se sabe que Cristo, que estava *sozinho* no deserto, fez um jejum de 40 dias? Certamente porque Ele contou! É claro que não significa que nosso Senhor tenha saído alardeando sua experiência a todo mundo, mas que, discretamente, repartiu sua experiência com os discípulos. E o que dizer de jejuns coletivos, como o dos líderes da igreja em Antioquia (Atos 13:2,3)? Não haveria como mantê-los em segredo."

Eu, particularmente, fui estimulado à prática do jejum — e ao crescimento nela — ouvindo experiências de crentes que jejuavam. Com a devida discrição, sem procurar reconhecimento ou autopromoção, podemos encorajar outros a jejuar por meio do relato de nossas experiências. Portanto, ainda que não possamos assumir que *devemos* contar aos outros, é fato que, da forma correta, *podemos* fazê-lo.

14. Qual o objetivo principal do jejum?

Tratei disso no capítulo 8, no qual afirmo: "O jejum deve ter o que classifico de um propósito *principal*, que lhe é inerente: buscar a Deus — o que abrange adoração, oração e meditação bíblica. No entanto, também é possível detectar, nas Escrituras, propósitos *secundários*. Estes não devem ser vistos como *divergentes* do propósito principal, e sim como *desdobramentos*"."

15. Não sinto nenhum resultado no meu jejum. É assim mesmo?

Como afirmei há pouco, o jejum — como qualquer disciplina cristã — é um ato de fé que não requer nenhum sentimento. Se Cristo afirmou que o Pai, que vê em secreto, nos recompensará, então é certo que haverá resultado. Mas não se deve buscar apenas resultados imediatos. Muitos não perseveram em jejuar por não ver resultados rápidos. Agir assim seria o mesmo que desistir da academia depois do primeiro treino, alegando falta de resultados.

16. Posso jejuar durante a menstruação? Ou estou "imunda", como diz o Antigo Testamento?

Os ritos cerimoniais da lei mosaica, do Antigo Testamento, foram prescritos na nova aliança. O escritor de Hebreus afirma que, atualmente, "não passam de ordenanças da carne, baseadas somente em comidas, bebidas e diversas cerimônias de purificação, impostas até o tempo oportuno de reforma" (Hebreus 9:10). Espiritualmente falando, não há "imundície" vinculada à menstruação No novo Testamento.

Sobre a questão da imunidade baixa, assunto que preocupa algumas mulheres nesse período, o Dr. Aldrin Marshall explica que o jejum promove o oposto: "Como o jejum promove uma detoxificação e acelera o processo de renovação celular (autofagia) e morte celular programada (apoptose), um dos benefícios colhidos é *a melhora do sistema imune*".

17. Existe jejum de atitudes?

No sentido bíblico, jejuar é *deixar de comer*. Embora um jejum possa incluir outras abstinências, não se caracteriza por elas, e sim pela abstinência de alimentos. Atitudes corretas são requeridas de nós o tempo todo, antes, durante e depois do jejum, portanto não reconheço o "jejum de atitudes" dentro do que estamos estudando. O jejum é eventual; atitudes corretas deveriam ser contínuas.

18. Como não achar que o jejum seja uma moeda de troca?

É necessário ter o entendimento bíblico correto. Tratei disso no capítulo 4: "O Que é o Jejum?". O jejum não é — como alguns pensam — uma espécie de "moeda de troca" ou ferramenta de barganha. Também não é um sacrifício que, por si mesmo, gere recompensas. Isso tudo seria uma contradição à graça, revelada em Cristo, que se acessa mediante a fé (Romanos 5:2). "Não jejuamos para ganhar alguma coisa; jejuamos para nos conectar com nosso Deus sobrenatural. Estamos limpando o canal que nos conecta com a unção divina", diz Mahesh Chavda.[4]

Vale ressaltar que essa prática também não nos faz merecedores de nada. Nas palavras de John Wesley, o jejum é "um meio da graça", e não uma forma de excluí-la; logo, o jejum não deve ser visto como um ato meritório. Deus não deve nada a quem jejua. O jejum, no entanto, tem o poder de produzir mudanças em nós; mortifica a carne, aflige a alma e torna sensível o espírito. E sempre deve ser praticado com o propósito de buscar a Deus, com motivações corretas.

19. Há uma hora certa para começar o jejum?

Não. Os israelitas do Antigo Testamento tinham o hábito de jejuar a partir das 18 horas (ao pôr do sol), pois era o momento em que se encerrava um dia e iniciava outro — como a virada que, atualmente, marcamos à meia-noite. Contudo, cada um decide quando começa seu jejum e quando encerra. Não há nenhuma predeterminação bíblica quanto a isso.

20. Se eu jejuar apenas por meio dia, é aceitável a Deus?

Compartilhei que comecei jejuando uma refeição, depois duas, depois um dia inteiro. Ainda hoje faço tanto jejuns de partes do dia como também de dias inteiros. Tudo depende da pessoa que jejua e das circunstâncias envolvidas. Recomendo, especialmente para quem está

. . . .

[4] CHAVDA, Mahesh. *O poder secreto da oração e do jejum*, p. 124.

ASPECTOS COMPLEMENTARES **237**

começando a prática do jejum, que comece com jejuns menores, pulando apenas uma ou duas refeições.

21. Posso jejuar em favor de outras pessoas?

Eu não responderia apenas que alguém *pode*, mas que também *deve* fazer isso. Um dos propósitos secundários do jejum, que abordei no capítulo 8, é a oração intercessória, ou seja, em favor de outros. Esta, por sua vez, também pode ser acrescida do jejum, como o profeta Daniel fez (Daniel 9:3), que se dedicou a interceder pela nação de Israel (Daniel 9:15-19).

22. Quebrei um jejum no quarto dia porque quase desmaiei. Fiz certo?

Essa pergunta pode ter mais de uma resposta e, para isso, seria necessário saber os detalhes envolvidos. Vou comentar duas possibilidades.

Por um lado, quase todos que fazem um jejum prolongado lidam com essa "sensação de desmaio" nos primeiros dias (e, próximo do 20º dia, volta a acontecer), principalmente quando levantam depressa. Essa vertigem é atribuída por alguns médicos a um modo de economia de energia no qual o corpo entra. O processo de equilíbrio, de autorregulagem do corpo, é chamado de homeostase. Ao perceber a falta de entrada de alimentos, o corpo costuma "dosar" a entrega de energia, especialmente depois que entrou em *cetose*, quando a fonte de energia passa a vir das reservas de gordura. Portanto, essa tontura ou sensação de desmaio é comum quando o jejuador não se mantém muito ativo fisicamente desde o início do jejum.

Por outro lado, qualquer sensação de "mal-estar" deve sempre ser vista como um alerta, especialmente após os primeiros três dias do jejum, quando o processo de detoxificação — com seus desconfortáveis sintomas — já passaram. Já encerrei jejuns por preocupações que, depois, provaram-se desnecessárias. Enquanto avançamos na prática do jejum, no entanto, iremos descobrindo reações e limites de nosso próprio corpo. Na dúvida, sempre prefiro encerrar o jejum do que insistir.

23. Posso jejuar por algo específico?

No capítulo 8, destaquei que o propósito primário do jejum é buscar a Deus. Alistei, entretanto, vários propósitos secundários que, por sua vez, incluem orar por situações específicas. Tenho feito isso várias vezes ao longo de minha jornada de vida cristã. Embora possa afirmar que, na maioria das vezes, jejuo para que Deus "receba mais de mim" do que para que eu "receba algo dele", não há como negar que o jejum pode ser combinado à oração por questões específicas.

24. Como distinguir se estou jejuando corretamente ou apenas passando fome?

Avaliando a razão e o propósito pelos quais não está comendo. Se há um posicionamento de buscar a Deus e as motivações da busca são corretas, não se trata de apenas passar fome; caso contrário, pode ser só passar fome mesmo.

25. Devo beber apenas água ou também posso ingerir outros tipos de bebida?

Essa resposta depende do jejum a que a pessoa se propôs fazer. Tanto um como outro são tipos bíblicos de jejuns. Trato disso no capítulo 9.

26. Posso desistir do jejum antes do prazo estabelecido?

Há razões para interromper um jejum antes do prazo proposto. Penso que as principais são por questões de saúde, se alguém está de fato passando mal, ou se outra situação de saúde surgiu paralelamente ao jejum, como a detecção de uma enfermidade. Enquanto eu escrevia este livro, minha esposa interrompeu um jejum no segundo dia por ter contraído COVID-19. Ela preferiu, sabiamente, recuperar-se e fazê-lo depois.

ASPECTOS COMPLEMENTARES 239

Muitos acabam desistindo, no entanto, especialmente no início da prática, por não conseguirem perseverar. Penso que não devam martirizar-se por isso. Pelo contrário, que haja incentivo a recomeçar e a insistir, porque é na prática que aprendemos e crescemos nessa disciplina espiritual.

27. O que fazer quando se esquece que estava jejuando?

Isso pode acontecer. Quando aconteceu comigo, agi de formas distintas, de acordo com o ocorrido. Já corri cuspir o que havia colocado na boca antes de engolir e já tive o infortúnio de lembrar só depois de ter comido — ato que fiz por reflexo e hábito, sem pensar. Numa dessas situações, estava em um jejum parcial, sem ingestão de carne, e alguém me ofereceu uma esfirra. Enquanto eu comia, a própria pessoa me perguntou: "Você não está evitando carne?". Olhei para o que estava comendo, perplexo, porque havia me esquecido. Pedi perdão a Deus e segui com o propósito. Outra ocasião, comi antes do período proposto, novamente por esquecimento. Pedi perdão a Deus e comecei outro jejum, fazendo tudo de novo.

Com o tempo, passei a ter tanto cuidado para isso não acontecer que, muitas vezes, em jejuns prolongados, sonhava que comia e quebrava o jejum (isso é quase um pesadelo!). Nessas ocasiões o alívio era enorme ao acordar e perceber que havia sido apenas um sonho.

28. Jejum bíblico também pode incluir a intenção de emagrecer?

Se o emagrecimento não for o propósito principal, não vejo nada de errado em se aproveitar de um de seus efeitos colaterais. Entretanto, depende de que tipo de jejum estamos falando, se é um parcial, se é o jejum intermitente aplicado de forma recorrente por períodos maiores... Jejuns menores quase não levarão ao emagrecimento. E os maiores, diferentemente, embora proporcionem muito emagrecimento,

240 A CULTURA DO JEJUM

também podem levar a uma rápida recuperação de peso depois. Eu diria que, se o propósito for só emagrecer, há outras formas melhores que o jejum, como o uso de dietas com acompanhamento de médicos e nutricionistas.

29. Posso jejuar trabalhando?

Tratei disso no capítulo 11. Segue a transcrição do comentário feito:

"As pessoas sempre me perguntam se podem jejuar enquanto trabalham. Eu respondo que depende da direção que elas têm e de como se sentem dispostas a fazê-lo. Outros criticam: 'Mas a pessoa não vai orar enquanto trabalha!', e eu respondo: 'Mas, quando sair do trabalho para orar, terá mais horas acumuladas de jejum do que se tivesse deixado para iniciar o jejum só depois do horário de trabalho ou quando não estivesse trabalhando'! Além de que algumas atividades permitem que se ore em paralelo, enquanto elas são executadas. Acrescente-se a isso a orientação bíblica 'Orem *em todo tempo* no Espírito' (Efésios 6:18), que deveria ser praticada também no trabalho, com ou sem jejum.

O conselho de como se conduzir durante o tempo de abstinência alimentar, no entanto, pode mudar diante de algumas variáveis: Qual o tipo de jejum? Se é parcial, a pessoa fará algum tipo de refeição, mas, se não, pode usar o tempo das refeições para a oração. Qual a duração? Se o jejum é curto, os cuidados também são diferentes de quando se trata de um prolongado."

30. Como o jejum nos confere poder de expulsar demônios?

Na verdade, o jejum não confere esse poder. A autoridade para expulsar demônios nos foi dada por meio do uso do nome de Jesus — que funciona como uma espécie de "procuração" para que O representemos (Marcos 16:17; Atos 16:18). O jejum, no entanto, por mortificar a carne e aguçar a sensibilidade espiritual, pode tornar-nos mais perceptíveis à autoridade que nos foi dada e ao próprio discernimento espiritual.

ASPECTOS COMPLEMENTARES 241

Destaquei, no primeiro capítulo, que o texto em que encontramos Jesus mencionando que determinadas castas de demônios só sairiam por meio de oração e jejum (Mateus 17:21) não consta nos manuscritos superiores, ou seja, os mais antigos. Some-se a isso a ausência de outras instruções semelhantes e acabamos por concluir que essa frase, isolada, não serve para estabelecer uma doutrina acerca de algo que, *na prática*, parece estar muito associado: a importância do jejum para os que ministram libertação. Transcrevo, para recapitular essa verdade, parte do capítulo 8:

No entanto, mesmo não tratando diretamente da questão da libertação ou do exorcismo, há outros registros que sugerem a importância do jejum no contexto da *batalha espiritual*, realidade enfrentada por todo cristão (Efésios 6:12) e que se dá por meio da oração (Efésios 6:18).

Além de Jesus, que jejuou ao partir para um confronto direto com o diabo (Mateus 4:1,2), temos também Daniel. O profeta, que já jejuava e orava há três semanas (Daniel 10:3), recebeu a visita de um anjo, que revelou algo importante:

> Então ele me disse:
>
> — Não tenha medo, Daniel, porque as suas palavras foram ouvidas, *desde o primeiro dia* em que você dispôs o coração a compreender e a se humilhar na presença do seu Deus. Foi por causa dessas suas palavras que eu vim. Mas *o príncipe do reino da Pérsia me resistiu durante vinte e um dias. Porém Miguel, um dos príncipes mais importantes, veio me ajudar, e eu fiquei ali com os reis da Pérsia.*

Para o "atraso", compreendido entre as palavras ouvidas "desde o primeiro dia" e a chegada do anjo no 21º dia, existe uma explicação: guerra espiritual. Ao mencionar o "príncipe da Pérsia", o anjo não se referia a um ser humano — que, obviamente, não poderia resistir a um anjo. A necessidade de Miguel, "um dos primeiros príncipes" entre os anjos eleitos, ser convocado para auxiliar na batalha aponta para a proporção dela. A perseverança de Daniel em jejum e oração, entretanto, conduziu-o à resposta divina.

Embora o texto, em si, não conecte diretamente jejum e oração com a chegada da resposta, isso me parece implícito. Caso contrário, não haveria necessidade sequer de dar ênfase ao jejum, como o anjo fez (Daniel 10:12).

31. O jejum traz à tona o que está dentro de nós?

Pode-se dizer, em certo sentido, que o jejum possui o poder de expor o que nos controla e, portanto, o que está dentro de nós. Isso é, no entanto, muito mais uma constatação prática do que uma doutrina bíblica. O jejum expõe a força dos apetites carnais e o quanto eles nos controlam. Além de dar o diagnóstico, também auxilia — por meio de sua prática persistente — na mortificação dos mesmos prazeres.

32. Qual a diferença entre jejum e propósito?

Um jejum pode ser feito porque alguém firmou um propósito de busca a Deus e consagração a Ele. Portanto, um jejum pode ser um propósito. Nesse sentido, alguns usam a expressão "estou em um propósito" como um sinônimo de jejum. Nem todo propósito firmado, contudo, é um jejum. Não entendo quando alguém tenta diferenciar essas expressões como se fossem níveis distintos de consagração. Alguém pode ter um propósito de consagração que não seja jejum e alguém pode ter um propósito de jejuar que também não seja consagração.

33. O que é um "jejum de tolo"?

A Escritura nos adverte quanto a não fazer um *voto* de tolo: "Quando você fizer algum voto a Deus, não demore a cumpri-lo, pois ele não se agrada de tolos. Cumpra o voto que você faz. Melhor é não fazer voto do que fazer e não cumprir" (Eclesiastes 5:4,5). Um voto de tolo é algo prometido a Deus e não cumprido. Não existe, entretanto, nenhuma ménção bíblica de um *"jejum* de tolo". Imagino que alguém deva ter usado a expressão para referir-se a um indivíduo que não cumpriu o voto que fez em seu jejum, então a definição acabou por popularizar-se. Tem sido empregada de modo errado, a meu ver — mais para desmerecer determinados jejuns do que para encorajar o compromisso com os votos assumidos.

34. É correto jejuar em prol de coisas materiais?

O jejum, assim como sua "irmã gêmea" que é a oração, não possui restrições quanto ao que buscamos de Deus. Sobre a oração, por exemplo, Jesus disse: "tudo quanto pedirdes" (Mateus 21:22; Marcos 11:24; João 14:13). Ele não disse: "tudo menos as coisas materiais", portanto, essas coisas estão inclusas. Sei de crentes que oraram e jejuaram por provisões e bênçãos financeiras e foram atendidos — não há razão para crer que tais orações não possam ser atendidas.

Vale ressaltar que, para os que se dedicam a jejuns prolongados, há uma clara mudança de valores em determinado momento do jejum. E afirmo, pela prática, que a sensação que se tem é que muitas vezes as "coisas materiais" perdem tanto a importância ao longo do processo que até perdemos a empolgação de buscá-las.

O centro de gravidade das coisas terrenas puxa para baixo. Já o centro de gravidade do Reino de Deus puxa para cima: "busquem as coisas lá do alto, onde Cristo vive, assentado à direita de Deus. Pensem nas coisas lá do alto, e não nas que são aqui da terra" (Colossenses 3:1,2). Não tenho razões para recriminar quem o faça nem para recomendar que o foco do jejum seja só esse. Que cada um seja guiado pelo Espírito Santo e pelo entendimento da Palavra que carrega.

35. Devo orar para entregar o jejum?

Quando as pessoas me perguntam se devem orar para entregar o jejum eu costumo responder, rindo: "Sempre devemos orar antes de qualquer refeição. Por que não o faríamos ao entregar o jejum?"

Contudo, como compartilhei no capítulo 11, não há um ritual preestabelecido acerca dessa formalidade. Assim como não temos razões para condenar tal conduta, também não as temos para exigir sua obrigatoriedade. Gosto de fazê-lo porque se encaixa em outros princípios bíblicos, como a gratidão pelos alimentos recebidos. Contudo, não se trata de exigência bíblica.

36. Meu pai não é cristão e não aprova que eu jejue, o que fazer?

O ensino bíblico é de honrar aos pais. A instrução acerca dos votos determinava que a filha dependesse da confirmação paterna para que o voto fosse validado: "se o pai, no dia em que souber disso, o desaprovar, não será válido nenhum dos votos dela, nem lhe será preciso observar a abstinência a que se obrigou; o Senhor perdoará isso a ela, porque o pai se opôs" (Números 30:5). Sendo assim, não vejo como comportamento sábio entrar em rota de colisão e desonra com um pai que, mesmo sem entendimento, deseja o melhor para sua filha (a pergunta foi feita por uma moça). Jejuns menores, de uma refeição e sem alarde, por exemplo, talvez possam ser feitos sem criar problemas. Do contrário, é melhor esperar a maioridade e a liberdade futura para jejuar sem ter de quebrar outro princípio bíblico. Enquanto isso, eu oraria para que Deus gerasse entendimento e aceitação no coração do pai, aguardando que primeiro isso acontecesse antes de prosseguir.

37. Quando o jejum deixa de ser espiritual e passa a ser religioso?

Quando é feito de forma errada, ou seja, com motivações erradas. Não basta fazer a coisa certa; é preciso fazê-la do jeito certo. Os judeus, nos dias de Isaías, estavam questionando a Deus: "Por que jejuamos, se tu nem notas? Por que nos humilhamos, se tu não levas isso em conta?" (Isaías 58:3). Evidentemente, é possível jejuar sem alcançar resultados. Isso normalmente se deve ao fato de fazer a coisa certa do jeito errado.

ASPECTOS COMPLEMENTARES 245

Jesus condenou os hipócritas que faziam questão de jejuar por reconhecimento humano e não divino (Mateus 6:16-18). Esse é um claro exemplo de um jejum religioso sem resultados espirituais — que Cristo denominou como "a recompensa do Pai Celeste".

38. É verdade que o jejum é "tudo aquilo que nos custa"?

As pessoas criam muitas definições que não são bíblicas. Passaram a definir jejum como um "sacrifício", o que ele não é (a menos que se considere a alegoria do *sacrifício vivo* como um ato de mortificação da carne). Depois fizeram o caminho inverso e definiram os "sacrifícios" (que seriam "tudo aquilo que nos custa"), mesmo sem envolver abstinência alimentar, como jejum. Não concordo nem acho que o jejum seja tão "custoso" assim. À medida que o praticamos, tanto aprendemos a fazê-lo como nos habituamos a ele — acaba ficando bem mais fácil.

39. O jejum nos deixa mais sensíveis a ouvir a voz de Deus?

Sim, embora isso não signifique, necessariamente, que ouviremos audivelmente a voz divina. Comentei isso no capítulo 7:

Depois de afirmar que "os que são guiados pelo Espírito de Deus são filhos de Deus" (Romanos 8:14), Paulo informa como se dá essa orientação: "O próprio Espírito confirma ao nosso espírito que somos filhos de Deus" (Romanos 8:16). Não precisamos de uma visão espetacular ou de ouvir uma voz audível, extraordinária, para saber que somos filhos de Deus, porque isso se dá pelo *testemunho interior*. O Espírito Santo testemunha *em nosso espírito* que somos salvos. Como foi dito: "O espírito do ser humano é a lâmpada do SENHOR" (Provérbios 20:27). Apesar de haver distinção entre espírito (o lugar onde o Espírito de Deus fala) e alma (a sede das nossas emoções — Hebreus 4:12), muitos, na prática, não percebem a liderança suave do Espírito em seu próprio espírito. O jejum, ao afligir a alma e o corpo, torna-nos mais sensíveis espiritualmente para ouvir o Espírito.

40. Abstinência de alimentos específicos é jejum ou dieta?

O jejum parcial pode, como comentei no capítulo 9, incluir abstinência de alimentos específicos — mas não de todos eles. A diferença entre jejum e dieta, nesse caso, diz respeito ao propósito — se é espiritual ou meramente uma questão de saúde. Lembro que se o propósito é espiritual, o jejum deve incluir oração e períodos de busca a Deus.

Um apelo final

Por fim, devo registrar meu apelo, que é também meu objetivo máximo com esta obra: jejue. Se você não jejuava, comece. Se você já é um jejuador, sinta-se motivado a ir além.

Acima de tudo, que a doce voz do Espírito Santo seja ouvida. Foi ela que conduziu Jesus ao ambiente no qual ele deveria jejuar. Seja qual for o lugar ou a época do seu jejum, no meio de um grande deserto ou desfrutando de um lindo oásis, seja qual for o tipo ou a duração de seu jejum, poucas horas ou mais de um mês, seja o que for, deixe--se ser levado pela liderança do Espírito. Permita-se não apenas ser introduzido à prática de jejuar, mas decida manter, em sua vida e na vida daqueles a quem puder influenciar, *a cultura do jejum* — até que o Noivo venha e possamos entregar juntos todos os nossos jejuns à mesa do banquete celestial.

Tendo caminhado por tantos pontos, desde conflitos teológicos até questões rotineiras e práticas, decidi encerrar o livro dando voz ao especialista a que mais recorri: o Dr. Aldrin Marshall. O apêndice a seguir é um artigo assinado por ele, muito mais técnico e acurado do que minhas leigas explicações poderiam alcançar.

Apêndice
JEJUM: ASPECTOS MÉDICO-CIENTÍFICOS

DR. ALDRIN MARSHALL[1]

O aspecto espiritual do jejum não pode ser separado do médico-científico e, para isto, faz-se necessário entender quais mecanismos bioquímicos estão por trás do ato de jejuar e quais os benefícios advindos desta prática milenar, que transcende culturas e religiões.

No mundo científico, o jejum ganhou ares de polêmica quando a revista *Science*, em 2009, publicou um artigo[2] sobre macacos *Rhesus* da mesma idade, comparando os que viveram em jejum com outros que receberam alimentação normal. Como mostram as fotos na página seguinte, os macacos que se alimentaram normalmente tinham aspecto muito mais envelhecido (fotos A e B), enquanto os macacos que praticaram o jejum (fotos C e D) tinham aspecto e biotipo mais jovens:

· · · · · · · ·

[1] Dr. Aldrin Marshall de Toledo Rocha é médico pós-graduado em Medicina Bioquímica e Prática Ortomolecular e Nutrologia. É pediatra com título de Especialização pela Sociedade Brasileira de Pediatria. Para mais informações, acesse www.metanoiasaude.com.br.

[2] Colman RJ, Anderson RM, Johnson SC, Kastman EK, Kosmatka KJ, Beasley TM, Allison DB, Cruzen C, Simmons HA, Kemnitz JW, Weindruch R. Caloric Restriction Delays Disease Onset And Mortality In Rhesus Monkeys. *Science*. 2009 Jul 10;325(5937):201-4. doi: 10:1126/science:1173635. PMID: 19590001; PMCID: PMC2812811.

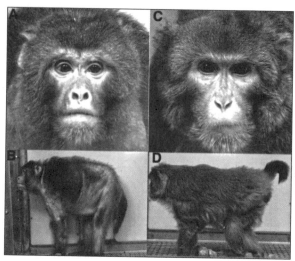

Disponível em: <https://pubmed.ncbi.nlm.nih.gov/19590001/#&gid=article-figures&pid=fig-1-uid-0>. Acesso em 18 mai 2022.

Em 2016, o cientista japonês Yoshinori Oshumi recebeu o Prêmio Nobel de Medicina por seus estudos sobre autofagia. O termo *autofagia* se origina das palavras gregas *auto*, que significa "eu", e *phagein*, que significa "comer". Assim, autofagia significa "autocomer". Essencialmente, é o mecanismo do corpo que se ocupa de livrar-se de todas as máquinas celulares antigas, defeituosas (organelas, proteínas e membranas celulares), quando não há mais energia suficiente para sustentá-las. É um processo regulamentado e ordenado para degradar e reciclar componentes celulares. A autofagia foi descrita pela primeira vez em 1962, quando os pesquisadores notaram um aumento no número de lisossomos (a parte da célula que destrói o material antigo) em células hepáticas de ratos após a infusão de glucagon. O cientista, também ganhador do Prêmio Nobel, Christian de Duve, foi quem cunhou o termo autofagia.[3] Sobre o processo, em suma, partes subcelulares danificadas e proteínas não usadas tornam-se marcadas para destruição e, em seguida, são enviadas aos lisossomos para que terminem o trabalho de destruí-las.

---

[3] Harnett MM, Pineda MA, Latré de Laté P, Eason RJ, Besteiro S, Harnett W, Langsley G. *From Christian de Duve to Yoshinori Ohsumi: More to Autophagy Than Just Dining at Home*. Biomed J. 2017 Feb;40(1):9-22. doi: 10:1016/j.bj:2016:12.004. Epub 2017 Mar 22. PMID: 28411887; PMCID: PMC6138802.

APÊNDICE – JEJUM: ASPECTOS MÉDICO-CIENTÍFICOS

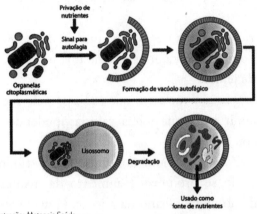

Ilustração: Metanoia Saúde

Diante do conhecimento adquirido sobre processos celulares fundamentais à homeostase (equilíbrio) das células, vários artigos começaram a ser publicados sobre a possível relação entre a prática do jejum e a otimização do processo de autofagia[4] e seus efeitos sobre a longevidade saudável e a prevenção de doenças.

---

[4] (1) Mattson MP, Longo VD, Harvie M. *Impact Of Intermittent Fasting On Health And Disease Processes*. Ageing Res Rev. 2017 Oct. 39:46-58. doi: 10:1016/j.arr:2016:10.005. Epub 2016 Oct 31. PMID: 27810402; PMCID: PMC5411330. (2) Antunes F, Erustes AG, Costa AJ, Nascimento AC, Bincoletto C, Ureshino RP, Pereira GJS, Smaili SS. *Autophagy And Intermittent Fasting: The Connection For Cancer Therapy? Clinics* (Sao Paulo). 2018 Dec 10;73(suppl 1):e814s. doi: 10:6061/clinics/2018/e814s. PMID: 30540126; PMCID: PMC6257056. (3) Bagherniya M, Butler AE, Barreto GE, Sahebkar A. *The effect of fasting or calorie restriction on autophagy induction: A review of the literature*. Ageing Res Rev. 2018 Nov;47:183-197. doi: 10:1016/j.arr:2018.08.004. Epub 2018 Aug 30. PMID: 30172870. (4) Saito T, Kuma A, Sugiura Y, Ichimura Y, Obata M, Kitamura H, Okuda S, Lee HC, Ikeda K, Kanegae Y, Saito I, Auwerx J, Motohashi H, Suematsu M, Soga T, Yokomizo T, Waguri S, Mizushima N, Komatsu M. *Autophagy regulates lipid metabolism through selective turnover of NCoR1*. Nat Commun. 2019 Apr 5;10(1):1567. doi: 10:1038/s41467-019-08829-3. PMID: 30952864; PMCID: PMC6450892. (5) Golbidi S, Daiber A, Korac B, Li H, Essop MF, Laher I. *Health Benefits of Fasting and Caloric Restriction*. Curr Diab Rep. 2017 Oct 23;17(12):123. doi: 10:1007/s11892-017-0951-7. PMID: 29063418. (6) Paoli A, Tinsley G, Bianco A, Moro T. *The Influence of Meal Frequency and Timing on Health in Humans: The Role of Fasting. Nutrients.* 2019 Mar 28;11(4):719. doi: 10:3390/nu11040719. PMID: 30925707; PMCID: PMC6520689. (7) Tavernarakis N. *Regulation and Roles of Autophagy in the Brain*. Adv Exp Med Biol.

No contexto médico, podemos classificar o jejum em três categorias:

1. *Restrição calórica*: uma pessoa que precisa de 2.500 calorias diárias e consome 1.500 calorias está no que pode ser chamado um processo de jejum.
2. *Jejum fisiológico*: é aquele em que se passa pelo menos 12 horas sem consumir nada que tenha calorias, podendo ingerir água, café, chás ou chimarrão.
3. *Jejum metabólico*: é o jejum no qual, neste período mínimo de 12 horas, não se promove o aumento da insulina, hormônio relacionado ao metabolismo da glicose. Pode-se até comer, mas somente alimentos que não ativam a insulina; ela não é ativada, por exemplo, quando se consome gorduras. Uma das estratégias utilizadas é o café *"bulletproof"* (café com óleo de coco e manteiga),[5] no qual o jejum fisiológico é quebrado, mas não o metabólico. Esse controle é importante, porque a insulina elevada cria um terreno para inflamação.

É importante entendermos o que acontece dentro da célula e seus processos bioquímicos. Como aprendi com minha professora de biologia, Alzira Mueller, em meus saudosos anos de primeiro e segundo graus, a célula é composta por membrana, núcleo e citoplasma — neste, estão localizadas as organelas celulares.

· · · · · · · ·
2020;1195:33. doi: 10:1007/978-3-030-32633-3_5. PMID: 32468455. (8) Qian H, Chao X, Williams J, Fulte S, Li T, Yang L, Ding WX. *Autophagy in Liver Diseases: A Review*. Mol Aspects Med. 2021 Dec.82:100973. doi: 10:1016/j.mam:2021:100973. Epub 2021 Jun 11. PMID: 34120768. Saiba mais sobre o café metabólico (receita e benefícios) em: https://youtu.be/1w47vONqX74. (9)Sadeghian M, Rahmani S, Khalesi S, Hejazi E. *A Review Of Fasting Effects On The Response Of Cancer To Chemotherapy*. Clin Nutr. 2021 Apr;40(4):1669-1681. doi: 10:1016/j.clnu:2020:10.037. Epub 2020 Oct 23. PMID: 33153820. (10) Michalsen A, Li C. *Fasting Therapy For Treating And Preventing Disease - Current State Of Evidence*. Forsch Komplementmed. 2013;20(6):444-53. doi: 10:1159/000357765. Epub 2013 Dec 16. PMID: 24434759.

5 Saiba mais sobre o café metabólico (receita e benefícios) em http://youtu.be/1w47 vONqX74.

APÊNDICE – JEJUM: ASPECTOS MÉDICO-CIENTÍFICOS

Crédito: Envato elements

Dentre tais organelas, destaco as mitocôndrias que são as "usinas de força" das células, geradoras de ATP, a "moeda" de energia do nosso organismo. A via preferencial de geração de energia é pela glicose, que entra dentro da célula, é fosforilada (recebe uma molécula de fósforo), transformando-se em glicose-6-fosfato e, depois, em piruvato — este adentra a mitocôndria, onde, então, é produzido o ATP (Adenosina Trifosfato), ou seja, três moléculas de fósforo (A-P-P-P). Quando o organismo precisa de energia, ele "rouba" uma das moléculas de fósforo e sobra o ADP (Adenosina Difosfato), duas moléculas de fósforo (A-P-P). O organismo precisa novamente de energia, portanto quebra mais uma molécula de fósforo, restando a AMP (Adenosina Monofosfato), ou seja, que contém uma molécula de fósforo (A-P). Este é precisamente o limite, quando não "temos mais dinheiro na conta bancária". Nesse cenário, uma enzima quinase é estimulada, a AMPK[6] (esta enzima norteou os trabalhos do Prêmio Nobel de Medicina Yoshinori Oshumi). Se não fazemos jejum, a AMPK não é estimulada e o processo de autofagia não é ativado.

....
[6] (1) Li Y, Chen Y. *AMPK and Autophagy*. Adv Exp Med Biol. 2019;1206:85-108. doi: 10:1007/978-981-15-0602-4_4. PMID: 31776981. (2) Mihaylova MM, Shaw RJ. *The AMPK Signalling Pathway Coordinates Cell Growth, Autophagy And Metabolism*. Nat Cell Biol. 2011Sep 2;13(9):1016-23. doi: 10:1038/ncb2329. PMID: 21892142; PMCID: PMC3249400. (3) Tamargo-Gómez I, Mariño G. *AMPK: Regulation of Metabolic Dynamics in the Context of Autophagy*. Int J Mol Sci. 2018 Nov 29;19(12):3812. doi: 10:3390/ijms19123812. PMID: 30501132; PMCID: PMC6321489.

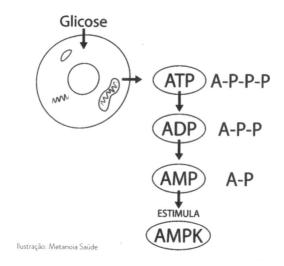

Ilustração: Metanoia Saúde

A AMPK vai para o tecido adiposo, onde estimula outra enzima chamada PKA; esta estimula a Lipase Hormônio Sensível (LHS) que, por sua vez, estimula a lipogênese (quebra do tecido adiposo para gerar energia, processo chamado de Beta-oxidação). A sequência fica, então: AMPK, tecido adiposo, PKA, LHS e, por fim, lipogênese (corpos cetônicos).

A redução extrema dos hidratos de carbonos faz, num primeiro momento, o organismo recorrer às reservas de glicogênio para disponibilizar glicose. Porém, tais reservas esgotam-se em 48 horas, então a energia necessária para "alimentar" o Sistema Nervoso Central passa a ser proveniente dos corpos cetônicos.

Quando o organismo entra no processo de jejum, há uma geração de estresse fisiológico, que faz a AMPK estimular uma proteína chamada ULK1,[7] que é a promotora da autofagia. Quando a ULK1 aumenta, ela

---

[7] (1)Kim J, Kundu M, Viollet B, Guan KL. *AMPK and mTOR regulate autophagy through direct phosphorylation of Ulk1*. Nat Cell Biol. 2011 Feb;13(2):132-41. doi: 10.1038/ncb2152. Epub 2011 Jan 23. PMID: 21258367; PMCID: PMC3987946. (2) Lazarou M, Salmositer DA, Kane LA, Sarraf SA, Wang C, Burman JL, Sideris DP, Fogel AI,

APÊNDICE – JEJUM: ASPECTOS MÉDICO-CIENTÍFICOS

acelera o processo de "comer" as organelas celulares, inclusive as mitocôndrias, organela que as células precisam para gerar energia. Como resposta, a AMPK estimula a biogênese mitocondrial (geração de novas mitocôndrias), mediante um mecanismo de defesa gerido pelas proteínas do grupo das Sirtuínas[8] — elas incitam a PGL-1,[9] proteína responsável por executar essa biogênese mitocondrial. Algumas substâncias utilizadas para aumentar a PGL-1 são a Metformina[10] (que também regula a Telomerase, enzima que opera o telômero, o marcador de idade do DNA) e o PQQ (Pirroloquinolina Quinona).[11] A propósito, não estou estimulando você a fazer uso de qualquer dessas substâncias sem acompanhamento médico.

Youle RJ. *The Ubiquitin Kinase PINK1 Recruits Autophagy Receptors To Induce Mitophagy.* Nature. 2015 Aug 20;524(7565):309-314. doi: 10:1038/nature14893. Epub 2015 Aug 12. PMID: 26266977; PMCID: PMC5018156.

[8] (1) van de Ven RAH, Santos D, Haigis MC. *Mitochondrial Sirtuins and Molecular Mechanisms of Aging.* Trends Mol Med. 2017 Apr;23(4):320-331. doi: 10:1016/j. molmed:2017.02.005. Epub 2017 Mar 10. PMID: 28285806; PMCID: PMC5713479. (2) Chang HC, Guarente L. *SIRT1 And Other Sirtuins In Metabolism.* Trends Endocrinol Metab. 2014 Mar;25(3):138-45. doi: 10:1016/j.tem:2013:12.001. Epub 2013 Dec 30. PMID: 24388149; PMCID: PMC3943707.

[9] Zhang G, Wang Z, Du Z, Zhang H. *mTOR Regulates Phase Separation of PGL Granules to Modulate Their Autophagic Degradation.* Cell. 2018 Sep 6;174(6):1492-1506.22. doi: 10:1016/j.cell:2018.08.006. Epub 2018 Aug 30. PMID: 30173914.

[10] (1) Lu G, Wu Z, Shang J, Xie Z, Chen C, Zhang C. *The Effects of Metformin On Autophagy.* Biomed Pharmacother. 2021 May;137:111286. doi: 10:1016/j.biopha:2021:111286. Epub 2021 Jan 30. PMID: 33524789. (2) Bharath LP, Agrawal M, McCambridge G, Nicholas DA, Hasturk H, Liu J, Jiang K, Liu R, Guo Z, Deeney J, Apovian CM, Snyder-Cappione J, Hawk GS, Fleeman RM, Pihl RMF, Thompson K, Belkina AC, Cui L, Proctor EA, Kern PA, Nikolajczyk BS. *Metformin Enhances Autophagy and Normalizes Mitochondrial Function to Alleviate Aging-Associated Inflammation.* Cell Metab. 2020 Jul 7;32(1):44-55.e6. doi: 10:1016/j.cmet:2020.04.015. Epub 2020 May 12. PMID: 32402267; PMCID: PMC7217133. (3) Kulkarni AS, Gubbi S, Barzilai N. *Benefits of Metformin in Attenuating the Hallmarks of Aging.* Cell Metab. 2020 Jul 7;32(1):15-30. doi: 10:1016/j.cmet:2020.04.001. Epub 2020 Apr 24. PMID: 32333835; PMCID: PMC7347426.

[11] Harris CB, Chowanadisai W, Mishchuk DO, Satre MA, Salmosupsky CM, Rucker RB. *Dietary pyrroloquinoline quinone (PQQ) alters indicators of inflammation and mitochondrial-related metabolism in human subjects.* J Nutr Biochem. 2013 Dec;24(12):2076-84. doi: 10:1016/j.jnutbio:2013.07.008. PMID: 24231099.

Um parêntese: quando a glicose entra nas células de forma regular, há o estímulo de uma via anabólica (crescimento), a MTOR,[12] que, de uma forma simplificada, *bloqueia* a biogênese mitocondrial.

Diante desta pequena explicação da bioquímica (ufa!), vamos falar sobre as indicações de jejum, como deve ser feito, sua duração e qual a melhor maneira de fazê-lo. Atualmente, o método de jejum mais estudado é o jejum intermitente diário de 16 horas (aproveitando o período de sono) e uma janela de 8 horas para alimentação. Alguns estudos sugerem uma associação entre dois a três dias de jejum intermitente na semana, intercalados com a restrição calórica de pelo menos 30 a 40% de seu gasto calórico total (por exemplo, de 2.000 calorias para 1.500 calorias; importante ressaltar que não importa somente a quantidade de calorias, mas principalmente sua qualidade, ou seja, não coma *junk food*).

Benefícios do jejum

Fígado e tecido adiposo: gera troca da matriz energética (como um carro híbrido) de *glicose* para *gorduras* (cetogênese), produzindo corpos cetônicos. A cetose nutricional gera ou melhora:

- Os marcadores metabólicos e inflamatórios, incluindo lipídios, HbA1c, PCR, HDL.
- O controle do peso.
- A sensibilidade à insulina, reduzindo os seus níveis.
- Quebra do excesso de reservas de gordura.
- Economia de massa muscular magra.
- A cetose tem efeito anorexígeno (reduz o apetite) através da liberação de CCK.
- Reduz os sinais orexígenos (aumento do apetite), por exemplo, via grelina.

. . . .
[12] Wang Y, Zhang H. *Regulation of Autophagy by mTOR Signaling Pathway.* Adv. Exp. Med. Biol. 2019; 1206:67-83. doi: 10:1007/978-981-15-0602-4_3. PMID: 31776980.

APÊNDICE – JEJUM: ASPECTOS MÉDICO-CIENTÍFICOS

- Aumenta a produção de Adiponectina, proteína com atividade antiaterosclerótica, anti-inflamatória, antidiabética e que ajuda a regular a composição corporal.
- Dietas tradicionais reduzem alimentos secretores de insulina, mas não a resistência à insulina. O jejum reduz a resistência à insulina.
- Preserva massa muscular magra (não degrada massa muscular até esgotar as reservas de gordura).

No cérebro:
- Melhora a cognição.
- Aumenta a produção do Fator Neurotrófico.
- Estimula a neuroplasticidade.
- Regula a produção de beta-amiloide.

No sistema cardiovascular:
- Reduz pressão arterial.
- Reduz frequência cardíaca em descanso.
- Melhora tônus parassimpático.
- Há maior resistência ao estresse.

Nos músculos:
- Melhor sensibilidade insulínica.
- Capacidade aumentada de *endurance*.
- Reduz inflamação.

Sobre jejum e câncer: altos níveis de corpos cetônicos reduzem danos ao DNA e carcinogênese, criando condições hostis para células tumorais e pré-cancerígenas. O jejum de curto prazo (48 horas) mostrou-se eficaz na proteção de células normais, mas não de células cancerosas, em tratamento quimioterápico.[13]

[13] Wilhelmi de Toledo F, Grundler F, Bergouignan A, Drinda S, Michalsen A (2019) Safety, health improvement and well-being during a 4 to 21-day fasting period in an observational study including 1422 Subjects. PLoS ONE 14(1): e0209353. https://doi.org/10:1371/journal.pone.0209353.

O maior estudo científico sobre os efeitos do jejum terapêutico *prolongado* foi conduzido no Buchinger Wilhelmi, uma clínica de jejum terapêutico da Alemanha, com 100 anos de história, por uma equipe liderada pela doutora Françoise Wilhelmi de Toledo. O estudo coletou e avaliou dados de 1.422 indivíduos (41% masculino, 59% feminino), que completaram o programa de jejum Buchinger Wilhelmi durante um período de 5, 10, 15 ou 20 dias em 2016. Sob o título "Segurança, melhoria da saúde e bem-estar durante um período de jejum de 4 a 21 dias em um estudo observacional, incluindo 1.422 sujeitos", o estudo mostra que o jejum de Buchinger é seguro, terapêutico e eficaz. Também promove o bem-estar emocional e físico. Os resultados foram publicados *online* em 2 de janeiro de 2019, na revista revisada por pares PLOS ONE. [14]

O estudo forneceu evidências detalhadas de que:

- O jejum mobiliza a energia armazenada no tecido gorduroso do corpo humano. O metabolismo muda de glicose para consumo de gordura e corpos cetônicos, causando muitos efeitos benéficos. A mudança metabólica foi documentada no estudo pela presença permanente de corpos cetônicos na urina.
- O jejum leva a perda significativa de peso, uma circunferência abdominal reduzida e níveis mais baixos de colesterol e lipídios no sangue.
- O jejum também normalizou a pressão arterial e melhorou os parâmetros de diabetes, como glicemia, insulina e HbA1c, melhorando assim muitos fatores que contribuem para um sistema cardiovascular saudável.
- Além disso, em 84% dos casos, condições graves de saúde como artrite, diabetes tipo 2, bem como esteatose hepática, hipercolesterolemia, pressão alta e fadiga melhoraram com o jejum.

· · · · · · · ·

[14] Laurens, C., Grundler, F., Damiot, A., Chery, I., Le Maho, A.-L., Zahariev, A., Le Maho, Y., Bergouignan, A., Gauquelin-Koch, G., Simon, C., Blanc, S., and Wilhelmi de Toledo, F. (2021) Isaías muscle and protein loss relevant in long-term fasting in healthy men? A prospective trial on physiological adaptations, *Journal of Cachexia, Sarcopenia and Muscle*, 12, 1690– 1703, https://doi.org/10:1002/jcsm:12766.

APÊNDICE – JEJUM: ASPECTOS MÉDICO-CIENTÍFICOS

- 93% dos sujeitos não sentiram fome durante o jejum, o que contribuiu para o seu bem-estar emocional e físico.

Um outro estudo sobre jejum prolongado[15] com duração de dez dias mostrou que os músculos estão menos envolvidos do que se temia há muito tempo, e que os músculos se regeneram após o jejum da mesma forma que outros tecidos de órgãos. A perda média de peso de 5,9 ± 0,2 kg foi explicada pela decomposição de gordura (40%), de proteínas de tecidos metabolicamente ativos, por exemplo, fígado, rins, baço, mucosa intestinal, músculos cardíacos e esqueléticos (25%), de glicogênio (8%) e perda de água (27%). Mecanismos de poupança de proteínas foram acionados após um curto período.

Não foi observada diminuição do desempenho muscular; pelo contrário, o desempenho dos músculos nas extremidades inferiores melhorou significativamente após o jejum, enquanto o dos músculos restantes não foi afetado.

Contraindicações ao jejum

Os casos de contraindicações ao jejum são:

- Pacientes portadores de distúrbios alimentares como Anorexia Nervosa e Bulimia.

- Pacientes em uso de medicamentos antidiabéticos e insulina devem sempre estar em acompanhamento médico, pois o jejum regula as taxas de glicemia e insulina, o que pode levar a um quadro de hipoglicemia, muitas vezes grave.

. . . .

[15] Safdie FM, Dorff T, Quinn D, Fontana L, Wei M, Lee C, Cohen P, Longo VD. *Fasting and cancer treatment in humans: A case series report.* Aging (Albany NY). 2009 Dec 31;1(12):988-1007. doi: 10:18632/aging:100114. PMID: 20157582; PMCID: PMC2815756.

- Gestantes: é contraindicado o jejum de 24 horas ou mais, porém uma revisão sistemática com metanálise[16] que avaliou 31.374 gestações, das quais 18.920 gestações foram expostas ao jejum do Ramadã (nono mês do calendário islâmico no qual se pratica o jejum que consiste em não consumir alimentos e bebidas entre o nascer e o pôr do sol, ou seja, 12 horas), mostrou que esse tipo de jejum não afeta negativamente o peso ao nascer e não teve efeito no parto prematuro. Uma patologia que tem sido cada vez mais frequente na gestação é a DMG (Diabetes Mellitus Gestacional), que afeta 5 a 36% das gestações, e uma estratégia que está sendo utilizada é o jejum intermitente, para diminuir a resistência insulínica, além de reduzir consideravelmente o peso corporal materno, a glicose plasmática e o sofrimento psíquico, sem quaisquer efeitos adversos.[17] Claro que a gestação é um período em que o acompanhamento médico é fundamental.

- Lactantes: é contraindicado o jejum, pois estudos[18] mostram que lactantes que praticaram jejum de 12 horas apresentam diferenças significativas em alguns dos micronutrientes como zinco, magnésio e potássio. Além disto, o seu estado nutricional foi afetado.

· · · · · · · ·

[16] Glazier JD, Hayes DJL, Hussain S, D'Souza SW, Whitcombe J, Heazell AEP, Ashton N. The effect of Ramadan fasting during pregnancy on perinatal outcomes: a systematic review and meta-analysis. *BMC Pregnancy Childbirth*. 2018 Oct 25;18(1):421. doi: 10:1186/s12884-018-2048-y. PMID: 30359228; PMCID: PMC6202808.

[17] Ali AM, Kunugi H. Intermittent Fasting, Dietary Modifications, and Exercise for the Control of Gestational Diabetes and Maternal Mood Dysregulation: A Review and a Case Report. *Int J Environ Res Public Health*. 2020 Dec 15;17(24):9379. doi: 10:3390/ijerph17249379. PMID: 33333828; PMCID: PMC7765295.

[18] Rakicioğlu N, Amur G, Toco A, Topçu AA. The effect of Ramadan on maternal nutrition and composition of breast milk. *Pediatr Int*. 2006 Jun;48(3):278-83. doi: 10:1111/j:1442-200X:2006.02204.x. PMID: 16732795.

APÊNDICE – JEJUM: ASPECTOS MÉDICO-CIENTÍFICOS

Como preparar-se para o jejum prolongado

Paulo, em 1Tessalonicenses 5:23, adverte: "O mesmo Deus da paz os santifique em tudo. E que o espírito, a alma e o corpo de vocês sejam conservados íntegros e irrepreensíveis na vinda de nosso Senhor Jesus Cristo". Com esta palavra em mente, entendamos que nosso estilo de vida ocidental, no qual há uma oferta de alimentos como nunca houve na história humana, faz que nos deparemos com doenças causadas por um padrão alimentar incorreto (as chamadas Nutropatias), destruindo ou degenerando o templo do Espírito Santo, nosso corpo.

Um dos erros mais comuns que observo é o fato de que as pessoas têm a sua dieta composta na maior parte de "produtos alimentícios", ou seja, alimentos em que a grande maioria de seus nutrientes foi perdida e são cheios de aditivos alimentares, que funcionam como um exército inimigo a invadir nosso organismo, fazendo com que nossa imunidade (nosso exército) fique esgotado. Um de meus pacientes declarou com orgulho: "estou fazendo jejum de refrigerantes!", ao que eu respondi: "isso não é jejum, é libertação!".

É muito comum as pessoas entrarem em um jejum prolongado sem fazer uma preparação, ou seja, uma detoxificação de *junk food* (comida de lixo), o que, é claro, tornará o período repleto de sintomas desagradáveis, porque o organismo quer aproveitar a oportunidade e liberar rapidamente todo o lixo acumulado (toxinas). É por isso que, nos primeiros dias, os sintomas como tontura, dores de cabeça, mal-estar e fraqueza são comuns — as células estão expulsando o conteúdo tóxico de seu interior e liberando-o na corrente sanguínea, para em seguida eliminar do organismo.

Tendo isso em mente, eu sempre sugiro aos meus pacientes e àqueles que me procuram para fazer jejuns prolongados que façam uma preparação, ou seja, uma transição ao jejum, iniciando com alimentos semissólidos, depois passando para alimentos líquidos e, finalmente, entrando no jejum. A realimentação acontecerá no sentido inverso: líquidos, semissólidos ou pastosos e, só depois, a introdução gradual de alimentos sólidos.

Para um jejum de cinco a sete dias, sugiro o seguinte plano a ser feito pelo menos um dia antes do jejum. Para jejuns mais prolongados, sugiro fazê-lo de três a cinco dias antes.

DESJEJUM	1. AO ACORDAR, 2COPOS DE ÁGUA MINERAL ALCALINA (PH>7) PARA ESVAZIAR O INTESTINO. 2. SUCO DETOXIFICANTE (01 MAÇÃ-VERDE + 1/3 TALO DE SALSÃO OU 1 FOLHA DE COUVE + GENGIBRE). 3. CHÁ VERDE OU HORTELÃ (PODE SER ADOÇADO COM ESTÉVIA).
LANCHE	1 XÍCARA DE CHÁ VERDE OU ALECRIM.
ALMOÇO	LEGUMES COZIDOS. SALADA DE VEGETAIS CRUS. 1 XÍCARA DE CHÁ DE HORTELÃ OU ESPINHEIRA-SANTA.
LANCHE	1 COPO DE CHÁ DE HIBISCO COM 5 MORANGOS
JANTAR	1 PRATO FUNDO (300 ML) DE SOPA DE LEGUMES OU CALDO DE OSSOS. SOBREMESA: 1 FRUTA OU SALADA DE FRUTAS.
CEIA	1 XÍCARA DE CHÁ (ERVA-CIDREIRA, CAMOMILA, MULUNGU, MELISSA).
NOTA	BEBA MUITA ÁGUA DURANTE O DIA. FAÇA O SEGUINTE CÁLCULO: SEU PESO X 0,035 = QUANTIDADE MÍNIMA DE ÁGUA QUE O SEU ORGANISMO PRECISA.

APÊNDICE – JEJUM: ASPECTOS MÉDICO-CIENTÍFICOS 261

No dia anterior ao jejum, reflita sobre 1Tessalonicenses 5:23, reavaliando seus objetivos e motivação. Como mencionei, é necessário o equilíbrio para espírito, alma e corpo, sendo uma ótima oportunidade para trabalhar o quadro de estresse crônico. Aproveite a semana anterior ao jejum para resolver situações do dia a dia e deixar a agenda mais leve no período de jejum. Sugiro também uma atividade física ao ar livre (ciclismo, caminhada, corrida).

Durante o jejum:

AO ACORDAR	RESPIRE, ALONGUE-SE, BEBA 2 COPOS DE ÁGUA MINERAL ALCALINA (PH>7,0), EM TEMPERATURA AMBIENTE, EM PEQUENOS GOLES.
BANHO	BANHO QUENTE E UM ENXAGUE FINAL DE ÁGUA FRIA.
MEIO DA MANHÃ	1 XÍCARA DE CHÁ DE ERVAS OU CHÁ VERDE.
AO MEIO-DIA	1 XÍCARA DE CHÁ DE ERVAS OU CHÁ VERDE.
MEIO DA TARDE	1 XÍCARA DE CHÁ DE ERVAS OU CHÁ VERDE.
NOITE (18-19H)	1 XÍCARA DE MISSOSHIRU (SOPA DE MISSÔ).
ANTES DE DORMIR (21-22H)	1 XÍCARA DE CHÁ (ERVA-CIDREIRA, CAMOMILA, MULUNGU, MELISSA).
NOTA	BEBA MUITA ÁGUA DURANTE O DIA. FAÇA O SEGUINTE CÁLCULO: SEU PESO X 0,035= QUANTIDADE MÍNIMA DE ÁGUA QUE O SEU ORGANISMO PRECISA.

A tabela acima, evidentemente, é a mesma para todos os dias do jejum total. Em todo o período, é muito importante cuidarmos do equilíbrio hidroeletrolítico, por isso indico o consumo de missoshiru, sopa feita a partir do missô (pasta de soja típica da culinária oriental), ótima fonte de aminoácidos essenciais, vitaminas (Vitamina E, K e Complexo B) e minerais como o sódio. Além disso, sugiro o consumo de um suplemento polivitamínico-mineral (existem várias marcas no mercado) para manter seus processos metabólicos otimizados.

O pós-jejum

A fase de retorno ao cotidiano deve durar cerca de um quarto do tempo que durou o jejum. Ela é necessária porque várias funções fisiológicas (sistema digestivo, circulatório, endócrino, osteomuscular, linfático, sanguíneo, imune) passam por mudanças notáveis, principalmente o sistema digestivo, que não é capaz de retornar imediatamente à sua função plena — se não for respeitado tal tempo, haverá o aparecimento de sintomas como cólicas, náuseas, diarreia, distensão abdominal, gases etc.

Claro está que novos hábitos alimentares devem ser postos em prática, ou seja, expressões como "dia do lixo" não devem ter mais espaço em nossa rotina. A melhora do paladar é nítida, o que permitirá experimentar novos temperos e sabores, diminuindo a necessidade de sal e açúcar.

APÊNDICE – JEJUM: ASPECTOS MÉDICO-CIENTÍFICOS

PRIMEIRO DIA PÓS-JEJUM (QUEBRAR O JEJUM)	
AO ACORDAR	BEBA 2 COPOS DE ÁGUA MINERAL ALCALINA (PH>7,0), TEMPERATURA AMBIENTE, EM PEQUENOS GOLES.
DESJEJUM	CHÁ VERDE OU DE ERVAS + ½ COLHER DE CHÁ DE MEL.
LANCHE	1 MAÇÃ CRUA OU COZIDA NO VAPOR. CHÁ VERDE OU DE ERVAS + ½ COLHER DE CHÁ DE MEL.
ALMOÇO	1 XÍCARA DE CALDO DE OSSOS OU DE LEGUMES OU MISSOSHIRU.
MEIO DA TARDE	CHÁ-VERDE OU DE ERVAS + ½ COLHER DE CHÁ DE MEL.
JANTAR (ATÉ 19H)	1 XÍCARA DE CALDO DE OSSOS OU DE LEGUMES OU MISOSHIRU. 1 FRUTA
ANTES DE DORMIR (21-22H)	1 XÍCARA DE CHÁ (ERVA-CIDREIRA, CAMOMILA, MULUNGU, MELISSA).
NOTA	BEBA MUITA ÁGUA DURANTE O DIA. FAÇA O SEGUINTE CÁLCULO: SEU PESO X 0,035 = QUANTIDADE MÍNIMA DE ÁGUA QUE O SEU ORGANISMO PRECISA.

A reintrodução alimentar pode estender-se para dois ou três dias, dependendo do tempo de jejum. Em um jejum que durou de cinco a sete dias, normalmente um dia só já é suficiente para a transição.

SEGUNDO E TERCEIRO DIA PÓS-JEJUM	
AO ACORDAR	BEBA 2 COPOS DE ÁGUA MINERAL ALCALINA (PH>7,0), EM TEMPERATURA AMBIENTE, EM PEQUENOS GOLES.
DESJEJUM	SUCO DETOXIFICANTE (1 MAÇÃ-VERDE + 1/3 TALO DE SALSÃO OU 1 FOLHA DE COUVE + GENGIBRE).
LANCHE	CHÁ VERDE OU DE ERVAS + ½ COLHER DE CHÁ DE MEL.
ALMOÇO	LEGUMES COZIDOS. PEITO DE FRANGO OU PEIXE.
MEIO DA TARDE	CHÁ VERDE OU DE ERVAS + ½ COLHER DE CHÁ DE MEL.
JANTAR (ATÉ 19H)	SOPA DE LEGUMES. 1 FRUTA
ANTES DE DORMIR (21-22H)	1 XÍCARA DE CHÁ (ERVA-CIDREIRA, CAMOMILA, MULUNGU, MELISSA).
NOTA	BEBA MUITA ÁGUA DURANTE O DIA. FAÇA O SEGUINTE CÁLCULO: SEU PESO X 0,035= QUANTIDADE MÍNIMA DE ÁGUA QUE O SEU ORGANISMO PRECISA.

APÊNDICE – JEJUM: ASPECTOS MÉDICO-CIENTÍFICOS

QUARTO AO SÉTIMO DIA PÓS-JEJUM	
DESJEJUM	SUCO DETOXIFICANTE (1 MAÇÃ-VERDE + 1/3 TALO DE SALSÃO OU 1 FOLHA DE COUVE + GENGIBRE). CHÁ VERDE OU HORTELÃ ADOÇADO COM ½ COLHER DE CHÁ DE MEL). OMELETE COM A CLARA DE 02 OVOS.
LANCHE	1 FRUTA
ALMOÇO	1 PRATO FUNDO (300 ML) DE SOPA DE LEGUMES ENGROSSADA COM MASSAS OU FARINHA. 2 COLHERES DE SOPA DE ARROZ INTEGRAL (TIPO "PAPA"). 2 COLHERES DE SOPA DE CARNE MOÍDA OU DESFIADA. 1 OVO QUENTE. 2 COLHERES DE SOPA DE PURÊ DE LEGUMES (CENOURA, BATATA). 3 COLHERES DE SOPA DE CALDO DE FEIJÃO COADO. SOBREMESA: 1 FRUTA.
LANCHE	1 FRUTA (FRESCA OU SECA) OU CASTANHAS (4 UNIDADES).
JANTAR	SALADA MISTA DE FOLHAS E LEGUMES. FILÉ DE FRANGO OU PEIXE. SOBREMESA: 1 FRUTA OU 1 XÍCARA DE SALADA DE FRUTAS.
ANTES DE DORMIR (21-22H)	1 XÍCARA DE CHÁ (ERVA-CIDREIRA, CAMOMILA, MULUNGU, MELISSA).

Após essa primeira semana, *não* volte à sua rotina alimentar antiga, que criava um terreno para doenças! Aproveite a "correção de solo" que é o jejum e mantenha hábitos alimentares saudáveis, ingerindo os alimentos criados por Deus que trazem vida e saúde.

Bibliografia

AGOSTINHO, Santo, Bispo de Hipona. *Sobre o Sermão do Senhor na Montanha*. São Paulo: Filocalia, 2016.

ARRINGTON, French L. & STRONSTAD, Roger. *Comentário bíblico pentecostal*, Novo Testamento, Volume 1. Rio de Janeiro: CPAD, 2019.

BÍBLIA DE ESTUDO JOHN WESLEY. São Paulo: Sociedade Bíblica do Brasil, 2020.

BÍBLIA DE ESTUDO PENTECOSTAL. Rio de Janeiro: CPAD, 2016.

BÍBLIA DE JERUSALÉM. São Paulo: Paulus, 2002.

BÍBLIA KING JAMES FIEL 1611. Niteroi: BV Books, 2015.

BICKLE, Mike. *Crescendo em oração*. Curitiba: Orvalho.Com, 2018.

BONHOEFFER, Dietrich. *Discipulado*. São Paulo: Mundo Cristão, 2016.

BRIGHT, Bill. *The Coming Revival*: America's Call to Fast, Pray and Seek God's Face. Orlando: New Life Publications, 1995.

BRUCE, F.F. *Comentário bíblico NVI — Antigo e Novo Testamento*. São Paulo: Vida, 2012.

CHAFER, Lewis Sperry. *Teologia Sistemática*, volume 1. São Paulo: Hagnos, 2003.

CHAMPLIN, Russel Norman. *Enciclopédia de Bíblia, Teologia e Filosofia*, volume 3. São Paulo: Hagnos, 2015.

CHAMPLIN, Russel Norman. *Novo dicionário bíblico Champlin*. São Paulo: Hagnos, 2018.

CHAMPLIN, Russel Norman. *O Antigo Testamento interpretado versículo por versículo*, vol. 5. São Paulo: Hagnos, 2018.

CHAMPLIN, Russel Norman. *O Novo Testamento interpretado versículo por versículo*, vol. 1. São Paulo: Hagnos, 2014.

CHAVDA, Mahesh. *O poder secreto da oração e do jejum*. São Paulo: Vida, 2009.

COELHO, Valnice Milhomens. *O jejum e a redenção do Brasil*. São Paulo: Palavra da Fé, 5ª ed., 2020.

COSTA, Hermisten. *Calvino de A a Z*. São Paulo: Vida, 2006.

CUNHA, Antonio Geraldo da. *Dicionário etimológico da língua portuguesa*. Rio de Janeiro: Lexikon, 2010.

DAVIS, John. *Novo dicionário da Bíblia*. São Paulo: Hagnos, 2005.

ENGLE, Lou & BRIGGS, Dean. *O jejum de Jesus: o chamado para despertar as nações*. São Paulo: Vida, 2018.

FERREIRA, Aurélio Buarque de Holanda. *Dicionário Aurélio da Língua Portuguesa*. Curitiba: Positivo, 2010.

FOSTER, Richard. *Celebração da disciplina*: o caminho do crescimento espiritual. São Paulo: Vida, 2007.

FRANKLIN, Jentezen. *Jejum: a disciplina particular que gera recompensas públicas*. Rio de Janeiro: Edilan, 2016.

FRANKLIN, Jentezen. *Jejum: abrindo a porta para as promessas de Deus*. Rio de Janeiro: Edilan, 2020.

FUNG, Jason. *O código da obesidade*: decifrando os segredos da prevenção e cura da obesidade. São Paulo: nVersos, 2019.

HAGIN, Kenneth E. *Guia para o jejum equilibrado*. Rio de Janeiro: Graça, 2013.

HENRY, Matthew. *Comentário bíblico, Novo Testamento* (Mateus a João). Rio de Janeiro: CPAD, 2018.

BIBLIOGRAFIA 269

HOUAISS, Antônio e VILLAR, Mauro de Salles. *Dicionário Houaiss da Língua Portuguesa*. Rio de Janeiro: Objetiva, 2009.

JOSEFO, Flávio. *História dos hebreus,* volume 1. Rio de Janeiro: CPAD, 1990.

KEENER, Craig S. *Comentário histórico-cultural da Bíblia*, Novo Testamento. São Paulo: Vida Nova, 2017.

LINDSAY, Gordon. *Oração e jejum*: a chave mestra para o impossível. Rio de Janeiro: Graça Editorial, 2011.

LLOYD-JONES, Martyn. *Estudos no Sermão do Monte*. São José dos Campos: Fiel, 1999.

MELLISH, Kevin J. Novo *Comentário bíblico Beacon*: 1 e 2Samuel. Rio de Janeiro: Central Gospel, 2015.

ORÍGENES. *Homilias sobre o Evangelho de Lucas*. São Paulo: Paulus, 2016.

PAIS APOSTÓLICOS. São Paulo: Mundo Cristão, 2017.

PFEIFFER, Charles F., VOS, Howard F. & REA, John. *Dicionário bíblico Wicliffe*. Rio de Janeiro: CPAD, 2018.

PIPER, John. *Fome por Deus*: Buscando Deus por meio da oração e do jejum. São Paulo: Cultura Cristã, 2013.

PLASS, Ewald M. *What Luter Says*, vol:1. Saint Louis: Concordia, 1959.

PRINCE, Derek. *O jejum*. Rio de Janeiro: Graça, 2019.

STRONG, James. *New Strong's Exhaustive Concordance of the Bible*. Nashville: Thomas Nelson, 1990.

SUBIRÁ, Luciano. *O impacto da santidade*. Curitiba: Orvalho.Com, 2018.

THOM, Robert. O *vinho novo é melhor*. São Paulo: Vida, 2008.

TOWNS, Elmer L. *Jejum segundo Daniel:* um modelo para seu crescimento espiritual. São Paulo: Vida, 2012.

VINE, W. E., Unger, MERRIL F. e WHITE Jr, William. *Dicionário Vine*. Rio de Janeiro: CPAD, 2002.

WALLIS, Arthur. El *Ayuno Escogido Por Dios*: Una Guia Prática y Espiritual Para el Ayuno. Nashville: Caribe, 1974.

WALLIS, Arthur. *God's Chosen Fast*. Fort Washington: Christian Literature Crusade, 1971.

WALTON, John H., MATTHEWS, Victor H. & CHAVALAS, Mark W. *Comentário histórico-cultural da Bíblia*, Antigo Testamento. São Paulo: Vida Nova, 2018.

WESLEY, John. *O Sermão do Monte*. São Paulo: Vida, 2012.

YUN, Irmão & HATTAWAY, Paul. *O homem do céu*. Belo Horizonte: Betânia, 2005.

Sua opinião é importante para nós.

Por gentileza, envie-nos seus comentários pelo e-mail:

editorial@hagnos.com.br